MBA
定量分析と意思決定
Quantitative Analysis

嶋田 毅【監修】
グロービス・マネジメント・インスティテュート【編著】
ダイヤモンド社

◉まえがき

◉

　これまで定量分析に関する書籍といえば、ＲＯＡ（総資産利益率）や売上高〇〇比率に代表される、いわゆる財務指標分析（比率分析）やファイナンスのＮＰＶ（正味現在価値）などの計算を説明したものが主流であった。しかし本来、市場規模、市場シェア、顧客満足度、顧客の平均像（年収、年齢、購買頻度など）、従業員の欠勤率、労働時間、ＭＢＯ（目標管理制度）における達成度、生産性、事業の成長率等々、数字で表現できる事象はすべて定量分析の対象となる。定量分析はそれだけ応用範囲が広く、パワフルな経営分析ツールとなりうるのである。

　企業をとりまく経営環境は日々変化し、先行きも不透明だ。とくに、景気停滞や株価低迷、金融システムの動揺、ＩＴ革命の進展など、ここ数年の変化はかつてなく激しい。また、企業に対する説明責任（アカウンタビリティ）の要求は日に日に強くなっている。こうしたなか、企業を確実に成長させていくためには、経営者のみならず従業員一人ひとりが、自社事業の現状把握や業績予測、中長期の戦略策定、代替案の検討、取引先の選定に至るまで、日々さまざまな場面で適切な意思決定を行わなくてはならない。その際に、勘と経験だけに頼るのではなく、現状を正しく認識し、根拠を明確にしたうえで合理的な意思決定を行うことが求められている。そのときに必要となるのが、定量データの利用である。とくに、意思決定の質とスピードを高めるためには、定量的な分析の能力向上が欠かせない。

　定量分析のもうひとつのメリットは、思考や行動にメリハリをつけやすくなることだ。厳しい競争に勝ち残るために「選択と集中」が求められる現代において、「時間」という最も貴重な経営資源を有効活用するために、プライオリティを考えることは必要不可欠となっている。

　そこで本書では、定量データをいかに意思決定に結びつけるかを考えていく。また、執筆の際には、冒頭で述べたとおり、定量分析の対象になる事象を幅広く扱うことを念頭に置いた。その意味で、これまでにはないユニークな内容にすることができたと自負している。

■本書の構成

　本書は3部で構成されており、それぞれがまったく異なる体裁をとっている。
　第1部「基礎編」では、ゼネラル・マネジャーとして理解しておくべき定量分析の基礎について解説している。筆者がグロービス・マネジメント・スクールのコア科目「定量分析と意思決定」において、受講生に伝えてきた内容の総集編でもある。第1部は2章で構成されており、第1章ではまず、定量分析の意義について再確認するとともに、定量分析を行う際の留意点や陥りがちな落とし穴について考えていく。いわば、細かな分析ツールの解説に入る前の心構えの章である。それを受けて第2章では、統計の基礎および代表的・汎用的な定量分析の手法について解説していく。また、第1部は他のMBAシリーズ同様、節ごとに「ポイント」「ケース」「理論」を示す体裁となっている。
　第2部「指標編」は、ハンドブックとして利用することを前提に構成したパートである。代表的な指標について、「定義」「何がわかるか」「解説」「代表的な数値」「データの入手先」などを示している。使用目的に応じて3章に分けているので、読者諸氏の関心や目的に応じて、必要な箇所を参照していただければと思う。指標になじみのない方は最初から1項目ずつ読んでいくことで、視野を広め、ビジネス数字の全体感をつかむことができるだろう。
　第3部「ケーススタディ」は、ある事業開発・問題解決の場面を想定し、定量分析を用いながら、いかに効率的に意思決定を行っていくかを示したものである。自分が主人公になったつもりで読み進めていただきたい。
　最後に、本書の上梓にあたってはダイヤモンド社ダイヤモンド・ハーバード・ビジネス・レビュー編集部の上坂伸一編集長と出口知史氏にご尽力いただいた。また、吉田素文氏、橋本建彦氏、若山昇氏には、原稿について有用な助言を数多くいただいた。第2部の指標解説パートでは、青山剛氏、松井隆氏、川戸義満にもご協力いただいた。さらに、高見茂氏、河尻陽一郎氏、池田新氏には、「定量分析と意思決定」のクラス教材作成にご協力いただき、グロービス・マネジメント・スクール受講生諸氏からは多大なインスピレーションを受けた。この場をお借りして、皆様に感謝を申し上げたい。

執筆者を代表して
嶋田毅

目次

まえがき

第1部 基礎編

第1章 意思決定と定量データ

1 定量分析の意義とそのプロセス 3
- 1 定量分析の意義 5
- 2 定量分析のステップ 7
- 3 定量分析の留意点 27

2 定量分析の落とし穴 31
- 1 データ収集の落とし穴 32
- 2 データ解釈の落とし穴 37
- 3 コミュニケーションの落とし穴 37

第2章 数字を扱う

1 統計の基礎 41
- 1 データを整理する 43
- 2 データ集団の特徴をみる（1）――平均 46
- 3 データ集団の特徴をみる（2）――分散、標準偏差、正規分布 52
- 4 変数間の関係をつかむ――相関、回帰、散布図 61

2 有効な分析ツール 71
- 1 損益分岐点分析 73

2 期待値とディシジョンツリー 79
3 リスク評価とマネジメント──
感度分析、トルネードチャート、モンテカルロ・シミュレーション 87
4 パレート分析 98

第2部 指標編

第3章 ビジネスを見る指標

1 マーケティング・販売管理 104
市場シェア 104
顧客満足度 106
顧客内シェア 107
インストアシェア 108
電話応答率 109
認知率（再認率・再生率） 110
売上高広告費比率 111
GRP（のべ視聴率） 112
クリック率 113
ブランド・スイッチ率 114
粗利益率（単品ベース） 116
価格弾力性 117
顧客単価 118
坪当たり売上高 119
販売員1人当たり売上高 120
購買率 121
商品回転率 122
商品ロス率 123

2 サプライチェーン（調達・製造・物流）
在庫日数 124
設備稼働率 126

不良品率　127
サイクルタイム　128
スループット　130

3　研究開発
売上高研究開発費率　132
特許登録数　133
開発期間　134
新製品比率　135

4　人事・労務
従業員の1人当たり売上高　136
従業員の平均年齢　137
従業員1人当たり人材開発費　138
離職率　140
平均労働時間　142
従業員の平均給与　143
正社員比率　144
役職数　145
Span of Control　146

5　財務／経理
EVA　148
資本コスト　150
NPVとIRR　152
ペイバック（回収期間）法　153
配当性向　154
安全余裕度　155

第4章　外部環境に関する指標

1　マクロ環境を把握する
マネー・サプライ　158
公定歩合　159
GDP（国内総生産）　160

平均株価　162
　　　失業率　164
　　　消費者物価指数　165
　　　輸出入額　166
　　　設備投資動向（法人企業統計季報）　167
　　　新車販売台数　168
　　　百貨店・スーパーの売上高　169
2　グローバル環境を把握する
　　　国民一人当たりのGDP　170
　　　為替レート　171
　　　購買力平価　172
　　　税制　174
　　　就学率・進学率　176
　　　インターネット普及率　177
3　商圏の様子を把握する
　　　駅の乗降者数　178
　　　世帯数　179
　　　昼夜間人口比　180
　　　商店数　181
　　　可処分所得　182
　　　オフィス・店舗賃貸料　183

第5章　財務的な成果の指標
1　財務的な成果を見る
　　　格付け　186
　　　フリー・キャッシュフロー　188
　　　EBITとEBITDA　189
　　　売上高総利益率　190
　　　当座比率　191
　　　自己資本比率　192
　　　インタレスト・カバレッジ・レシオ　193

総資産回転率　194
　　　売上高成長率　195
　　　ROEとROA　196
　　　PERとPBR　198
　　　株式時価総額　200
　　　付加価値額　202

第3部　ケーススタディ

第6章　定量分析を意思決定に活用する
　1　新規ビジネスを思い立つ　204
　2　ビジネスプランを作成する　205
　3　出店場所を決める　212
　4　軌道に乗りかけたが……　214
　5　利益や売上げが伸びない原因は何か　220
　6　さらなる成長に向けて　223

あとがき
参考文献
索引

第1部

基礎編

第1章● 意思決定と定量データ
基本動作の理解が定量分析の質を決定する

●

　まえがきでも述べたように、定量分析は伝統的な財務分析にとどまるものではなく、ビジネスのあらゆる局面で応用可能なパワフルなツールである。それゆえ、適切に用いればきわめて大きな恩恵をもたらすが、使い方を誤ると無益なばかりか、会社や事業を傾かせることにもなりかねない。

　定量分析をうまく活用できない人に多く見られるのが、意思決定に際し、定量分析に過大に頼ってしまうパターンだ。定量分析は、それだけで独立してバリューを生み出すものではない。そのバリューを引き出すには、定性分析と組み合わせて使うことや、論理思考が不可欠であることを、まず最初に指摘しておきたい。

　テクニカルな数字いじりのみに時間を使ってしまうパターンもよく見かける。定量分析において、計算が占める割合は必ずしも大きくはない。計算の前後の「目的の確認」や「前提のチェック」「計算結果の解釈」や「その解釈を踏まえたアクション提案」にこそ価値があるという点を理解していただきたい。

　第1節では、こうした考え方に立って、定量分析の意義や分析ステップ、活用上の留意点について、基礎的な事柄を解説する。この部分が腑に落ちないと、良い定量分析はできないので、「わかったつもり」で留めるのではなく、「人に説明できる」くらいまで理解を深めることを目指していただきたい。

　第2節では、定量分析につきものの「数字（あるいはグラフ）にだまされる」事態を避けるべく、「データ収集の落とし穴」など、分析以前の数字やグラフの信頼性について考察を加える。この点については、ダレル・ハフ著の『統計で嘘をつく方法』（講談社ブルーバックス）などの良書が存在するが、定量分析を活用するためには避けては通れないテーマであるので、本書でも若干のページ数を割いて解説を加える。とくに、リサーチの経験がなく、数字の扱いに慣れていない方に読んでいただきたいパートである。

1 定量分析の意義とそのプロセス

POINT

定量分析とは、数字を使ってある事柄を表現し、評価・解釈するプロセスである。定量分析を行うことで意思決定の精度が増すとともに、行動にプライオリティをつけることが可能となる。

CASE

緒方君はクイーンレコード社マーケティング局に勤める入社2年目の社員である。先日、上司に呼ばれ、1カ月後にデビューを控えた新人アーティストのプロモーションを初めて任されることになった。プロモーションの予算は限られていたが、そこが担当者の腕の見せ所だと言われた緒方君は、何とか工夫して、そのアーティストを大々的に売り出したいと燃えていた。

現在、緒方君の心を占めているのは、2週間後に控えたX大学の学園祭でのプロモーション・ライブだ。その学園祭には毎年2～3万人の人出がある。多くの人にライブを見てもらい、話題になれば、関係者の予想以上にブレークするかもしれない、と緒方君は考えていた。

機材の手配を終え演奏曲目も決まったが、最後まで悩んでいたのが司会者の選定であった。こうした場合、同社では通常、会社のスタッフが司会を行うか、若手のお笑い芸人を起用していた。会社のスタッフであれば事前の打ち合わせがしやすく、立場をわきまえて無難に進行役を務めてくれるという安心感があるが、観客へのインパクトは弱くなる。逆に、お笑い芸人を起用すると、話題性を持たせたり、集客効果が期待できる半面、(若手なので安価とはいえ)追加のギャラの支払いが発生する。また、芸人は時々羽目をはずすことがあり、どんなハプニングが起こるかわからないことも懸念された。

司会者はライブの成功を左右する重要な要素だと思った緒方君は、過去の事例に当たってみることにした。似たような学園祭ライブでどのような結果となったか、先輩に聞

いて確認した。それをまとめたのが**図表1-1**である。

図表1-1 過去の実績							
アーティスト	司会	総来場者数	会場の立地	観客数（人）	売上（万円）	費用（万円）	利益（万円）
A	社員	25000	良い	330	83	41	42
B	芸人	30000	普通	420	107	65	42
C	社員	24000	良い	290	65	38	27
D	芸人	29000	普通	400	100	60	40
E	芸人	28000	普通	340	85	55	30
F	芸人	22000	良い	290	67	60	7
G	社員	22000	普通	300	66	39	27
H	社員	30000	普通	290	72	38	34

「その時々で、ずいぶん集客や最終利益にバラツキがあるな……。とくに司会が若手芸人のときは集客のばらつきが大きい。会場の立地条件は思ったより結果に影響を与えていないようだ。そうだ。学生の頃、統計学の授業で習った重回帰分析が使えるかもしれない。司会者がスタッフの場合と芸人の場合とに分けて、それぞれ総来場者数と場所を変数にして分析してみよう。そうそう、ほかにも隠れた変数がないかチェックしたほうがいいな。天気とか他社主催のライブなども影響しそうだ。それに、チケットの値段も当然関係するだろうし、面白い分析結果が出るかもしれないな。その辺の周辺情報について、もう一度、先輩に話を聞いてみよう」

　ちょうどそこに緒方君の先輩の三木氏がやってきた。三木氏は社内で優秀なやり手との評判が高い人物だ。緒方君は早速、自分のアイデアを話してみた。「いろいろなことをよく考えているね」と誉めてもらえることを緒方君は期待していたが、三木氏からは手厳しいコメントが返ってきた。

「君は時間の使い方が下手だなあ。この表で重要なのは、明らかに芸人のほうが集客力があるという事実、それから、1つの例外を除いては、最終利益のブレは最高と最低で15万円にすぎないということだ。赤字になった年はなく、芸人のギャラは予算内でカバーできる。15万円なんて、CDアルバムが数十枚売れれば帳消しになってしまう金額だろ。何百万円もの差が生まれるならともかく、この程度の金額で頭を悩ますのは、時間の浪費ではないかな。僕だったら分析はここで打ち切って、すぐに若手芸人の中から司会者の選定にかかり、打ち合わせの用意を始めるね」

理論

　定量分析は数字を使ってある事柄を表現し、評価・解釈するプロセスである。単なる「数字」の羅列や、グラフ化するだけでは分析とは言えない。数字を加工し、それを評価・解釈することができてはじめて分析と言える。その観点から定量分析を行う際の基本姿勢を再確認しておこう。

1 ● 定量分析の意義

　定量分析の第一の目的は意思決定やコミュニケーションの効果・効率を高めることだ。意思決定やコミュニケーションの質およびスピードを向上させることと言い換えてもよい。

◉ 意思決定の質・スピードを高める

　定性的なデータのみから意思決定を行うことの危険性については、論をまたないだろう。たとえば、「A国は親日国だから日本人や日本の商品が受け入れられやすい」「A国政府は外資系企業の誘致に熱心だ」といった情報のみから、「A国での事業展開は魅力的だから直ちに参入しよう」という決断に踏み切れるだろうか。おそらく、市場規模や成長性、想定されるマージン、（潜在的なものも含めた）競争相手の数やその能力など数値化したデータも集めたうえで、それらに解釈を加え、さらに他の代替案（たとえば、B国市場への参入）と比較するというステップを入れたほうが、より的確な判断ができるはずだ。慎重な人であれば、これらの情報に加えて、将来にわたるキャッシュフローを推定し、資金調達コストを勘案したうえで参入の是非を考えるだろう。さらに慎重な人は、いくつかの主要な変数について感度分析を行い、リスクを見極めたうえで意思決定を行うだろう。あるいは、将来の事業の発展性を考慮して、「リアル・オプション法」（85ページのコラム参照）を用いて市場参入の是非を考えるかもしれない。

　もちろん、定量分析の結果だけで意思決定が下せるわけではなく、分析に時間をかけすぎると逆効果になることは言うまでもない。しかし、客観的な数値を用いると、利益予測、リスクや成功確率の推測、他のオプションとの比較などが可能になり、的確な状況把握や合理的判断がしやすくなる。その結果、主観や勘のみに頼る場合よりも意思決定の質が向上し、検討時間の短縮にもつながっていく。

● コミュニケーションの質・スピードを高める

　ビジネスでは、意思決定だけでなく、顧客やサプライヤー、株主、社員などのステークホルダーと適切なコミュニケーションをとることが非常に重要である。正しく情報を伝達することもさることながら、説明責任を果たすことで、関係者のやる気を引き出したり、理解を促すことができる。コミュニケーションの質やスピードを向上させるためには、数値データやその分析結果を活用すると効果的だ。

　複数の人間が関係するビジネスの現場において、「共通言語」としての数字が果たす意味は大きい。数字には、①万国共通なのでコミュニケーションや認識に誤解が生まれにくい、②比較しやすい、③意思決定の基準を明確にしやすく物事に優先順位をつけやすくなる、などの特徴があるからだ。

　たとえば、「うちのレストランの平均客単価は、競合のC店よりもやや低めだ」というような曖昧な表現をしていると、それが伝わる過程で、「うちのレストランの平均客単価は競合のC店よりずいぶん低いらしい」「うちのレストランの平均客単価は競合のC店とは比べものにならないくらい低いようだ」などと、伝言ゲームと化して誤った内容が広まっていくおそれがある。これが、「うちのレストランの平均客単価は3000円だ。競合のC店は3500円のようだから、彼らに比べればやや低めだ」というように数字を用いることにより、主観が混じる余地が減り、客観的事実をより的確に伝達できるようになる。

　また、単なる伝達だけではなく、他者を説得する場面でも、数字の利用は、説得力や信頼性を持たせるうえで効果的だ。たとえば、若手営業担当者を指導するときに、「とにかく営業は気合だ」と繰り返しても、なかなか受け入れてもらえないだろう。理屈もわからずに、ただ努力を強いられることを好む人などいない。このような場合、数字を効果的に用いることで、より短い時間で相手を納得させて、同意を得ることができるかもしれない。たとえば、「△△の普及率が50％を超える会社とそうでない会社とでは、我々の商品が受け入れられる確率が30％も違う」「コールドコール（無差別に電話をかけるやり方）から成約に至る確率は平均で5％だが、優秀な営業担当者であれば成約率は15％程度だ」というように定量データを土台にコミュニケーションしたうえで、最後に「だけど、営業は最後の気合が決め手だからな」という言葉で締めくくれば、精神論的なメッセージも受け入れられる可能性がある。

　もちろん、数字を明確にすることによって弊害が生じるケースもある。たとえば、「数字の一人歩き」という現象がそうだ。その詳細については後述する。

●── メリハリやプライオリティを明確にする

　定量分析のもうひとつの大きなメリットは、数値化することで選択肢の比較や重要度の把握が容易になり、思考や行動にメリハリやプライオリティをつけられるということだ。いまや企業経営にとって最も重要な資源は、企業を担うコア人材の「時間」である。コア人材の生産性を高めるためには、どの活動にどれだけ時間を費やすかの判断が重要であり、コア人材のあらゆる活動に対して「選択と集中」が求められている。仮に、会社のキーパーソンが、最低でも50億円のＮＰＶ（正味現在価値）が見込まれる投資案件を放り出して、ＮＰＶが最大で1億円程度の事業プランの詳細設計に時間をかけているとしたら、その会社が大きく成長することは望めないだろう。どれほど正しい意思決定であったとしても、それが企業の業績にほとんど影響しない瑣末な事柄に関するものであれば、それに時間を使えば使うほど、貴重な資源を無駄遣いしていることになる。そうした事態を回避するためにも、物事の重要性を定量的に見極めることが大切になる。

2● 定量分析のステップ

●── 標準的なステップ

　定量分析の基本的な流れは、**図表1-2**のようになる。これらのステップは標準的な

図表1-2 定量分析のステップ

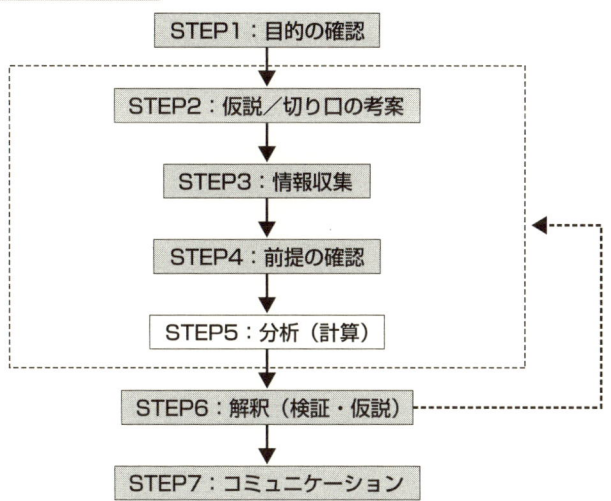

ケースを想定しているので、状況によっては手順が多少前後することもある。また、これは一方的な流れではなく、フィードバックを伴う循環的なプロセスであることにも留意してほしい。

　基本ステップに沿って、それぞれの留意点について説明していくが、その前にまず、定量分析においてどのステップが重要なのかを確認しておこう。意外かもしれないが、実は定量分析において数字の加工や計算が占める比重はけっして大きくない。せいぜい20～30％というのが筆者の実感だ。極論すれば図表1－2の中の他のステップのほうが、定量分析において鍵を握る要素だと言えるかもしれない。たとえどれだけ多くの分析ツール（計算ツール）を学んだとしても、このプロセス全体に対する理解が十分でなければ、良い結果は得られないことを肝に銘じておいていただきたい。

STEP1：分析の目的を意識する

　どの分析においても、まず重要なのが、何のためにその分析を行うのかという目的を明確に意識することだ。「この分析をすることで何が得られるのか」「自分がやるべき分析なのか」「いつまでに終えないといけないのか」など、分析の意味を理解したうえで作業にとりかかったほうがよい。

　たとえば、上司から「韓国における○○市場について調べてくれ」というリサーチを頼まれたとする。しかし、「市場について調べる」という漠然とした指示だけでは、依頼されたほうも困ってしまうはずだ。市場規模を調べればよいのか、より詳細な業界構造の分析が必要なのかなど、どれくらい綿密なリサーチが要求されているかがわからないからだ。また、市場参入を検討するための参考資料なのか、社内勉強会のための簡単な資料が欲しいのかなど、用途によってもリサーチのやり方は異なってくる。したがって、こうした依頼を受けた場合は、調査によって何を明らかにしたいのか、依頼者に確認してみる必要がある。上司から「社長が1、2年以内に市場参入することを考えているので、取締役会で議論を開始するための資料が欲しい」という答えが返ってきたなら、詳細なセグメント情報や競争環境、ＫＳＦ（事業の成功要因）などを調査し、「参入の是非と、参入する場合の方法論」について自らの見解を付記しておけばよいだろう。

　一般に、分析が下手だと言われてしまう人は、具体的な数値計算や加工以前に、分析の目的に対する理解が甘いケースが多い。その結果、意思決定には不要な情報の分析に時間を費やしたり、自分の興味に走ってしまい、本来やるべき分析に到達しなかったりするのだ。

　もうひとつ、しばしば見られる現象は、「意思決定やコミュニケーションのための分析」ではなく、「分析のための分析」をするケースだ。分析ツールを駆使して、さまざ

まな切り口から「数字いじり」はしてみるものの、企業価値向上のための意思決定やコミュニケーションに役立つ情報は満足に得られない。これは、組織やチームで仕事をする際に、「分析担当」などの役割を設けた場合などに起こりやすく、まさに「ポジションが（不要な）仕事をつくってしまう」のである。とくに組織を預かる管理職の人は、こうした状況に陥らないように注意しなくてはならない。

分析の精度と分量

　分析をする場合、集める情報量が多く、分析の精度が高いほど、より良い結果が得られる、というものではない。このことを戒めるためにしばしば言われるのが、「20−80のルール」である。これは、「100のアウトプット（成果）を生み出すために100のインプット（労力や時間）が必要だとすれば、そのアウトプットの80％は最初の20％のインプットから生まれる」ことを意味する。つまり、ある時点を超えたら、むやみに時間や労力を費やしても得られるものは少ないということだ。このことは、状況が刻々と変わり、スピーディな対応が求められるビジネスの世界には、とくによく当てはまる。ビジネスにおける分析では、必ずしも100％の精度を追求する必要はない。ある程度の精度が確保できれば、完璧さよりも、意思決定のタイミングやスピードのほうがより重要になってくる。

　先述したように、定量分析の1つの目的は、メリハリやプライオリティを明確にすることにある。スピーディなアクションにつなげるためにも、分析プロセスの各段階において、精度や分量についてメリハリを意識したいものである。

STEP2：仮説を立て、分析の切り口を考える

　データ収集や分析に先立って、「検証すべき仮説」を設定し、「その仮説を検証するうえで効果的と思われる視点・切り口」を考える。つまり、漫然とデータを集めて手当たり次第にどんな傾向があるかを探すのではなく、作業の効率性を高めるために「答えや手法にある程度の見当をつけてから分析を始める」ということだ。これは、上記コラムで紹介した「20−80のルール」にも共通する考え方だ。

　たとえば、エリアの拡大を図っているテイクアウト型デリカテッセンのチェーンが、どのような立地に出店すれば最も効果的に集客できるかを知りたがっているとしよう。一例として、以下のような仮説や切り口が考えられるだろう。

「都市部については、駅から店舗までの距離が集客力と相関性を持つのではないか。また、（競合である）大手スーパーの出店状況にも影響を受けるに違いない。したがって、

都市部に出店している同業他社のデータでこれを検証してみよう」
「顧客として想定されるのは、1人暮らしや若い共働きの家庭だ。ターゲットとなる世帯構成の状況と集客実績を既存店で調べてみよう」
「大通りに面したところは裏通りの3倍以上の集客が確保できるはずだ」
　……

　このように、まずいくつかの仮説を立ててから、それらの妥当性や重要性を検討し、その後で仮説を検証するために必要なデータを集めるのである。こうした手順で進めていけば、無駄なデータ収集や分析に時間を費やさずにすむ。

　近年では、コンピュータの性能向上やデータ処理技術の進歩もあって、あらかじめ明確な仮説や切り口を持たずとも、大量の生データから意味のある連関を見つけ出すソフトウエアも登場している（下記の**コラム**参照）。そうした便利なツールは大いに活用すべきだが、その一方であまりにもツールに頼りすぎると、「考える力」が衰えてしまう危険性がある。

データマイニング

　データマイニングとは、企業に大量に蓄積されたデータを、統計技法を組み込んだソフトウエアで分析することにより、その中から企業活動において意味のある、あるいは利用可能な、傾向・特徴（Classification）、相関関係（Association）、集団・分類（Clustering）などを発見するテクニックである。マイニング（mining）にはもともと「発掘する」という意味がある。

　コンビニエンス・ストアを例に取れば、POSデータを詳細に解析することで、「商品Xと商品Yは同時に購入されることが多い」「郊外店では、休日には商品Zがほとんど売れない」などの相関関係を見出すことができる。これを商品企画や仕入れに利用することで、在庫ロスや販売機会ロスを減少させることが可能になる。また、通信事業者であれば、顧客の属性（個人の場合は性別、年齢、年収など。法人は規模、業種など）とサービス利用履歴（通話時間、通話時刻、通話先、付加機能のサービス利用度など）に関する膨大なデータから、「年収○○万円、◇◇代の独身女性が最も深夜利用額が高い」「△△の付加サービスは年商10億円未満の企業ではほとんど利用されていない」などの傾向を知ることができる。顧客タイプごとの利用傾向を把握しておけば、新規サービスに関するダイレクトメールを送るときなどに、高いレスポンス率が期待できる顧客を選別して効率よくアプローチすることが可能なので、大幅なコスト節減につながる。

　データマイニングが発達したのは、①経済の成熟に伴って従来のマス・マーケテ

ィングが非効率となり、個々の顧客に対して、よりきめ細かなアプローチが必要になってきた、②データ処理技術が発達し、これまでは不可能であったデータ解析が行えるようになった、ということが背景にある。データマイニングはマーケティング分野でいち早く取り入れられたが、今後は人的資源管理をはじめとする幅広い分野での活用が期待されている。

STEP3：情報を収集する

　まず、収集すべき情報（データ）の種類を確認しよう。データは大まかに、①定量データと定性データ、②1次データと2次データ、③内部データと外部データ、④生データと加工データ、⑤測定データ（財務データなど）と自己申告データ（アンケートなど）、などに分類される。厳密には、各分類にまたがる中間的な性格を持つデータも存在するが、ここでは上記の5つの分け方で説明していく。

　①定量データと定性データ：定量データは数字で表されたデータだ。「男／女」のように数字ではなくても、デジタル記号に置き換えて類型化できるものは、定量データに含めて考える。定性データは数値化や類型化が難しい、言葉で表現されたデータだ。採用面接における参考情報を例に取ると、年齢や大学の成績、ＴＯＥＦＬの点数などは定量データ、「明るい」「落ち着いている」などの印象を語ったものは定性データということになる。

　②1次データと2次データ：1次データは特定の目的のために収集するデータで、2次データは他の目的のためにすでに収集されているデータだ。調査機関が発表する「△△動向調査」などが2次データの典型だ。1次データは、利用目的に応じて必要なデータを入手できるが、2次データに比べて収集や処理に多くの時間と費用を要する。逆に、2次データは比較的容易に手に入るという長所がある一方で、もともと違う目的で作成されたために、本当に自分の目的に合ったものが少ないという短所もある。

　③内部データと外部データ：2次データは、その出所によってさらに内部データ（社内データ）と外部データ（外部機関のデータ）に分類できる。一般に内部データのほうが入手しやすい。外部データはさらに無料データと有料データに分類することも可能だ。有料データの利用にあたっては、どこの部分に付加価値がある情報なのか（例：速報性、網羅性、入手の困難さなど）をあらかじめ理解しておく必要がある。

　④生データと加工データ：生データとは、数字の加工や分析がされていないオリジナルのデータのことである。多少の分類やソーティング（順序化）程度の加工であれば、

生データと考えてよい。これに対して、加工データとは、第三者によって計算処理や編集などが加えられたデータのことだ。加工データを使えば、データ処理の手間が省けるメリットがあるものの、往々にして加工プロセスが不明で、どのような意図でどのような操作が加えられたかが追跡不能な場合が多い。したがって、加工データを用いるときには、生データ以上にその信頼性に注意を払う必要がある。

⑤**測定データと自己申告データ**：測定データは財務データなどのように、一定の方法で測定された値を用いたものだ。一定の基準に従った情報なので、比較的客観性が高くなる。一方、自己申告データは、アンケートなどで得られるデータだ。通常、主観に基づく情報が多く含まれているので、客観性の確保には限界があることを承知のうえで利用すべきだろう。たとえば、ある企業ではアンケート結果から実態を推測する際に、過去の追跡データに基づいて、特定項目の数字を一定の「割引率」で調整してから利用しているという。

以上のように、さまざまな特徴を持つデータをどのようなバランスで集めるかは、「何を意思決定しなくてはならないのか」という目的を明確に意識したうえで、費用対効果を念頭に置いて決定することになる。「とりあえず興味があるから」というだけの理由で情報を収集しても、有益な結果は得られない。また、費用対効果を検討する際には、データ収集にかかる実費だけではなく、機会費用（下記の**コラム**参照）なども含めて考えるべきである。

機会費用

機会費用（Opportunity Cost）とは、現実に選択することのできなかった選択肢（機会）がもたらす利得を指す。選ばなかった機会が複数存在していた場合は、その中で、実現可能でかつ最も大きい利得を言う。

たとえば、1億円をAプロジェクトに投資するケースで考えてみよう。Aプロジェクトへ投資するということは、1億円を他の案件に投資する機会を放棄することにほかならない。Aプロジェクト以外に候補に挙がった現実的な投資案件の中で、仮に国債の購入が最大の利得をもたらすとすれば、1億円を国債に投資したときに得られたはず利得が、ここでの機会費用となる。

機会費用は決算書には載らない仮想のものである。「費用」という名前がついているが、むしろ「代償」とでも表現すべきだろう。本来は、金銭的に計算できる場合に用いる概念だが、慣用的に、金銭で表現できない個人的な効用（ごろ寝とデートとで得られる満足感の比較など）に転用する場合もある。たとえば、働く女性が子供の

出産・育児を考える際には、出産や育児に伴って発生するであろう実費以外に、その期間中にフルタイムで働いたときに得られる給与、仕事上の成果や実績、さらにはキャリアアップの機会なども考慮するだろう。

　機会費用は重要な概念ではあるが、①各選択肢について事前に利益や効用を予測するのは非常に難しい、②機会費用にこだわりすぎると、消極的になったり、後ろ向きなマインドを生み出しやすい、③機会費用を把握するときに、どれだけの時間的スパンで考えればよいか、だれの視点で考えればよいかを判断するのが難しい、といったデメリットもある。投資などの意思決定では、必ず機会費用についても考慮すべきだが、過度に気にすると、意思決定の妨げになる点にも注意したい。

　次に、具体的なデータ収集について見ていこう。データ収集の流れは、収集手段の選択、サンプリング、質問の設計、実施などで構成される。サンプリングや質問の設計は必要に応じて行うことになる。ここでも、費用対効果を考えて適切な手法を選び、サンプル数を決めることになる。また、第2部の指標編では、それぞれの指標の代表的な入手先（データソース）を可能な限り紹介しているので、情報収集の際の参考にしていただきたい。

インターネットと情報収集

　情報収集の方法は、1990年代前半までとそれ以降とでは大きな違いがある。それは、情報収集の手段としてインターネットが登場したことによる。インターネットで簡単に入手できる情報が増えていることに加え、検索エンジンの性能が飛躍的に向上したことで、情報収集のスピードも確実に速くなっている。とはいえ、インターネットでアクセスできる情報は「玉石混交」であり、少数の有用な情報が、多数のジャンク情報に埋もれているのが現状だ。情報があふれているがゆえに、価値ある情報を判別する能力がより強く求められていると言えよう。情報の信頼性については、「だれが発信している情報か」が最終的判断の拠り所となる。自分のビジネスに関係する分野で、信頼しうる情報源はどれかということを、常日頃から意識するようにしたいものだ。

STEP4：前提を確認する

　収集した数値データを分析する前に検討・確認しておかなくてはならないのが、「どのような前提の下で、その分析を行うか（行ったか）」ということだ。前提の置き方が不

適切であれば、後の分析をどれだけ精緻に行ったところで、有用な結果は得られない。

たとえば、ベンチャー企業において、中期計画のシナリオを用意するとしよう。シナリオを用いて分析する目的は、今後の施策の検討材料にすることだ。具体的には、「最悪のケースが起きた場合に、どれだけ資金が枯渇するか。また、それだけの資金をどう調達して、事業をつないでいくか」、あるいは、「逆に需要が急拡大した場合、供給体制を構築するために、何を用意しておくべきか」などを考えるためのデータとして使う。

さて、ここで売上げの振れ幅を上下10％と置き、それぞれを「楽観的シナリオ」「標準的シナリオ」「悲観的シナリオ」とし、さらに費用の振れ幅を数パターン検討するとしよう。はたしてこの分析アプローチは有効だろうか。

売上げの上下10％というやり方はシナリオ作成でよく用いられる前提の置き方だ。しかし、この例に限って言えば、このやり方ではあまり有意義な示唆は得られないだろう。なぜなら、ベンチャー企業の売上げを予想することは難しく、標準的な売上予測の上下3倍、時には2桁台の倍率でずれることもあるからだ。売上予測が甘いままで、そこから先をいくら詳細に検討しても、実のある議論には結びつかない。この事例であれば、たとえば「悲観的シナリオ」は思い切って「標準的シナリオ」の売上げの3分の1程度にするなど、前提の置き方を工夫してみる必要があるだろう。

その一方で、適切な前提を置いているのに、それが明示されていないがゆえに、分析結果をうまく意思決定に結びつけられないというケースもよく起こる。複数の人間がそれぞれ違う前提を念頭に置いて議論するために、話がかみ合わなくなってしまうのだ。分析結果に大きな影響を与える要素については、その前提を明示することが、ビジネスパーソンとしてのマナーと言えるだろう。

数字の一人歩き

古今東西を問わず、あらゆる社会や組織で起こるのが、「数字の一人歩き」という現象だ。これは、伝達する際に印象深い数字が、当初の文脈や前提条件、あるいは同時に語られていたはずの他の情報から離れてしまい、その数字自体が「権威」を持つなどして、構成員の思考停止を促進させ、判断を鈍らせる現象である。

たとえば、ある飲食チェーンで「原価率は40％以下とする」という指針が打ち出されたとしよう。この数字は当然、そのときの競合状況やコスト構造などから導き出されたものである。状況が変われば、変更提案があっても何ら不思議はない。たとえば、都市部での展開を念頭に置いて40％という数字を算出したのであれば、郊外に展開する場合にはこの前提を変えてしかるべきである。

ところが、この方針の下でなまじ業績の良い状態が続くと、この数字が俄然「権

威」を持ち始め、あらゆる状況下でそれを疑うことが許されなくなってしまう。「なぜ40%を超えてはいけないのか」という問いに対して、「昔から決まっていることにゴチャゴチャ文句を言うな。それでやれば、うまくいくのだ」という頭ごなしの回答しか戻ってこない、ということも起こりうる。

　ほかにも、「〇〇の仕事は35歳定年」「顧客満足度は5点満点で4点以上は必須」といった「社内の決まり事」もよく耳にするが、それが現時点でも意味のある数字なのか、一度前提を疑ってみる必要があるだろう。

STEP5：分析（計算）を行う

　（専門家ではない）ゼネラル・マネジャーが習得すべき基礎的な定量分析は、極論すれば、次のパターンを組み合わせることで事足りる。それは、①分解し構成要素の大きさを見る、②何かが変わったときの変化の度合いを見る、③分布や分散の様子を見る、という3つのパターンだ。本書では主に第2章で、これらの基本パターンについて解説する。なお、①の「分解し構成要素の大きさを見る」は、足し算として分解する（例：売上高＝法人顧客売上高＋個人顧客売上高）だけではなく、掛け算として分解する（例：売上高＝営業担当者数×営業担当者1人当たり売上高）ことも含めて考えてみると、分析の幅が大きく広がる。

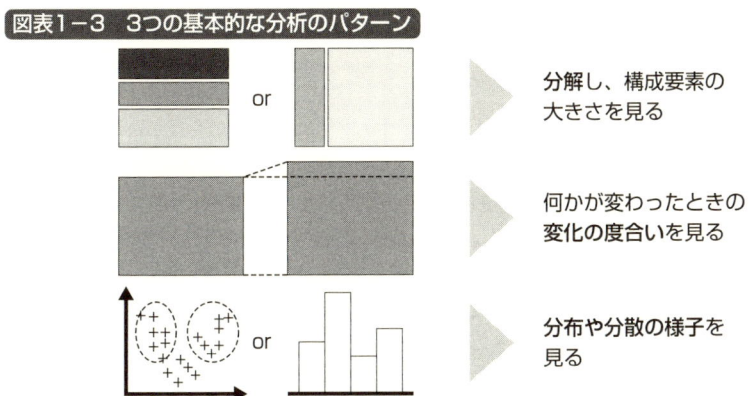

図表1−3　3つの基本的な分析のパターン

分解し、構成要素の大きさを見る

何かが変わったときの変化の度合いを見る

分布や分散の様子を見る

　分析のパターンは大きく3つと述べたが、実際には、「どういう軸で分解するか」「何を変数・パラメータとして変化の度合いを見るか」「どんな軸で分布させるか」など、分析のやり方は無数に存在する。また、いくつかのやり方を組み合わせることも必要である。たとえば、「売上高」をより細かく分解することにより、問題把握や売上向上の

ヒントを得ようとしている場面を考えてみよう。思いつくまま挙げてみただけでも、次のような分解方法が考えられる。

【顧客セグメントを見る】
売上高＝関東地区売上高＋関西地区売上高＋…
売上高＝国内売上高＋海外売上高
売上高＝10代顧客売上高＋20代顧客売上高＋30代顧客売上高＋…
売上高＝既存顧客売上高＋新規顧客売上高
売上高＝Ａランク顧客売上高＋Ｂランク顧客売上高＋…

【顧客の購買状況／購買パターンを見る】
売上高＝顧客数×顧客１人当たり平均購買額
売上高＝Σ顧客数×(単位期間内)購買回数×１回当たり平均購買額
売上高＝1月1日売上高＋1月2日売上高＋…

【競争環境を見る】
売上高＝業界売上高×自社シェア
売上高＝Σ顧客可処分所得×顧客財布内シェア

【商品／事業を見る】
売上高＝Ａ製品売上高＋Ｂ製品売上高＋Ｃ製品売上高＋…
売上高＝Ａ事業部売上高＋Ｂ事業部売上高＋…
売上高＝延べ販売商品数×平均単価

【利益構造（付加価値構造）を見る】
売上高＝売上原価＋売上総利益
売上高＝売上原価＋一般管理費＋営業利益
売上高＝固定費＋変動費＋営業利益
売上高＝開発費＋仕入費＋加工費＋在庫費＋配送費＋利益
売上高＝純売上高＋引当金
売上高＝直接費＋間接費＋営業利益

【生産性／効率性を見る】
売上高＝坪数×平均坪当たり売上高
売上高＝店舗数×店舗平均売上高
売上高＝1日当たり売上高×日数
売上高＝1月当たり売上高×月数
売上高＝稼働時間当たり売上高×稼働時間
売上高＝営業担当者1人当たり売上高×営業担当者数
売上高＝社員1人当たり売上高×社員数
売上高＝売上高総資産回転率×総資産
売上高＝売上債権回転率×売上債権

【成長性を見る】
売上高＝昨年度売上高×成長率
売上高＝昨年度売上高＋売上高増減

　これらの中から、本質的な課題を浮き彫りにする切り口や視点を選び出さなくてはならない。それには、ある程度の経験と、各分析手法の効用や限界などの理解、当該ビジネスそのもの（どんな商品なのか、顧客はどのように購入するのか、生産性の差は何から生まれるのか、店舗や工場などの現場で何が起こっているかなど）に対する理解が必要不可欠である。したがって、分析技術を学ぶだけでなく、普段から自分のビジネスに対して問題意識を持つようにするとよいだろう。

STEP6：解釈する（仮説の検証と新しい仮説の導出）
　計算を終えたら、次に必要なのは結果を解釈し、「そこから何が言えるか（So What?）」を考えることだ。これにより、当初の仮説を検証し、必要があればさらに新しい仮説を立てていく。このとき注意すべきなのは、生データにせよ加工データにせよ、数字そのものに「色」や「香り」、言い換えれば特定の「意味」はないということだ。その数字が意味を持つのは、ある状況下に置かれたとき、より厳密に言えば、ある状況下で他の数字と比較したときである。
　たとえば、「35歳の鈴木一郎君の今年の年収は700万円である」という事実があったとする。これだけでも十分意味を持つように思えるかもしれないが、それは錯覚である。このセンテンスを読んだ人は、無意識のうちに頭の中で何かと比較し、差異や関係を見極めたうえで、そこから何らかの意味合いを見出しているはずである。そして、コンテ

キストや比較対象が異なると、そこから得られる意味合いや仮説は変わってくる。いくつか例を挙げてみよう。

(例1)
　　　　　　「35歳の鈴木一郎君の今年の年収は700万円である」
　比較対象「鈴木一郎君の昨年の年収は500万円である」
　　→（差異／比）「鈴木君はこの1年で200万円年収が増えている」
　　→（意味合い）「鈴木君は昇進か好条件の転職をしたのだろう」もしくは、
　　　　　　　　「鈴木君の会社の業績がよくボーナスが多かったのだろう」もしくは、
　　　　　　　　「鈴木君は副業でも始めたか、あるいは臨時収入があったに違いない」

(例2)
　　　　　　「35歳の鈴木一郎君の今年の年収は700万円である」
　比較対象「鈴木君と同い年の奥さんの今年の年収は1000万円だ」
　　→（差異／比）「鈴木君は同い年の奥さんより300万円年収が少ない」
　　→（意味合い）「鈴木君は奥さんに頭が上がらないに違いない」

(例3)
　　　　　　「35歳の鈴木一郎君の今年の年収は700万円である」
　比較対象「鈴木君の会社では、35歳の従業員の平均年収は600万円である」
　　→（差異／比）「鈴木君は同年代の同僚より100万円年収が多い」
　　→（意味合い）「鈴木君は会社の中で順調に出世しているのだろう」

(例4)
　　　　　　「35歳の鈴木一郎君の今年の年収は700万円である」
　比較対象「鈴木君は最近350万円の車を購入した」
　　→（差異／比）「鈴木君が購入した車は彼の年収の半分にもなる」
　　→（意味合い）「鈴木君はよほど車好きなのだろう」もしくは、
　　　　　　　　「鈴木君は自分の収入以上に自由になるお金があるのだろう」

　これは卑近な例だが、ビジネスにおける解釈も基本は同じであり、無意識のうちに必ず何かとの比較を行い、そこから何らかの意味合いを導き出しているはずである。したがって、解釈に影響を与える比較対象の選定は、非常に重要なテーマとなる。

STEP7：コミュニケーション

定量分析の結果を第三者に伝える際には、（状況にもよるが）以下の3点に注意する必要がある。これらは、相手に自分の意図を確実に理解してもらうために、役立つポイントである。

図表1－4　伝えたいメッセージを明確に

A製品の勝負の鍵はこの30年間で製造・開発からマーケティングへと移行している

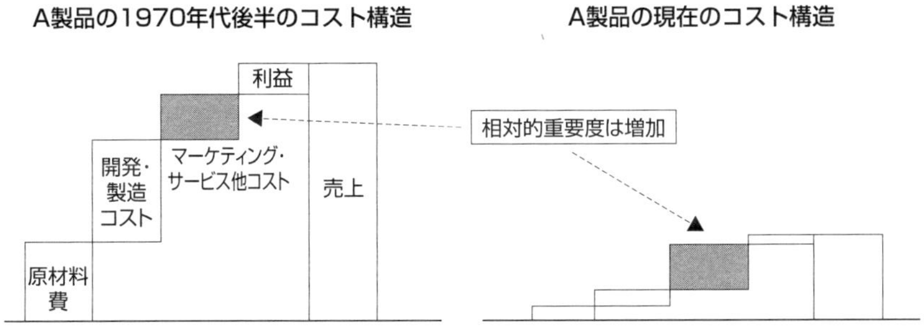
A製品の1970年代後半のコスト構造
A製品の現在のコスト構造
利益
相対的重要度は増加
開発・製造コスト
マーケティング・サービス他コスト
売上
原材料費

注：販売unit数の違いはこの図には表していない

第1点は、「伝えたいメッセージ（意味合い）を中心に据えて（できれば最初に述べて）、定量データはあくまでもそれをサポートするための資料とする」ことだ。要するに、「私はこう提案する。なぜならば、分析により△△という事実、そして◇◇という事実が判明したからである」という流れをつくることである。

第2点は、グラフやチャートには、必ず主題（タイトル）と意味合いや発見をつけることだ。パワーポイントなどのプレゼンテーション資料であれば、各ページの主題と伝えたいメッセージを記しておくとよいだろう。

第3点は、数値結果を提示するときは、相手の理解を促すようにビジュアル化することだ。単に表やグラフを用いるだけではなく、ポイントを強調するためにハイライト、補助線、不要部分のカットなどの視覚ツールを使うとよい。**図表1－5Aと1－5B**でそれを見てみよう。

これら2つの散布図の中の点の位置は基本的に同じである。しかし、2つの図表から読み手が受ける印象は明らかに異なるはずだ。その違いとして、次の点が指摘できるだろう。①Bでは補助線を追加することで、横軸と縦軸の相関をより明確にしようとしている。②Bでは補助線に沿って矢印を2つ追加することで、書き手の意図を盛り込んでいる。③タイトルが、Aは客観的でニュートラルであるのに対し、Bは書き手の意図を盛り込んだものとなっている。

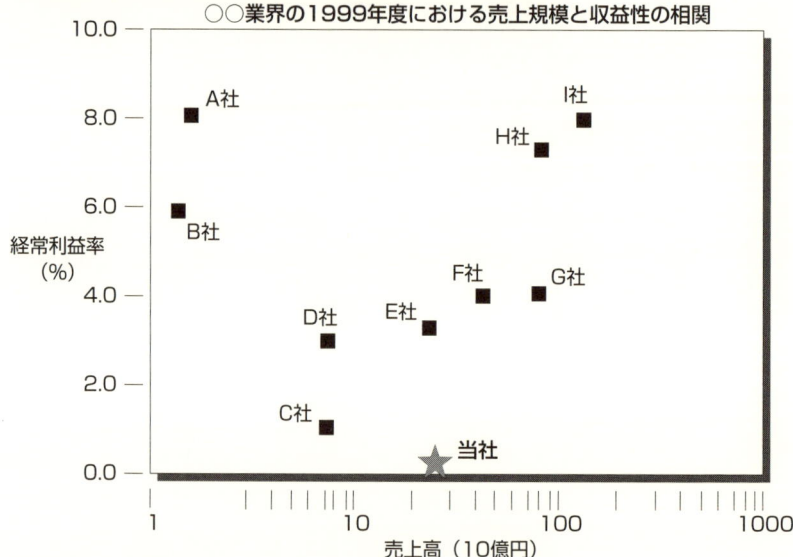

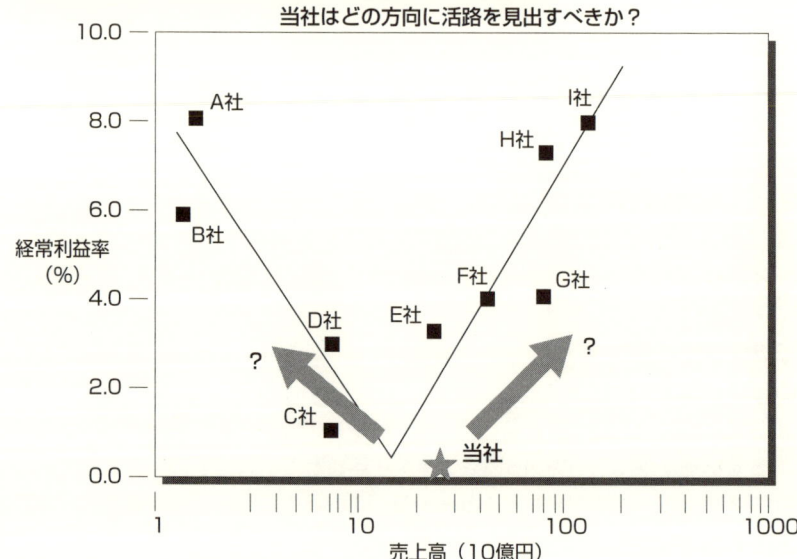

①は読み手の理解度を高める（V字カーブに気づいていない人に注意を促す）ための工夫、②と③は自分の主張を伝える意図でなされた工夫と言えよう。②と③については、読み手によっては作為的すぎると受け止め、反発を感じる可能性があるので、どの程度まで手を加えるかは状況次第である。しかし、読み手によく理解してもらうためには、少なくとも①程度の工夫は心がけるべきである。

● ──── 比較対象

定量分析における比較対象として、どのようなものがあるのかを確認しよう。**図表1－6**にまとめたように、比較の仕方は大きく、①同じ種類のもの同士を比較する、②全体と部分を比較する、③時系列で比較する、の3通りに分けられる。

図表1－6　比較の対象

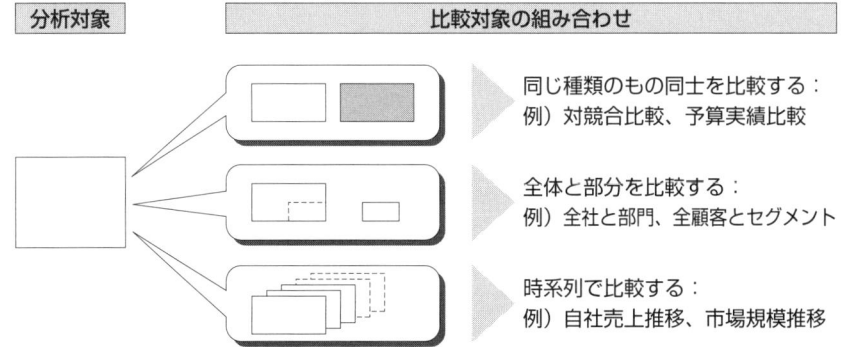

①同じ種類のもの同士を比較する

これは最もよく用いられる比較パターンで、具体例は以下のとおりである。

▶ 競合比較
　会社と会社、事業と事業、商品と商品、個人と個人、あるサービスとその代替品との比較など

▶ 自社内比較
　自社のA部門とB部門、CさんとDさんとの比較など

▶ 計画／実績比較
　予算と実績の比較など

▶ 機会の比較
　投資案件の比較、現実と機会費用との比較など

一般的には、比較対象が多岐にわたるほど、そこから得られる仮説や意味合いの奥行きは深くなる。先の鈴木一郎氏の例で言えば、比較パターンが1つしかない場合に比べ、数パターンの比較を行うことで、鈴木氏の人物像がよりくっきりと浮かび上がるはずである。また、個々のサンプル同士を比べるだけではなく、「業界平均」「全社平均」などの平均値と比較してみると、より多くの示唆が得られることがある。

②**全体と部分を比較する**
　具体例としては、「自社／全産業」「部門／全社」「個別支出／総支出」「市場セグメント／市場全体」「プロセスの一部／全プロセス」などがある。
　この比較では、（目的にもよるが）距離感のあるものをいきなり比較対象にするのではなく、段階的に比較していくと、より実態に迫ることができる。たとえば、ビール会社のマーケットリサーチの場合、「ビール代／家計全体」というような大きなくくりでとらえることも必要だが、それだけで終わるのではなく、「ビール代／アルコール代」「アルコール代／食費」「食費／家計全体」のように段階的に比べることで、顧客の購買行動の実態がより正確に把握でき、的確なアクションの検討が可能になる。仮に分析の結果、「ビール代／アルコール代」が十分高ければ、「もっとアルコールを飲むように啓蒙しよう」となるだろうし、「ビール代／アルコール代」が低ければ、「他のアルコールではなく、ビールを飲んでもらう施策を考えるべきだ」という判断になるだろう。

③**時系列で比較する**
　これは厳密には「①同じ種類のもの同士を比較する」のバリエーションであるが、その重要性から①とは分けて考える。時系列で比較する場合、以下の2点に注意しなくてはならない。
　1つめは、比較対象の継続性、つまり「本当に同じものを比べているか」という点である。たとえば、会社の業績を時系列に見る場合、会計方針の変更などにより、単純比較ができないことがある。また、ある製品の市場規模を見るときに、市場の定義そのものが変わってしまい、時系列に並べても単純比較が難しいこともある。日本の景況を示す株価指数の日経平均（225社）についても、銘柄の入れ替えによる不連続性がしばしば指摘されている。
　2つめは、どのくらいのスパンで過去のトレンドと比較するか、あるいは何年前のデータと比較するかという点である。**図表1−7**は日経平均の推移を3カ月間（2003/2/20〜2003/5/20）で見たものと3年間（2000/5/20〜2003/5/20）で見たものである。どちらも「事実」としては正しいが、受ける印象は大きく異なるはずだ。

図表1-7　日経平均の推移

3ヵ月間（2003年2月20日～2003年5月20日）

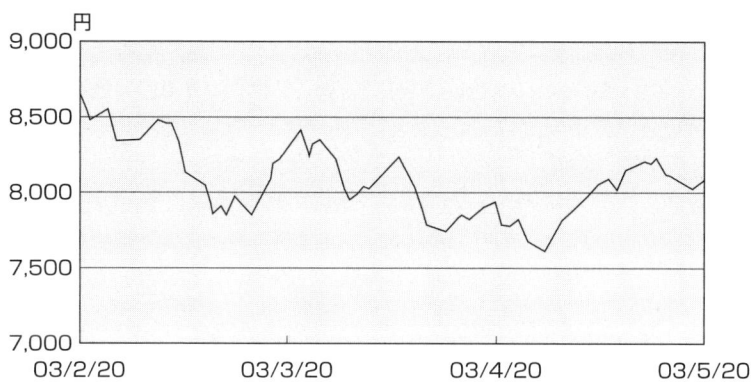

3年間（2000年5月20日～2003年5月20日）

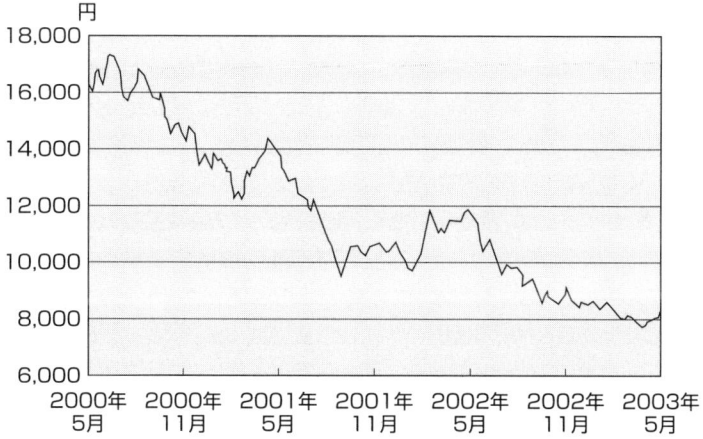

● ── ビジネスパーソンが持つべき比較対象

　知人と雑談をしているときに、「今朝、血圧を測ったら上が155だった」と言われたら、あなたはどう思うだろうか。おそらく、健康面で不安がなく、定期的な健康診断に関心を持たない20代の若者であれば、「だから、何だと言うのか」あるいは「どう反応すればいいのかわからない」というのが、率直な感想だろう。しかし、あなたが医師で

あれば、「それは少し高めなので、食事に気をつけてください」あるいは「普段から体を動かすように心がけてください」といった、しかるべき応答をするはずだ（参考までに、上の血圧が140以上の場合は高血圧要注意ゾーンとされている）。医師という職業上、体温のようにだれもが常識的に知っている数値だけではなく、血圧や血糖値、あるいはγGTPや尿酸の血中濃度などについて、一般的な値、正常値と異常値の境界、異常値を引き起こす要因などを把握していなくてはならない。

　普通のビジネスパーソンの場合はどうだろうか。自分が現在携わっている仕事に関する数値以外については、ベンチマーク（適切な比較対象）となる数字を持っていないのではないか。だがそれは、ある数字に隠されている問題点やビジネスチャンスを見過ごす危険性があるということだ。たとえば、自社が運営するハンバーガーショップでは、カウンターでの待ち時間が平均3分であるという情報を得たとしても、大手のマクドナルドやモスバーガーでの平均待ち時間、あるいは広く飲食業界での待ち時間、もしくは業界を問わず接客カウンターでの待ち時間の大雑把な数字を知らなければ、その数字がどのような意味を持つかがわからず、有効な判断を下すことは難しいだろう。

　ビジネス的な感性を高めたい人には、常日頃から意識的に身の回りの「数字」に注意してみることをお勧めする。業界規模、人数、単価、価格など、これまでなんとなく聞き流してきた数字に対して、もう少しこだわりを持つようにするとよいだろう。

　もうひとつ役に立つのは、簡単な割り算をしてみることだ。これは、とくに大きな数字の場合に有効である。たとえば「ある消費財メーカーの売上高6000億円」と聞いても、金額が大きいこともあり、その意味合いはつかみにくい。しかし、「この消費財メーカーはあまり輸出をしていなかったはずだ。老若男女が使う商品だから、日本人の人口を約1億2000万人とすれば、日本人1人当たりの年間購入額は5000円か。月にすれば400円だな」と考えれば、規模感もつかみやすくなり、比較対象も豊富になる。あるいは、「この会社の従業員は6000人か。ということは、従業員1人当たり売上高は1億円だ。年商30億円のうちの会社では1人当たり売上高が5000万円だから、2倍の開きがあるということか」というように割り算をする（「○○当たりの数値」を出す）ことで、絶対額ではできなかった比較が可能になる。

　この「従業員1人当たり」の割り算は簡単に求められるが、実に示唆に富む結果をもたらすものである。読者の方々も自社や競合について、決算数値を使って「従業員1人当たりの売上高」「従業員1人当たりの利益」「従業員1人当たりの資産」「従業員1人当たりの（有利子）負債」などを計算してみると、新たな発見があるだろう。

　たとえば、わが国を代表する消費財メーカーである花王の2003年度の数値は下記のようになっている。

従業員1人当たり売上高：4355万円
　　従業員1人当たり当期純利益：314万円
　　従業員1人当たり資産　3694万円
　　従業員1人当たり負債　1420万円

　収益性に関する指標については、割り算に使う分母として、決算期末の従業員数ではなく、年間の平均従業員数を使うほうが正確である。簡便法として、期首と期末の平均をとってもよい。

　こうした割り算をするときの注意点は、実態を反映した数字を使うということである。たとえば、フルタイムの契約社員やパートタイマーを主戦力として使っている企業であれば、「従業員数」にそれらの人数も含めたほうがいい。また、大企業などでは、グループ内企業への出向や受け入れにより、担当している仕事自体は変わらなくても、表面的な従業員数が変化することがある。その場合は、企業単体ではなく、連結の数字を用いて計算したほうがよい。実際に格付会社などでは、企業の実態を見極めるために、こうした調整を行っている。

●── 間違った比較

　比較は、適切な対象と行ってはじめて意味を持つ。言い換えると、比較対象として不適当なものを選ぶと、誤った結論を導き出すおそれがある。会議の機会費用について2人のスタッフが話している例で考えてみよう。

Aさん「先日の企画会議は、ずいぶん長かったな。中堅社員が10人集まって、3時間もかけてコスト削減について議論していたが、結局1回の会議では結論も出なかった。考えてみれば、会議を開くこと自体がとてもコストのかかることなんだな」
Bさん「たしかに。その案件のもたらす利益は15万円だろ。会議にかかった人件費は、参加した社員の年収を800万円、年間250日勤務、1日の労働時間を10時間とすると、時給は3200円となり、この会議では1人約1万円かかったことになる。参加者は10人だから、人件費だけで約10万円。その他の事務コストや会議室利用料等の経費もかかっているはずだ」
Aさん「そうした細かな費用も差し引くと、費用対効果の点では完全にマイナスなんだろうな」

さて、2人の話を聞いて、この会議は無駄だと評価してもよいだろうか。「この会議（あるいは研修）を開いている時間の人件費は……」といった表現は、会社ではしばしば耳にするのではないだろうか。しかし、会議を開催することの是非を問うのであれば、本来比較すべきなのは「会議を開いたときに得られる利益」と「会議を開かなかったときに得られる利益」である。このケースであれば、本来は「中堅社員がもたらす利益は年間〇〇万円。この会議の時間を通常の営業活動に充てれば、△△万円の利益がもたらされたはずだから……」という議論をすべきだ。しかし、こうした不適切な比較対象を排除することは意外と難しいものである。

　その代表例として、**埋没費用**（埋没原価、Sunk Cost）が挙げられる。埋没費用とは、すでに発生してしまっているため（もしくは、発生することが確定してしまっているため）、どの選択肢を選んだとしても変化しない費用のことだ。埋没費用は、本来は選択の際に考慮すべきではないが、しばしば意思決定者に心理的な影響を与え、合理的な解釈や判断を誤らせる要因となる。たとえば、すでに30億円の投資をしているプロジェクトがあるとする。ここで、プロジェクトを続ければさらに総額30億円の損失が見込まれ、プロジェクトをただちに中止すれば、追加の損失は総額5億円にとどまるとしよう。合理的に考えれば、マイナス30億円とマイナス5億円を比較し、ただちにプロジェクトを中止すべきだという判断になるだろう。しかし、「すでに30億円もつぎ込んだ」ということが頭にあると、プロジェクト中止という選択肢は、大きな損失や失敗を認めることになってしまうため、選びにくくなる。

　埋没費用に限らず、どの選択肢をとっても変化しない費用を**無関連原価**と呼ぶ。こうした費用は混乱を避けるためにも、意思決定からは除外して考えることが望ましい。

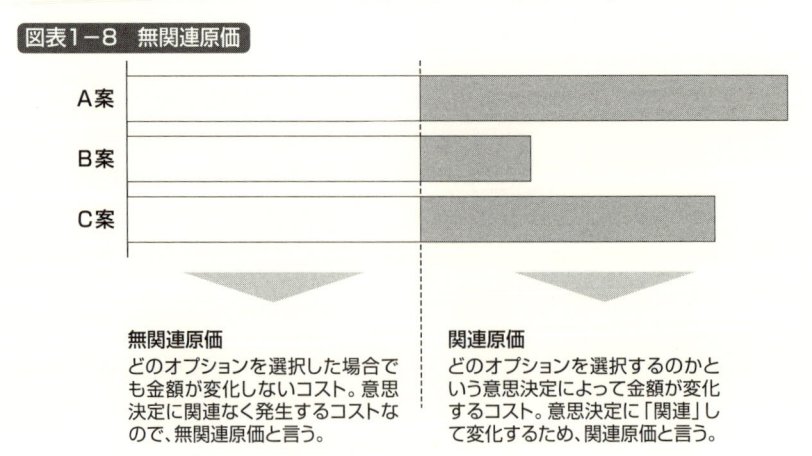

図表1-8　無関連原価

無関連原価
どのオプションを選択した場合でも金額が変化しないコスト。意思決定に関連なく発生するコストなので、無関連原価と言う。

関連原価
どのオプションを選択するのかという意思決定によって金額が変化するコスト。意思決定に「関連」して変化するため、関連原価と言う。

> **KPI**
>
> 　最近では、経営の状況を的確に示す重要指標を洗い出し、それぞれの数値を常にモニタリングしながら組織を効果的にコントロールしていこうという考え方が浸透しつつある。経営管理に用いる定量的な指標をKPI（Key Performance Indicator、Key Parameter Index）と言う。たとえば、営業活動の実態をウォッチするためのKPIとして、「営業担当者1人当たりの売上高、粗利額」「顧客（あるいはプロジェクト）当たりの売上高、粗利額」「受注までの平均時間」「全売上げに占める新規顧客の売上比率」「受注／見込み顧客比率」などが用いられる。これらの指標の数値を常にチェックすることで、仮に受注額が増えていても、「1人当たりの粗利額が落ちている。何が原因だろう？」「既存顧客のリピート受注は順調だが、新規受注はまったく増えていない。このままでは来年以降大変だ」というように、表面化しにくい問題点を迅速に把握できるようになる。
>
> 　近年注目されている「**バランスト・スコアカード**」という経営手法（ハーバード大学のロバート・キャプラン教授が提唱）では、「財務」「顧客」「社内プロセス」「学習と成長」の4つの視点でKPIを定め、タイムリーな経営戦略の立案と、経営上のボトルネックの迅速な解消を行うことを目指している。

3 ● 定量分析の留意点

　ここまで大まかに定量分析のプロセスを見てきた。最後に、定量分析を行う際の留意点についていくつか補足しておこう。

◉──── 定量分析の限界

　意思決定を行ったり他者を説得する際に、定量分析の結果だけが鍵になることはきわめてまれだ。より良い意思決定やコミュニケーションを行うためには、定量分析の能力に加え、定性分析の能力、論理構成能力、ヒューマンスキルなどをバランスよく開発する必要がある。これらも同時に身につけたうえで定量分析のスキルを磨くことができれば、ビジネスパーソンにとって大きな財産になるに違いない。

◉──── 視覚化して考える

　先に「STEP7：コミュニケーション」の項で、視覚化することの効果を説いた。実は視覚化は、コミュニケーションの際だけではなく、自らが数字を加工してそこから

図表1-9A　視覚化の事例：企業イメージのランキング表

総合ランキング	調査項目 企業名	センスがよい		成長力がある		信頼性がある		親しみやすい		顧客ニーズへの対応に熱心である		研究開発力・商品開発力が旺盛である		活気がある		営業・販売力が強い		扱っている製品・サービスの質がよい	
		スコア	順位	スコア	順位	スコア	順位	スコア	順位	スコア	順位	スコア	順位	スコア	順位	スコア	順位	スコア	順位
1	ソニー	57.9	1	40.6	1	55.9	2	61.3	9	40.6	4	66.3	1	34.5	4	40.6	8	51.4	1
2	トヨタ自動車	24.3	35	24.7	8	59.2	1	49.8	34	40.4	5	53.6	3	17.2	35	63.3	1	47.2	2
3	アサヒビール	31.3	18	38.2	2	30.9	66	57.9	16	39.8	6	51	4	39.8	2	46.7	4	35.1	4
4	本田技研工業	39.7	9	28.5	5	28.8	79	40.8	77	30.7	12	53.9	2	30	6	20.2	67	23.2	52
5	サントリー	45.9	3	13.9	48	35.9	38	67.6	1	26.3	22	30.9	28	21.2	21	38.6	10	25.5	40
6	セブン・イレブン・ジャパン	23.3	41	30.2	4	37.8	24	63.7	4	53.1	1	38.2	14	25.6	13	49.6	2	28.2	28
7	日本コカ・コーラ	40.9	8	15.8	33	31.3	64	67.6	1	28.2	17	—	—	26.3	10	45.9	6	18.1	100
8	ブリヂストン	27.9	27	14	46	48.1	7	49.2	37	26	26	36.4	19	13.6	57	34.5	16	32.6	8
9	松下電器産業	15.9	96	11.4	73	39.6	20	42.9	68	27.8	18	26.1	44	12.7	65	38.4	11	28.6	24
10	マイクロソフト	20.3	60	36.8	3	27.1	90	—	—	27.4	19	50	5	25.9	12	30.5	27	30.5	15

出典：日経「企業イメージ調査」について－1999年調査　日本経済新聞社　日経産業消費研究所

図表1-9B 視覚化の事例：レーダーチャート

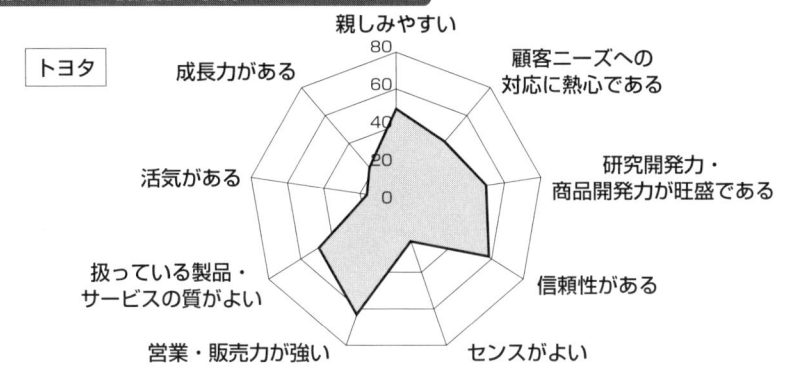

トヨタ

（レーダーチャート：親しみやすい／顧客ニーズへの対応に熱心である／研究開発力・商品開発力が旺盛である／信頼性がある／センスがよい／営業・販売力が強い／扱っている製品・サービスの質がよい／活気がある／成長力がある）

資料：日経「企業イメージ調査」について－1999年調査　日本経済新聞社　日経産業消費研究所のデータをもとに加工

解釈を引き出す際にも大きなパワーを発揮する。チャートを用いて視覚化することにより、数字を眺めているだけでは気づかなかった示唆が得られることも多い。

　図表1-9Aの例を見てみよう。数字だけでもだいたいの傾向はつかめるが、**レーダーチャート（図表1-9B）**にしてみることで、問題のある部分が浮き彫りになることがわかるだろう。

　もう1つの例を見てみよう。**図表1-10A**はある会社について、1月から6月までの売上高と費用をまとめたものだ。あなたが外部のアナリストだとしたら、この情報からどのような仮説を導き出すだろうか。統計学と管理会計を少し学んだことのある人なら、回帰分析により図表中に示した回帰曲線を引くことで、この会社の固定費と変動費率を算出し、損益分岐点を求めたくなるかもしれない。相関係数も0.88と低くないことを考えれば、この計算は理にかなっているように思われる。しかし、本当にそれでよいだろうか。もう一度この図表を注意深く見ていただきたい。

　図表をあらためて眺めてみると、この6点を1つの直線で結ぶのではなく、2つの直線に分けて結んだほうが、それぞれより高い相関を示すことがわかる（**図表1-10B**参照）。しかも、この2つの直線上にあるのは、「1月～3月」と「4月～6月」というそれぞれ連続する期間である。となれば、「1月～3月」と「4月～6月」では、コスト構造が変化したのではないか、という仮説が比較的簡単に導き出せるだろう。具体的には「4月～6月」のグループは「1月～3月」のグループに比べ、固定費が低く、変動費率が高くなっている。このことから、「固定費を削減するために、アウトソース化した」などの推定ができるだろう。さらに深読みすれば、「4、5、6月と売上げが先細りになるのを見越して固定費を変動費化した」、あるいは逆に「固定費的な人員を削減して、アウトソ

図表1-10A　視覚化の事例：売上げと費用

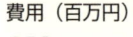

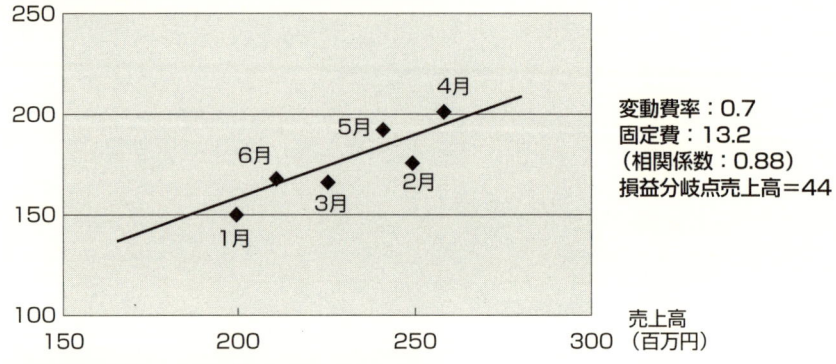

費用（百万円）／売上高（百万円）

変動費率：0.7
固定費：13.2
（相関係数：0.88）
損益分岐点売上高＝44

図表1-10B　視覚化の事例：売上げと費用

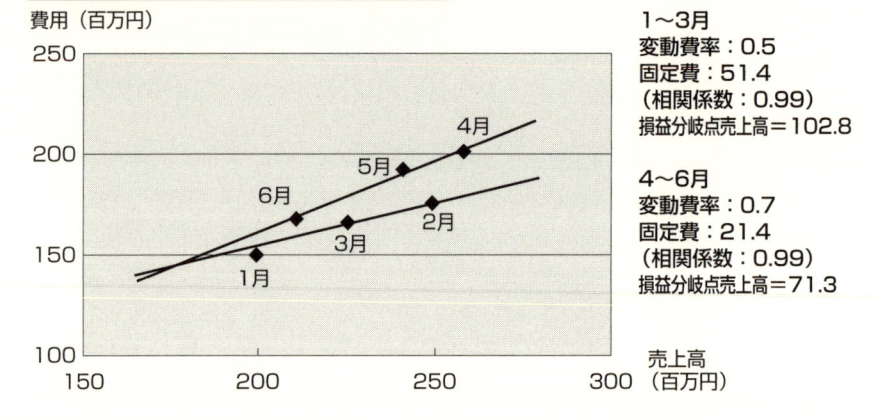

費用（百万円）／売上高（百万円）

1〜3月
変動費率：0.5
固定費：51.4
（相関係数：0.99）
損益分岐点売上高＝102.8

4〜6月
変動費率：0.7
固定費：21.4
（相関係数：0.99）
損益分岐点売上高＝71.3

ーシングを進めたはいいが、（従業員のモラールダウンあるいは業務オペレーションの混乱などの理由から）それが機能せず、売上げの減少を招いている」などの仮説を立てることもできる。

　こうした仮説は、6つの「数字」を眺めているだけでは、けっして生まれてこない。定量情報を視覚化し、解釈を加えてはじめて考えつくものである。物事の実態を見抜くうえでも、「視覚化して考える」癖をつけておくと役に立つだろう。

2 ● 定量分析の落とし穴

POINT

数字そのものが事実であっても、数字が表現する「事象」を正しく理解しない限り、誤った判断を下すことになる。データ収集、解釈、コミュニケーションの各ステップにおいて、判断ミスの原因となる落とし穴があるので、気をつけたい。

CASE

電気機器メーカーのX社では、「ビデオデッキやＤＶＤプレーヤーには、インテリアの一部としての役割がこれまで以上に重視されている」との仮説を立てていた。この仮説に基づき、家庭内でどの部屋にどのようにＡＶ機器が設置されているか、約100世帯をランダムに選んで訪問調査を実施することにした。同時に、「今後欲しいと思うデザイン」についても聞き取りを行った。

数カ月後、X社はこの調査結果をデザインに反映させた新商品を発売した。落ち着いた中間色を使い、設置場所を意識した点がアピールポイントであった。しかし、この商品の売行きは芳しくなかった。とりわけ開発チームを落胆させたのが、別途行われた一般消費者へのアンケートの結果だった。このアンケートは、商品を買う買わないとは関係なく、販売店の店頭でランダムに実施されたものである。性能面、価格面には悪い評価は少なかったが、「見た目が野暮ったい」「場所をとる」など、デザイン面での不評が目立っていた。事前に手間隙をかけて綿密な聞き取り調査を行ったにもかかわらず、である。調査の企画・設計を行った中田氏は、友人のマーケティング・コンサルタントの小野さんに相談してみた。

小野「まず、訪問調査だったから、サンプルが偏っている可能性がありそうね」
中田「えっ。かなりランダムにサンプリングしたつもりだけど……」
小野「『訪問調査に協力できる人』という段階ですでに偏っているのよ。偏った母集団

の中でランダムにサンプリングしても、サンプルの偏りは調整できないの。それに、訪問調査に協力するということは、自分の部屋を他人に見せてもかまわないと感じているということでしょ。そうした世帯は、平均よりも裕福だったり、他人の目に無頓着だったりするから、全体の集合に比べて偏りが出る可能性が高いのよ」

中田「言われてみればそうだな」

小野「質問項目も気になる点が多いわね。たとえば、この『洗練された消費者は機能だけではなくデザインにもこだわる』という文章にYes／Noで答える項目は、最初から『No』とは答えにくいでしょう。その少し後にある『原色はふさわしくないと思いますか』という質問も引っかかる。まず『原色』の定義がわからないし、原色そのものがふさわしくないのか、原色のＡＶ機器がふさわしくないのか、どちらを聞かれているのかが曖昧だわ。それに、『ふさわしくないと思いますか』という聞き方は誘導的な狙いが感じられる。もっと中立的に『どう思いますか』と聞けば十分なのに……」

中田「うーん。反論のしようもない」

小野「全体的な印象として、最初に質問者側に答えがあって、その答えを誘導したいという意図が一目でわかってしまうの。仮説を持って調査にあたることは重要だけど、誘導しすぎたら仮説検証にならないから、そのことをもっと意識すべきではないかしら」

理論

　ここでは、第1節で示したプロセスのうち、データ収集、解釈、コミュニケーションというステップに絞って、それぞれの注意点について紹介する。いずれも、初心者のみならず、分析のベテランでさえ時々引っかかってしまう罠である。

1● データ収集の落とし穴

　定量分析以前の話ではあるが、まず確保すべきなのは、数字データの信頼性である。定量分析に限らずさまざまな分析を行う人の間で、しばしば使われる戒めの言葉に「Garbage in, Garbage out」というものがある。意訳すると「信頼性の低いデータをどんなに精緻に分析しても、意味のある分析結果は出てこない」となろうか。どれほどロジックがしっかりしていようとも、事実誤認があれば最終的な結論は間違ってしまうのである。データ収集の際に、多くの人が陥りやすい罠をいくつかここで紹介しよう。

◉ データ収集時期の不適切さ

収集時期によってデータの信頼性が損なわれてしまう例として、「季節バイアス」「近日効果」「ドラマチック効果」などが挙げられる。

◆季節バイアス

季節バイアスは、被質問者が質問を受けた季節や時期によって答えが偏るものである。たとえば、ある食品メーカーが新商品開発の参考にするために、「あなたの好きな食べ物をリストから選んでください」というアンケート調査を実施したとする。このアンケートを真夏に行えば、「アイスクリーム」や「冷し中華」などの回答が増える一方で、「鍋焼きうどん」や「牡蠣フライ」などの回答は減ることが予想される。真冬にアンケートを行えばその逆になる。新規開発しようとしているのが「1年を通じてコンスタントに売れる商品」であるなら、季節による回答のばらつきを考慮し、年間を通してアンケートをとることで回答を平準化することが望ましい。

◆近日効果

近日効果は直近の出来事に印象が左右されて、答えに偏りが出るバイアスだ。人事考課などでも、よく指摘されるバイアスである。年間を通して業績を評価しなくてはならないにもかかわらず、年度末数カ月の印象で評価を下したり、下されたりした経験がある人も多いのではないだろうか。

◆ドラマチック効果

これは近日効果とは逆に、過去あるいは若い頃の経験を過大に（劇的なものに）評価してしまうバイアスだ。たとえば、「20代の頃は忙しくて、たくさん（週60時間）働いた」ということが、「若い頃はとにかく忙しくて、週に80時間くらいは働いた」という印象になっていたりする。とくに、子供の頃の感覚は大人になってからの感覚とは相当違っているので、こうした現象が起きやすい。

◉ 定義の曖昧さによるブレ

定義が曖昧であるがゆえに、測定結果やアンケート結果に揺らぎが生じてしまうケースは多い。たとえば、あるアンケート調査で単に「年収」と書かれた欄があったとしよう。読者の皆さんはそこにどのような数字を記入するだろうか。「昨年の実績額か今年の見込額か」「臨時収入は含めるか」などで迷う人もいるかもしれない。アンケートに

答える人がすべて同じ定義を念頭に置いて考えることは、まずありえないだろう。たとえば、「今月読んだ本は何冊か」という問いに対しても、「雑誌やコミックは含んでよいのか」「通読してはじめて1冊とカウントするのか、一部に目を通しただけでもよいのか」などの疑問が湧くに違いない。このように、定義を曖昧にしたまま集計して分析にかけても、意味のある示唆は得られないので、気をつけたい。

◉── 不適切なサンプリング

調査サンプルが母集団の実態を反映していないケースは思いのほか多い。よくあるのは、「声の大きい」人や目立つ人、あるいは声をかけやすい人をサンプルとして無意識に選んでしまい、そうした人々の声を過大に評価してしまうケースだ。しかし、これはサンプルの特殊性を認識していれば、それほどの実害はない。たとえば、マーケティング・リサーチにおける**フォーカス・グループ**などは「特殊な顧客」を対象とすることが多いが、対象者の特徴を理解していれば、間違った判断を下すことは少ない。気をつけなくてはならないのは、特殊な集団を対象としているにもかかわらず、それが全体を代表していると錯覚してしまうことである。

もうひとつ起こりやすいのは、ランダムにサンプリングしたつもりが、サンプリング手法の不備からランダムになっていないケースだ。たとえば、インターネットでアンケートをとるケースなどがこれに当たる。利用層が拡大し、日常的に利用している人間にとっては「使うのが当たりまえ」の存在になったインターネットであるが、ユーザーはまだまだ限定的で（2003年現在）、そこで得られる情報が日本人全体、あるいは成人全体を代表しているわけではない。1990年代半ばの導入期に比べれば差が減少傾向にあるとはいえ、依然として男女比では男性の割合が高く、60歳を超える年代になると急激に利用率が落ちる。インターネットを利用してアンケートをとる限り、母集団は「インターネット利用者」以外の人を含まないことを理解しておく必要がある。

なお、サンプリングに関する問題として、「サンプル数が少ないことによる標準誤差の拡大」などもある。これについては、統計の基礎について解説する第2章第1節の3（57ページ）で取り上げる。

◉── アンケートにおける回答者の問題

不適切なサンプリング以外にも、回答者に関する問題として、「回答者の勘違い」「**回答者の虚偽**」について理解しておく必要がある。このうち「回答者の勘違い」は調査の設計次第でかなり削減することも可能だが、「回答者の虚偽」は根深い問題をはらんでいる。「回答者の虚偽」が生じる大きな理由としては、虚栄、願望、期待などがある。

たとえば、「あなたには友人が何人いますか」という問いに対して、「友人」の範囲をかなり拡大解釈して、数を多めに言う人が大勢いるのではないだろうか。「友達の少ない人間」とは思われたくないために、つい見栄を張ってしまうのだ。また、妙齢の女性に「あなたのスリーサイズを教えてください」と尋ねた場合、自分の理想像とかけ離れた体型をしている女性ほど「さばを読む」幅が広がるだろう。

願望による虚偽とは、「本当の自分」ではなく「なりたい自分」を答えてしまうというものだ。たとえば、「あなたがいまの会社を辞めたとして、どの程度の市場価格がつくと思うか」という類の質問でよく起こる現象である。

期待が生む虚偽が生じる最たる例が、父親が子供に向かってする「パパのことは好きか？」という問いかけである。回答者は質問者の期待が明確にわかるため、相手を失望させて摩擦や対立を起こすよりも、質問者を喜ばせる回答をすることで、良好な人間関係を維持しようとする。

こうした回答者の虚偽は、完全に排除することは難しい。したがって、排除の方法を考えることに時間をかけるよりも、最初からある程度割り引いて結果を見たほうがいいだろう。

● **調査員（インタビュアー）に起因する問題**

これには、①調査員のミスや不正、調査員自身のバイアスと、②回答者がインタビュアーの属性に影響を受けるケースがある。前者は、調査員自身の悪意や偏見、あるいは強い願望が調査結果に影響を与えるもので、とくに対面方式のインタビュー調査で頻発する。後者は、回答者のほうが「だれに」聞かれるかで答えを変えてしまうケースだ。たとえば、「あなたはセクハラ行為に対し、見て見ぬ振りをしたことがありますか？」という質問をする人が中年男性か若い女性かによって、同じ回答者であっても答えが異なることがある。

● **不適切な設問**

設問に関する問題として、①設問の意図がわかりにくい、②誘導尋問、③不適切な選択肢設計／設問設計、などが挙げられる。

まず、①設問の意図がわかりにくくなるのは、意味不明の用語、どちらにもとれる表現（一義的に解釈できない表現）、**ダブル・バーレル質問**などを使用するからだ。ダブル・バーレル質問とは、「わが社の広告、広報活動は十分に行われているでしょうか？」というような聞き方であり、「広告はいいが、広報は不十分」と考えている人の意見が的確に反映されてこないという欠点がある。

②誘導尋問は対面調査のときに犯しやすい誤りであるが、人を介さない場合でも質問の設計によってはそうなることがある。たとえば、「あなたは△△のような犯罪を助長するかもしれないこの法律改正に賛成しますか」という質問をされた場合、なかなかイエスとは答えにくいものである。

誘導尋問の一種に、キャリーオーバー効果というものもある。これは単独の質問ではなく、いくつかの質問を重ねていくことで、回答者に影響を与えるものだ。たとえば、ある過激な広告表現が許容可能かどうかを測定するときに、いきなりその過激な広告を見せるのと、いくつかの広告を並べて少しずつ過激度が増すように見せていくのとでは、最終的に同じ広告を見せたとしても許容度は変わってくるだろう。

③不適切な設問／選択肢設計の典型は、選択肢のモレ、ダブリがある場合だ。たとえば、回答者の属性の選択肢に「既婚／独身」とあった場合、離婚や死別などで結婚経験はあるが現在は独身の人は、どちらを選べばよいか悩むことになる。戸籍上は未婚であるが、事実婚でパートナーがいる人も同様である。こうした場合はシンプルに、「既婚／未婚」とすべきであろう。なお、アンケートの回答者の属性欄は、調査目的に直接関連しないのであれば、年収や学歴など、プライバシーに立ち入った項目は載せないほうがよい。そうした項目が増えると、回収率は著しく落ちてしまう。

また、オープン型の質問（質問に対してあらかじめ選択肢を設けずに、回答者に自由に答えてもらう）かクローズド型の質問（質問に対して選択肢を設け、回答者に選んでもらう）か、複数回答（複数の項目を選べる）か単独回答（1項目しか選べない）かなど、質問や回答の設計方法によっても回答者は影響を受ける。したがって、目的に合わせて設問や選択肢を工夫する必要がある。たとえば、**図表1-11**はある文芸出版社が、歴史小説の企画を立てるにあたって作成した読者アンケートだ。おそらく、フォームA（単独回答、半クローズド選択肢）とフォームB（複数回答、オープン選択肢）では、上位の結果はそれ

図表1-11 フォーム

【フォームA】
あなたが読みたい歴史小説の主人公（日本人）を1人だけ選んでください

1) 源義経　　6) 坂本竜馬
2) 織田信長　7) 西郷隆盛
3) 豊臣秀吉　8) 聖徳太子
4) 徳川家康　9) 紫式部
5) 大石内蔵助　10) 武田信玄

その他（　　　　　）

【フォームB】
あなたが読みたい歴史小説の主人公（日本人）を3人まで挙げてください

（　　　　　　　）
（　　　　　　　）
（　　　　　　　）

ほど違わないだろうが、中位以下の顔ぶれは大きく変わってくるだろう。上位3人を知ることが目的であれば、どちらのフォームを採用しても大差ないかもしれないが、トップ10などのランキングをつくりたいのであれば、フォームＡに掲載する選択肢の数、およびその人選について慎重に検討したほうがよいだろう。

2● データ解釈の落とし穴

データ解釈において注意すべき点として、①スキルの制約、②感情の制約、③集団・社会・文化の制約、などが挙げられる。これらの制約が幾重にも重なり合うため、合理的に解釈・判断することは簡単ではない。そのため、何が合理的な解釈の制約になっているかを認識しておくことが大切だ。

①スキルの制約の卑近な例は、ある指標の意味をそもそも知らない、あるいは意味を誤解しているなどのケースである。これは自分なりに問題意識を持って学習することで解決するしかない。企業であれば、適宜研修などを行って「共通言語」化していくことが必要だ。ほかによく見られるスキルの制約は、基礎的な統計学の理解不足である。これについては、第2章の統計のパートを参考にしていただきたい。

②感情の制約には、自分の過去の失敗を認められず正当化する、あるいは面子にこだわって曲解する、激昂して視野が狭くなり適切な判断を下せない、などさまざまなケースが考えられる。言うまでもなく、人間は感情の動物であり、感情によって判断力は大きく左右される。この制約を軽減するには、感情を抑え、客観的に広い視野から自分を見るように心がけ、日頃から自制することが望まれる。他人に適切な判断を促したいのであれば、相手の立場や面子、感情に配慮したコミュニケーションが必要だ。

③集団・社会・文化の制約とは、「あの部長のことだから、ろくな意見であるはずがない」などと考えるケースだ。言い換えると、自分の置かれた立場・コンテキストに思考が縛られてしまうのだ。これを回避するには、感情の制約と同様、自制や客観視が有効である。あるいは積極的に、「○○の立場だったら、これをどう解釈するだろう」などと考えてみることも効果的だ。後者はゼロベース思考や創造性の開発にもつながるため、励行したいものである。

3● コミュニケーションの落とし穴

コミュニケーションの際に注意しなくてはならないのが、枠付け効果（フレーミング）と視覚化のトリックである。両者とも、自分が用いるためというよりは、他者が使った

ときに惑わされないようにするために、覚えておきたい。

● ── **枠付け効果（フレーミング）**

　数字としては本質的に同じであるにもかかわらず、その見せ方（枠の設定の仕方）によって自分に都合のいい印象を受け手に与えようとすることを、枠付け効果あるいはフレーミングと言う。交渉術の教科書などでしばしば紹介されるテクニックである。たとえば「保険料の支払額は5年間で総額156万円」と「保険料の支払額は月々2万6000円」とでは、言っていることは同じである。ところが、最も注目を集める金額の部分が156万円というまとまった額と、2万6000円という日常家計レベルの額という違いがある。そのため、読み手はそれぞれ異なった対象と比較し、異なる結論を導き出す可能性がある。たとえば156万円であれば年収や乗用車、2万6000円であれば月々の小遣いや携帯電話代が比較対象となるかもしれない。それにより、金額の妥当性などに関する判断が異なってくる可能性がある。

　以下は、AとBは本質的に同じことを述べているにもかかわらず、数字の見せ方の違いで、受け手が異なる印象を持ってしまう例である。

　A「定価9万8000円（消費税別）」
　B「定価10万2900円（税込み）」

　A「10回打席に立って7回は凡退」
　B「打率3割」

　A「毎月2.5%の複利計算。100円の元本が翌月には102.5円に」
　B「毎年34.5%の複利計算。100万円の元本が翌年には134.5万円に」

● ── **視覚化のトリック**

　定量データの視覚化は、相手の理解度を高めやすい半面、作為（悪意）を盛り込みやすいため、受け手としては注意を要する。こうしたトリックについては類書も数多く出されているので、ここでは典型的なトリック図表の例を紹介するにとどめる。敢えて解説は加えないので、それぞれにどのようなトリックがあるのか、読者ご自身で考えていただきたい。

図表1-12A 視覚化のトリックA

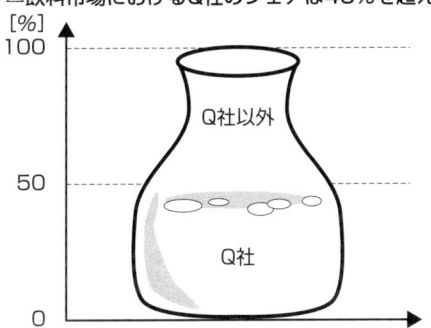

△飲料市場におけるQ社のシェアは40%を超える

[%]
100

Q社以外

50

Q社

0

図表1-12B 視覚化のトリックB

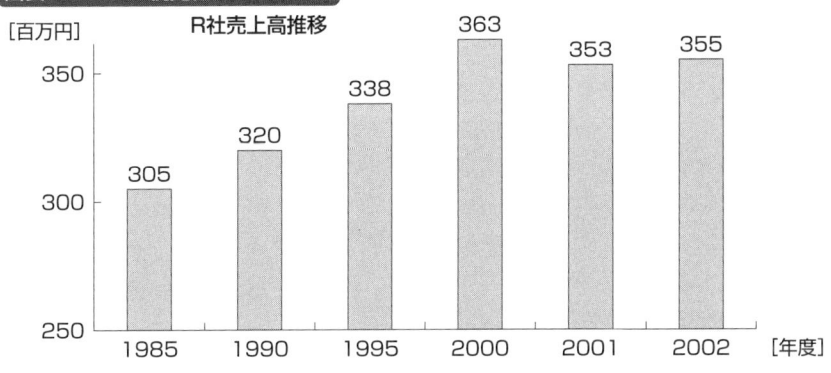

R社売上高推移

[百万円]

- 1985: 305
- 1990: 320
- 1995: 338
- 2000: 363
- 2001: 353
- 2002: 355

[年度]

ヒント：年数のとり方とY軸の最小値に注目

第2章 ● 数字を扱う
ツールに使われるな、使いこなせ

●

　第2章ではさまざまな分析ツールについて解説を加えていく。第1節では統計学の基礎について、第2節では定量分析のツールについて説明する。

　本書では基本的に、ゼネラル・マネジャーもしくはその候補を読者対象に想定している。第1節では、ゼネラル・マネジャーが統計をビジネスでどのように活用できるか、利用する際の留意点は何かという基礎的な部分を中心に書いている。複雑な数学的解説や、専門的ツールについての詳細な解説は加えていないので、リサーチの実務で重相関回帰分析やコンジョイント分析をしている読者、あるいは数学的バックグラウンドの高い技術系の方にとっては、「数学的には」やや物足りないと感じるかもしれないが、発しているメッセージそのものは非常に有用なはずである。

　統計はマーケティング・リサーチをはじめ、生産管理や人的資源管理、投資の意思決定などにその応用分野を広げている。数学の勉強ではなく、ビジネスの勉強をしているという認識で読み進んでいただきたい。

　第2節では、汎用的な分析ツールについていくつか解説する。これらは通常、損益分岐点分析であれば管理会計の書籍、リスク評価と感度分析であればファイナンスの書籍、ディシジョン・ツリーであればゲーム理論の書籍など分野別に語られることが多く、1冊の書籍内で並べて解説されることはあまりない。しかし本書では、そうした慣例にとらわれず、有用なものをまとめて紹介している。また、単にツールの表層的理解にとどまらないように、たとえば損益分岐点分析であれば、通常の会計の教科書に書かれている以上の「戦略的なとらえ方」や「経営上の意味合い」などを打ち出すよう心がけた。第2節で紹介しているツールはすべて、明日からでも実務に応用できるものなので、ぜひ実際に試してその効力を実感していただきたい。

　なお、本書では各ツールで用いている計算式を導出するための数学的な証明は割愛している。詳しくお知りになりたい方は専門の教科書を参照していただきたい。

1. 統計の基礎

POINT
　ビジネスで用いられる数字には、統計的な処理を施されたものが多い。したがって、数字にごまかされずに合理的な意思決定を行うためには、統計学の基礎を理解することが必要不可欠である。

CASE
「うちの会社でも今度、**シックスシグマ**を導入するらしいな」
　ランチをとっていた柳沢君は、同僚の鈴木君の発言に思わず反応した。
「シックスシグマって、あのアメリカのGE（ゼネラル・エレクトリック）社が使っていることで有名な？」
「ああ。顧客満足を追求するために、サービス品質の向上を図ろうということのようだ」
「そうか。うちもついにやるのか」
　一緒に食事をとっていた中山君が2人に尋ねた。
「シックスシグマって何だ？　話がよく見えないんだけど……」
　柳沢君は笑いながら答えた。
「おいおい。ビジネスパーソンたるもの、シックスシグマという言葉くらい理解しておかなくては。製品のみならず、企業活動のあらゆるプロセスに品質管理の手法を導入して、劇的に生産性を向上させようという経営手法さ。GEやシティバンクなどの企業は、この手法のおかげで業績を飛躍的に向上させ、企業価値を高めたんだ」
「ふーん。さすがによく知っているな」
　中山君は感心したように言うと、さらに質問を続けた。
「ところで、そもそもシグマってどういう意味なんだい？」
　柳沢君は首をかしげながら答えた。
「たしかシグマは統計用語だったと思うけど……」

「シックスは数字の6のことだろう？　6つのシグマが、なぜ経営品質の向上につながるんだ？」
「そう言われると、俺も統計を正式に勉強したわけじゃないから、詳細はよくわからないな……」
　それまで自信満々だった柳沢君は、口ごもってしまった。
　そこに鈴木君が助け舟を出した。
「スリーシグマは1000回に数回しか瑕疵がない状態。それがシックスシグマになると、100万回に数回しか瑕疵がない。そのくらい高い品質を維持しようという考え方なんだ」
「ふーん。でも、スリーシグマが倍のシックスシグマになると、それほど急に精度が良くなるものなのかな」
　中山君はまだ納得がいかないようである。
「正規分布を考えて、その存在確率を見ているんだよ。正規分布っていうのは、よく見る釣鐘状の分布だ。それで、シグマは標準偏差というわけだ。受験生のときに、模試の偏差値がほんの少し下がっただけで、順位が大きく落ちたりしてただろう。それと同じで、スリーシグマがシックスシグマになると、精度に大きな差が出てくるんだ」
「そうか。標準偏差か……」
「統計の基本的な考え方を押さえておけば、経営においても、いろいろと応用範囲が広がる。シックスシグマの場合も、単に生産現場で品質向上を目指すだけでなく、戦略や組織文化といったより高次の視点とリンクさせながら、継続的な企業変革と収益性向上を図っていくんだ。シックスシグマの考え方がいったん組織に根づくと、それが企業の遺伝子となって、組織変革が継続されていく」
「さすがだな。用語だけ知っていても、基本的な概念を理解していないと、まともに説明もできないし、実際に役立つような使い方はできないということか。だけど、俺は文系出身で、数字を見るのは苦手なんだ……」
　頭をかく柳沢君に、鈴木君は笑いながらアドバイスをした。
「数値データを見るときには、統計の知識が必要とされることは多いよ。簡単でいいから、統計の基本を一度勉強しておくといいんじゃないかな。会社では数値データは避けて通れないし、ビジネスパーソンたるもの、一通り知っておいて損はないぞ」

解説

　本節では、統計のコンセプトの中でも、ビジネスリーダーとして知っておくべき基礎項目に絞って解説を加える。単なる数学的な理解に終わることなく、常に経営の視点でそれをどう応用するかを考えながら読み進めていくことが重要だ。

1 ● データを整理する

●───── 1次元データと多次元データ

　統計の第一の基本は数量データをまとめることだ。数量データには大きく2種類のものがある。1つは1次元のデータで、個々の**標本**（調査対象）につき、数値が1つ対応する。「Aさんの身長は178cm、Bさんの身長は170cm、Cさんの身長は……」のように、対象者の身長を調べる場合などがこれに該当する。

　もうひとつは、個々の標本に複数の数値データが対応するもので、**多次元データ**と呼ばれる（次元に合わせて2次元データ、3次元データ……となる）。先の例で言えば、各調査対象者について、身長だけではなく体重や胸囲、100m走の記録など、複数項目のデータを調べるケースで、「Aさん：身長178cm、体重77kg、胸囲90cm、100m走13秒6、Bさん：身長170cm、体重60kg、胸囲79cm、100m走14秒2、Cさん：身長……」などとなる。このケースでは1つの調査対象について4つの数値データがあるため、4次元データということになる。

　1次元データは直線上に、N次元データはN次元の空間（2次元の場合は平面、3次元の場合は立体空間）にプロットする（位置づける）ことができる。1次元データを直線上にプロットする場合は通常、データを大きさの順に並べていくこと（エクセルなどの表計算ソフトで言えば、昇順または降順に並べ替えること）を意味する。多次元データを平面で表記する場合、実務ではベクトルの形で表すこともある。上記のケースでは、A（178, 77, 90, 13.6）、B（170, 60, 79, 14.2）、……となる。

図表2-1　順番に並べ替える

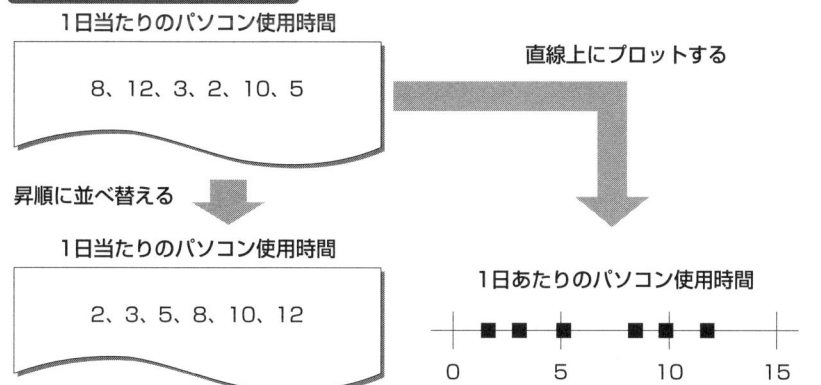

1日当たりのパソコン使用時間
8、12、3、2、10、5

昇順に並べ替える ⬇

1日当たりのパソコン使用時間
2、3、5、8、10、12

直線上にプロットする ⬇

1日あたりのパソコン使用時間

（0　5　10　15の目盛り上に2, 3, 5, 8, 10, 12がプロットされている）

データは多次元になるほど、調査対象をとらえる視点が多様になるので、その特徴をより詳しくつかむことができるが、同時に、より複雑な処理が必要になる。本書では理解を助けるために、とくに断りがない限り1次元データの処理を中心に議論を進める。多次元データは61ページ以降に解説する相関や回帰のところで主に取り扱う。

● 度数分布表

数量データを入手した後、そのデータ集団の実態を大まかに把握するためには、どのようにデータ整理をしていけばよいだろうか。個々の要素（これを**標本データ**と言う）をそのまま昇順（もしくは降順）に並べるだけでも、ある程度の全体像をつかめる場合もあるが、それは標本数が少ないときの話である。標本数が多くなると、そのまま生データを見るのではなく、データにある程度区切りを入れ、いくつかのまとまりに分けて全体を見る必要がある。**図表2-2**は50件のデータを8つの区切り（これを**階級**と言う）にまとめ、**度数**（区切りごとに数えた個数）で示したものである。この表を度数分布表と言う。図表左側の生データを見ているだけではわからなかったバラツキ度合いが、右側の度数分布表にすることで、おぼろげに見えてきたのではないだろうか。

図表2-2 度数分布表

A地区世帯当たりお菓子購入金額アンケート結果（単位：万円／年）

0.7、0.7、0.8、0.8、1.0、1.1、
1.3、1.6、1.6、1.7、1.8、1.8、
2.0、2.2、2.3、2.3、2.7、2.8、
3.0、3.1、3.4、3.8、3.8、4.4、
4.8、4.8、4.8、5.0、5.3、5.8、
6.1、6.1、6.3、6.5、6.7、7.1、
7.2、7.5、7.6、7.7、7.9、7.9、
7.9、8.5、8.6、8.8、8.8、8.8、
8.8、8.9

A地区世帯当たりお菓子購入金額アンケート結果（単位：万円／年）

範囲（階級）	度数
1万円未満	4
1万円以上2万円未満	8
2万円以上3万円未満	6
3万円以上4万円未満	5
4万円以上5万円未満	4
5万円以上6万円未満	3
6万円以上7万円未満	5
7万円以上8万円未満	8
8万円以上	7
合計	50

ここで、区切りが粗すぎると（階級の幅が大きすぎると）全体像がぼやけてしまい、逆に区切りが細かすぎると（階級の幅が小さすぎると）まとめた意味がなくなってしまう。したがって、どれくらいの幅でまとめるかが問題となるのだが、適切な幅を示す公式に「**スタージェスの公式**」がある。この公式によれば、望ましい階級数（k）と階級幅（C）は以下のように計算される。

$$k = 1 + \log_2 n = 1 + 3.32 \log n$$
$$C = \frac{r}{1 + \log_2 n} = \frac{r}{1 + 3.32 \log n}$$

  k：望ましい階級数　　　C：望ましい階級の幅
  n：標本データ数　　　　r：標本データの範囲

図表2-2のケースでは、以下の計算になる。

$$k = 1 + \log_2 50 = 6.6$$
$$C = \frac{8.9 - 0.7}{1 + \log_2 50} = 1.25$$

　図表2-2は階級数が9、幅が1（万円）であるから、公式の結果と大きなずれはなく、実態をほぼ表していると言えよう（それぞれ、2倍以上のずれがあるときは要チェックである）。なお、この公式は標本データ数nが大きいときには、必ずしもきれいに当てはまらない。また、異常値の存在でrが大きくなりすぎるときには、その異常値を除いた範囲でrを設定するなどの工夫も必要だ。

◉──── ヒストグラム

　さて、図表2-2の度数分布表を用いることで、生データを見る場合と比べて、はるかに集団の実態を把握しやすくなったが、さらに直観的な理解を促すためにグラフ化したものが**図表2-3**である。このように、度数を縦軸にとってグラフ化したものはヒストグラムと呼ばれ、データ処理の基本チャートの1つである。

　ヒストグラムを描くことで、このケースではピーク（ボリュームゾーン）が2つあることが、だれの目にも明らかとなる。さて、この2つのピークは何を意味しているだろうか。たとえば、「異なる2つの顧客セグメントがあるのではないか」という解釈が可能だ。その場合、「わが社はこちらのセグメントに資源を集中すべき」あるいは「谷の部分を掘り起こすような事業機会があるかもしれない」など、自社の打ち手に対する仮説を考え出すことができる。ビジネス目的で定量データを使う場合、ヒストグラムに限らず、グラフから何が読み取れるかを考え、それを戦略的意味合いにつなげるようにしたいものである。

図表2-3 ヒストグラム

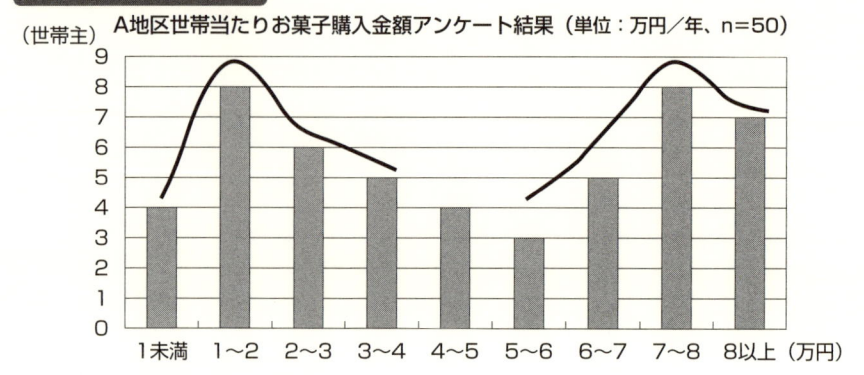

(世帯主) A地区世帯当たりお菓子購入金額アンケート結果（単位：万円／年、n=50）

2● データ集団の特徴を見る(1)──平均

ヒストグラムにすることで全体像の把握は容易になったが、コミュニケーションのたびにグラフを使うことはあまり現実的ではない。そこで、データ集団の特徴を数字で表す方法が必要となってくる。集団を代表する数値としてよく使われるのが、平均という考え方である。

●──── 単純平均と加重平均

標本データの平均は、以下の式で求められる(注)。

$$\text{単純平均（算術平均）}：\overline{X}_{平均} = \frac{(X_1 + X_2 + \cdots + X_n)}{n}$$

X_n：各標本データの数値
n：標本データ数

(注) 統計の世界では、母集団の全標本データについて求めた平均はμで表記する場合が多いが、ここでは$\overline{X}$で表している。

図表2-2のお菓子の事例では、$(0.7+0.7+\cdots+8.9) \div 50 = 4.69$（万円）と計算される。

ところで、このケースではnが50程度であったため、数字を1つずつ足していくこと

も簡単だったが、nが大きくなると、数値を入力するだけで時間がかかってしまう。また、「A市世帯の平均年収は○○、B市世帯の平均年収は○○。両市が合併したときの平均世帯年収はいくらか」というように、それぞれの集団の平均値はわかっているが、個別世帯のデータまでは入手できない場合も多い。そうしたときに使われるのが、加重平均（重みづけをした平均）の考え方だ。

加重平均：$\bar{X} = \dfrac{(f_1 Y_1 + f_2 Y_2 + \cdots + f_k Y_k)}{n}$

Y_k：各集団の平均値　　　f_k：各集団の標本数
k：集団の数　　　　　　n：標本総数

先の例で、A市の世帯数が3万世帯で平均世帯収入が500万円、B市の世帯数が4万世帯で平均世帯収入が600万円とすると、両市が合併してできる新自治体の平均世帯収入は、（500万×3万＋600万×4万）÷（3万＋4万）＝557万（円）となる。

加重平均の考え方を用いると、度数分布表から大まかな平均値を出すこともできる。

加重平均：$\bar{X} = \dfrac{(f_1 Y_1 + f_2 Y_2 + \cdots + f_k Y_k)}{n}$

Y_k：各区間の中間の数値、f_k：各区間の度数、k：区間の数

この式では、各区間の平均値を各区間の中間の数値で代用している。厳密には、先のやり方と異なる数字が得られるが、実務的にはほとんどイコールと見なしてよい。図表2-2のお菓子の事例では以下のように計算され、単純平均で求めた数値とほぼ一致している。

$$\dfrac{(4 \times 0.5 + 8 \times 1.5 + 6 \times 2.5 + 5 \times 3.5 + 4 \times 4.5 + 3 \times 5.5 + 5 \times 6.5 + 8 \times 7.5 + 7 \times 8.5)}{50}$$

$$= \dfrac{(2 + 12 + 15 + 17.5 + 18 + 16.5 + 32.5 + 60 + 59.5)}{50} = \dfrac{233}{50} = 4.66（万円）$$

幾何平均

　単純平均（算術平均）は端的に言えば、数値を足して合計を出し、それを標本数で割るという「足し算」の平均である。ビジネスの世界ではこのほかに、利回りや

平均成長率など「掛け算」の平均が必要とされる局面がある。その際に使用されるのが幾何平均である。幾何平均は、次の式で求めることができる（いちばん右の式はエクセルでの計算式）。

$$\sqrt[n]{X_1 \times X_2 \times \cdots \times X_n} = (X_1 \times X_2 \times \cdots \times X_n)^{\frac{1}{n}} = (X_1 \times X_2 \times \cdots \times X_n)\verb|^|(\frac{1}{n})$$

　たとえば、A社は過去3年間、対前年成長率がそれぞれ20％、90％、10％で成長してきたとする。3年前の売上高はちょうど100億円で、3年後の現在は100億×1.2×1.9×1.1＝250.8億円の売上高となっている。A社は過去3年間、平均何％の成長を果たしてきたのだろうか。

　この問いに対して、算術平均は使えない。ここで求められているのは、100億円×(1＋g)×(1＋g)×(1＋g)＝250.8億円となるgはいくらかということである。算術平均で求められる（20％＋90％＋10％）÷3＝40％をこの式に代入すると、100億円×1.4×1.4×1.4＝274.4億円となり、実際の売上高である250.8億円とは一致しない。ここで先の幾何平均の式に数値を代入してみると、1＋g＝$(1.2 \times 1.9 \times 1.1)^{\frac{1}{3}}$＝1.358となり、「この3年間、年平均35.8％で成長してきた」という答えが得られる。検算をしてみると、100億円×1.358×1.358×1.358＝250.8億円となり、現実の数字に一致することがわかる。

　なお、年平均成長率（**CAGR**：Compound Average Growth Rate もしくは Compound Annual Growth Rate）や平均利回りは、各年の成長率や利回りがわからなくても、最初の年と最後の年の数値、そして年数さえわかっていれば求めることができる。これは、算術平均において、個々の標本データの数値はわからなくても、合計と標本数が明らかになっていれば平均が求められるのと同じである。A社の例では、3年間で100億円から250.8億円に成長したことがわかっていれば、年平均成長率は以下の式で算出することができる。

$$年平均成長率 = \left(\frac{250.8億}{100億}\right)^{\frac{1}{3}} = 1.358$$

● ── 単純平均と加重平均の比較

　単純平均も加重平均も、その数学的な定義は明確であり、理解も容易だ。ビジネスパーソンにとって大切なのは、どの場面でどちらを使えばよいかを判断できることである。

第2章　数字を扱う

単純平均：他に比べて測定値が極端に大きい（もしくは極端に小さい）標本データの動きに左右されやすい。その標本データが変動しやすい性質を持っている場合には、それが平均にも影響を与えることになる。

加重平均：「測定値×重み」が他よりも極端に大きい（もしくは極端に小さい）標本データの動きに左右されやすい。

このことを以下の例で確認しよう。Z氏は4店舗を展開する小売チェーンの経営者である。4店の上半期の売上高、費用（本部経費配賦前）の数字は図表のとおりであった。Z氏が各店舗の店長のパフォーマンスを利益率で評価する場合、そのベンチマークとしてふさわしいのは、加重平均の6.3％なのか、それとも単純平均の3.3％であろうか。立地条件や規模効果などはいったん捨象して考えてみよう。

図表2-4　4店比較

	売上	費用	利益	利益率
A店	10000	9500	500	5.0％
B店	15000	14400	600	4.0％
C店	30000	27000	3000	10.0％
D店	5000	5300	－300	－6.0％
合計	60000	56200	3800	6.3％
A～D単純平均				3.3％

まず、加重平均の6.3％をベンチマークとする場合だが、これが全社の業績となることを考えると、採用の妥当性は高いように思われる。しかし、このケースではA店、B店も「平均以下」となってしまい、これらの店舗の店長たちはこんな文句を言うだろう。「結局、最も規模の大きいC店が全体の平均値を底上げしているだけだ。C店の影響が大きい数字で評価するのはフェアではない。平均を出すなら、C店は除外して考えるべきではないか」

それでは、単純平均の3.3％をベンチマークとして用いるのはどうだろう。規模に差があるとはいえ、どの店長も「一国一城の主」であることを考えれば、それを同等に重みづけして平均を出すことにも妥当性がありそうだ。しかし、今度は社長のZ氏がこう考えるだろう。「3.3％という数字は、規模が小さく変動しやすいD店の不調に引っ張られて出た数字だ。これを基準にするのでは、A店やB店を甘やかすことになりかねない。D店を除いて3店で単純平均を出せば6.3％だ」

以上は極端な例ではあるが、単純平均と加重平均の差異がよく表れている。実務では、

それぞれの特徴を踏まえたうえで、目的に合わせて両者を使い分けることが肝要となる。この例では、A、B両店に努力を促すために、加重平均と「D店を除く単純平均」（いずれも6.3%）をひとつのベンチマークとするのもよいだろう。

日経平均225とTOPIX

日本の景気動向を示す代表的な株価指数に日経平均225社とTOPIXがある。

日経平均225は、東京証券取引所第一部上場銘柄のうち代表的な225銘柄を対象に、以下の計算式で求める。連続性を維持するために「除数」という指数で割るが、原則は225社の株価の単純平均と考えてよい。

$$日経225 = \frac{225銘柄の株価合計}{225 \times 除数}$$

除数：新株落ち、減資、銘柄の入れ替えなどの際に日経225に連続性を持たせるため調整する指数

日経平均は市場を代表する銘柄を扱っているとはいえ、特定の225銘柄に限定しているため、必ずしも市場全体の動向を反映していないことがある。また、単純平均を使っているので、発行株式数が少なく株価の高い「値嵩株」の変動に影響されやすい。

一方のTOPIXは、東証第一部の日々の時価総額（東証一部上場企業全社にわたる「株価×株式数」の合計額）を定数（基準日の時価総額）で除したもので、加重平均による株価指数である。日経平均225とは異なり、特定の小型値嵩株の動向にあまり影響を受けず、市場全体の動向をよく反映するため、TOPIXを運用成績の評価尺度の1つとして注目する機関投資家も多い。

●── 平均の落とし穴

多くの場面において、平均は集団の特徴をよく示す代表値である。とくに、集団が狭い範囲で正規分布（54ページにて後述）している場合は、集団を理解する際に役立つ指標である。しかし、逆にこの条件を満たさない場合、平均は誤解を招く原因ともなりかねない。たとえば、図表2-3のお菓子の事例などがそうだ。2つのピークができていることに言及せず、「平均4万6600円」とだけ伝えたとすると、聞き手はおそらく4万6600の数字を中心に、両側に釣鐘状に広がる分布を想像するのではないだろうか。そ

うすると、いくら平均が同じでも、まったく違った解釈をしてしまうことになる。

　1つの標本データが他の標本データの何倍もの数値をとりうる場合についても、注意を要する。ある男子校の同窓会の例で考えてみよう。同窓会員の平均身長を出すのであれば、おそらく最低が160cm程度、最高が190cm程度で、最低と最高を比べても1.2倍程度の範囲に収まっている。たとえ205cmという特別背の高い人がいたとしても、（仮に40人のクラスとして）平均に与える影響はそれほど大きくはない。言い換えれば、1人で数人分の身長を実現することはできないのだ。ところが、これが年収や資産となると、1人で何人分、時には何百人分の数値をとることが起こりうる。40人の中に資産100億円の人がたまたま1人いれば、平均が2.5億円も変わってしまうことになる。このような場合、異常値を除いて平均をとるなどの工夫を加えるか、代表値として中央値（下記の**コラム**参照）を用いるのが妥当である。

モードとメジアン

　集団の特徴を示す代表的な数字として、平均値とともに紹介されるのが**モード（最頻値）**と**メジアン（中央値）**である。

　モードは最も度数が高い数値を集団の代表値とするものだ。お菓子の例では、「1万円以上2万円未満」と「7万円以上8万円未満」がともに度数8でモードとなる。この集団にピークが2つあることを考えると、4万6600円という平均値以上にこの集団の実態を示していると言えなくもない。なお、モードは階級の区切り方で変わってくるという欠点もある。また、集団の特性上、必ずしも代表的ではない数字が最頻となるケースも少なくない。数学のテストにおける0点や100点がその典型だ。

　メジアンは、順に並べたときにちょうど真ん中にくる数値だ（nが偶数の場合は真ん中の2つの数値の平均をとる）。上記のように、「1人で何人分、時には何百人分」の数値をとるような異常値がある場合によく用いられる。お菓子の例では、25番目（4万8000円）と26番目（4万8000円）の平均4万8000円がメジアンとなる（度数分布表では「4万円以上5万円未満」）。このヒストグラムには極端な左右の非対称がないため、平均値と非常に近い数字になっている。メジアンも平均値と同様、ピークが2つあるような分布ではその姿を伝えきれないという欠点がある。

　したがって、いずれを用いる場合にせよ、それぞれの長所短所を理解したうえで、目的に応じて使い分けていく必要がある。

3● データ集団の特徴を見る（2）──分散、標準偏差、正規分布

●─── 分散と標準偏差

　集団の様子を表す数値として、平均の次によく使われるのが分散と標準偏差だ。いずれも集団の「バラツキの程度」を表す。まずは事例を見てみよう。

図表2-5A　B地区

範囲（階級）	度数
1万円未満	1
1万円以上2万円未満	3
2万円以上3万円未満	6
3万円以上4万円未満	8
4万円以上5万円未満	15
5万円以上6万円未満	9
6万円以上7万円未満	5
7万円以上8万円未満	2
8万円以上	1
合計	50

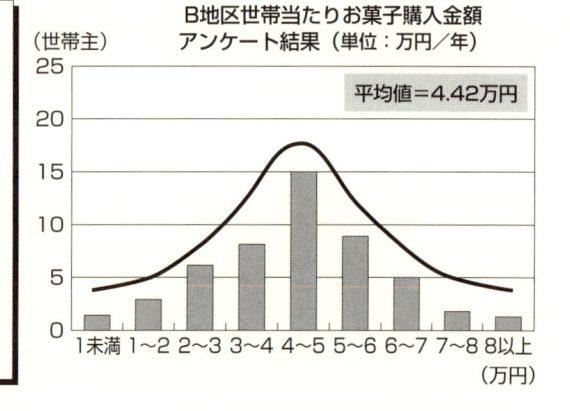

B地区世帯当たりお菓子購入金額アンケート結果（単位：万円／年）
平均値＝4.42万円

図表2-5B　C地区

範囲（階級）	度数
1万円未満	1
1万円以上2万円未満	1
2万円以上3万円未満	2
3万円以上4万円未満	8
4万円以上5万円未満	22
5万円以上6万円未満	11
6万円以上7万円未満	3
7万円以上8万円未満	1
8万円以上	1
合計	50

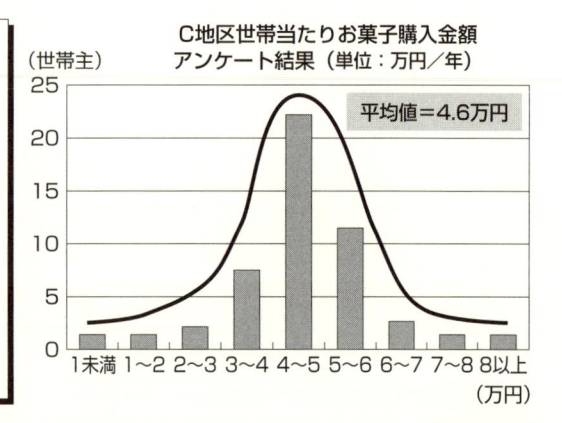

C地区世帯当たりお菓子購入金額アンケート結果（単位：万円／年）
平均値＝4.6万円

　先に挙げたお菓子の購入調査を別の地域で行った結果をまとめたものが、**図表2-5A**と**2-5B**である。両地区の平均値にはほとんど差はないが、C地区では顧客層が均質なためか、より平均値の周辺に集中する傾向が見て取れる。分散あるいは標準偏差は、こ

うした傾向の大小、つまり平均値からの隔たりの大きさを数値化したものだ。

　分散（σ^2）と標準偏差（σ）は下記の式で算出される。この式からもわかるように、分散の計算では2乗を用いるため、算出された数値は最初のデータの単位とは異なっている。たとえば、身長のデータであれば、長さの単位のメートル（m）が面積の単位の平方メートル（m²）になってしまう。そこで、データの単位と一致させるために平方根で処理した値が標準偏差である。社会で一般に標準偏差の用語がよく使われるのは、そのためである。

$$分散：\sigma^2 = \frac{\{(X_1-\overline{X})^2+(X_2-\overline{X})^2+\cdots+(X_n-\overline{X})^2\}}{(n-1)}$$

$$= \frac{\{f_1(Y_1-\overline{X})^2+f_2(Y_2-\overline{X})^2+\cdots+f_k(Y_k-\overline{X})^2\}}{(n-1)}$$

$$標準偏差：\sigma = (分散)^{\frac{1}{2}}$$

（注1）専門家の間では母集団の標準偏差をσ、標本（サンプル）の標準偏差をsと使い分けて表記する場合が多いが、ここでは標準偏差はσで統一した。
（注2）母集団からサンプリングした標本について分散を求める場合には、分母にn-1（標本数－1）を用いる。これに対し、母集団そのものについて分散を求める場合は、分母にN（母集団の標本数）を用いる。標本数が十分大きくなれば、分母としてn-1のかわりにnで代用してもほとんど同じ数値が得られる。

　図表2-5のケースでは、B地区、C地区それぞれの分散と標準偏差は下記のように計算される。エクセルでは、STDEV関数（サンプルの場合）、あるいはSTDEVP関数（母集団の場合）を用いて計算する。

$$\sigma_B^2 = \frac{\{(1)(5000-4万4200)^2+(3)(1万5000-4万4200)^2+\cdots+(1)(8万5000-4万4200)^2\}}{(50-1)}$$

$$= \frac{\{15億3664万+25億5792万+\cdots+16億6464万\}}{(50-1)}$$

$$= 2億8098万$$

$$\therefore \sigma_B = 1万6800（円）$$

$$\sigma_C^2 = \frac{\{(1)(5000-4万6000)^2+(1)(1万5000-4万6000)^2+\cdots+(1)(8万5000-4万6000)^2\}}{(50-1)}$$

$$= \frac{\{16億8100万+9億6100万+\cdots+15億2100万\}}{(50-1)}$$

$$= 1億8061万$$

$$\therefore \sigma_C = 1万3400(円)$$

B地区に比べ、C地区のほうが分散、標準偏差が小さく、したがってバラツキの度合いが小さいことがわかる。視覚的判断が裏づけられたわけだ。

ところで、分散や標準偏差は、どのような集団であろうが、上記の式を用いれば計算することができる。しかし、平均値が集団の特徴を的確に表していない、あるいは誤解を招くケースがあったように、分散や標準偏差を求めてもあまり意味を持たない場合もある。分散や標準偏差が最も威力を発揮するのは、その集団が正規分布をしているときである。そこで、正規分布について詳しく見ていこう。

● 正規分布

自然界では標本数を次第に大きくすると、正規分布と呼ばれる釣鐘状の分布になることが多い（身長や体重、英語の試験成績などがその典型例である）。加えて、計算処理などが比較的簡単であることから、社会科学の予測などでは、将来の結果の確からしさを予想する際に、（ある事象が厳密に正規分布に従うかどうかは別として）正規分布が前提としてよく用いられる。実際に、生産現場で一定の数値（製品の重量や特定の製造プロセスに要する時間など）をターゲットとしている場合なども、結果として正規分布（もしくは、ほぼ正規分布で近似できる形で）のバラツキとなっているケースが多い。販売予測や在庫管理のシミュレーションの際などにも、正規分布を前提として用いることがある。

図表2-6　正規分布

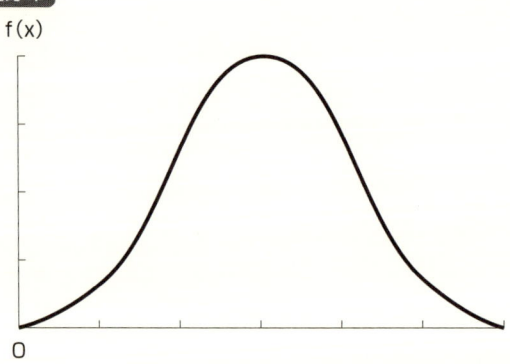

正規分布においては、平均値X̄付近でいちばん度数が高く、その標準偏差をσ（シグマ）としたとき、平均値をはさんだ特定範囲における存在確率（全体の中でその範囲に含まれてくるデータの比率）は下記のようになる（より厳密な確率分布についてはホームページなどで参照できる）。(注1)

　エクセルでは、NORMSDIST関数を用いて計算する（厳密には、NORMSDIST関数はマイナス∞σからの累積分布を示すため、X̄−2σ≦X≦X̄＋2σの範囲の存在確立を求めるには、〈NORMSDIST(2.0)−0.5〉×2 (注2) を計算する）。

$\bar{X}-\sigma \quad \leq X \leq \bar{X}+\sigma$　　　　の範囲に 分布全体の 68.27%
$\bar{X}-1.5\sigma \leq X \leq \bar{X}+1.5\sigma$　　の範囲に 分布全体の 86.64%
$\bar{X}-2\sigma \quad \leq X \leq \bar{X}+2\sigma$　　の範囲に 分布全体の 95.45%
$\bar{X}-2.5\sigma \leq X \leq \bar{X}+2.5\sigma$　　の範囲に 分布全体の 98.76%
$\bar{X}-3\sigma \quad \leq X \leq \bar{X}+3\sigma$　　の範囲に 分布全体の 99.73%

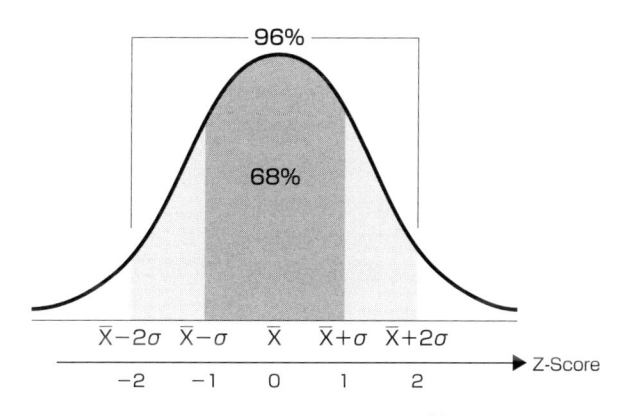

(注1) 平均値X̄、標準偏差σ（分散σ^2）の正規分布を「正規分布N（X̄、σ^2）」のように表記する。標準正規分布はN（0,1）の正規分布であり、釣鐘の下の面積が1となる。
(注2) 図示したように、横軸でプラス1σの位置を**Z-Score** 1.0と表記する。

　この性質は、ビジネスにおいて品質管理を行ううえで大きなパワーを発揮する。具体例で見てみよう。仮に、A社が製造するある部品は、機能上2.0gの重さにそろえる必要があったとしよう。工場で生産された部品の平均重量は2.00g、標準偏差 0.01gである。また、長年の経験上、部品の重量が2.03g以上あるいは1.97g以下になったときに不具合が発生しやすくなり、そのうち10回に1回は顧客クレームにつながることがわかっている。1日に1000個の部品を生産しているとすると、その1000個のうち

1.97ｇから2.03ｇの範囲に997.3個が含まれている。言い換えれば、1日に2.7個はこの範囲外の部品が作られているわけだ。この品質管理のレベルでは、10÷2.7＝3.7日に1回、顧客クレームが発生することになる。

　ここで何らかのプロセス改善により、平均2.00ｇ、標準偏差0.0075ｇになったとしよう。今度は1.97ｇ～2.03ｇの範囲に1000個中999.94個が含まれることになる。1.97ｇ～2.03ｇの範囲をはみ出すのは15日に1個程度になるから、クレームはさらにその10分の1で、年に1、2回の頻度にまで減ることになる。この例から、標準偏差のわずかな低下によって、劇的に品質が向上することがわかる。

　ところで、冒頭のケースで紹介したシックスシグマ（6σ）であるが、単純に計算するとシックスシグマの範囲をはみ出すのは10億分の2程度となる（エクセルの場合、NORMSDIST関数で確認していただきたい）。実務では一般に、シックスシグマと言いながらも片側4.5σの「100万分の3.4」に不良品を抑えることを目指す場合が多い。このレベルに到達すれば、顧客は不良品あるいは不良トランザクションをほとんど認識しなくなるとされる。

偏差値

　受験でおなじみの偏差値は、統計学を応用して考えられたものだ。ここではテスト結果の正規分布N（平均点、分散）を正規分布N（50、10^2）に変換している。つまり、平均（Z-Scoreが0）を偏差値50とし、Z-Score1.0を偏差値60、Z-Score2.0を偏差値70と考えるのである。

　偏差値を知ることで、自分が集団のどの位置にいるかがわかることになる。たとえば、偏差値70はZ-Score 2.0であるから上位2.3％の位置にいることを示している。また、偏差値80はZ-Score 3.0で上位0.13％であるから、ある同年代の人口が約100万人であれば、その中で上位1300人に属していることになる。

アフリカ系アメリカ人はバスケットボールが圧倒的にうまいか？

　アメリカのプロバスケットボールの試合を見ていると、レギュラー選手はもちろん、スター選手の多数をアフリカ系アメリカ人の選手が占めている。これを見て多くの人は「アングロサクソン系に比べると、圧倒的にアフリカ系アメリカ人のほうがバスケットボールの才能がある」と思うだろう。しかし、本当にそう言い切れるだろうか。別の例で考えてみよう。

　Z国は2つの人種（A人とB人）からなる複合国家とする。A人とB人の成人男性の人口はそれぞれ1000万人である。A人成人男性の平均身長は172cm、標準偏

差は8ｃｍ、B人成人男性の平均身長は168ｃｍ、標準偏差は8ｃｍだったとする。このとき、確率分布表を用いて身長の高さごとに推定人数を計算すると、次のような結果になる。
・身長172ｃｍ以上の成人男性
　　A人：1000万人×0.5＝500万人
　　B人：1000万人×(0.5－0.191)＝308万人
・身長180ｃｍ以上の成人男性
　　A人：1000万人×(0.5－0.341)＝159万人
　　B人：1000万人×(0.5－0.433)＝67万人
・身長188ｃｍ以上の成人男性
　　A人：1000万人×(0.5－0.477)＝23万人
　　B人：1000万人×(0.5－0.494)＝6万人
・身長196ｃｍ以上の成人男性
　　A人：1000万人×(0.5－0.494)＝6万人
　　B人：1000万人×(0.5－0.499)＝1万人

　このとき注目されるのは、身長が高くなるにしたがって（正規分布の端に行くにしたがって）、A人の占める比率が高まることだ。プロバスケットボールの選手などはまさにこの端の部分を見ていることにほかならない。極端な特徴が表れる端の部分から全体像を想像するのは、時として危険なのである。

◉──── サンプルから母集団を推定する

　さて、A社の部品の例では、あたかもすべての製品について重量を測定できたかのような書き方をしたが、実際には手間とコストの関係から、あるいは測定行為により製品が使用できなくなる場合があるので、すべての製品を調べることは少ない。たとえば、ヘルメットの品質検査において、衝撃を加えると耐久性が損なわれることもあるため、全製品に衝撃テストを課すわけにはいかない。このような場合、通常は**抜き取り調査**（サンプル調査）が行われる。

　そうなると次の関心は、「抜き出した標本（サンプル）は母集団の様子を的確に反映していると言えるか。どの程度の確率で、裏切られることがあるか」という点だ。ビジネスではとくに、費用（手間とコスト）対効果（正確な情報）の最大化を目指さなくてはならない。母集団の様子をある確からしさで推定するためには、どれだけのサンプルを抜

き出せばよいかを理解しておかないと、必要以上に多くの人にアンケートを行ったり、逆に不十分なデータから意思決定を下すことになってしまう。

話を進める前にまず確認しておきたいのは、(第1章で述べたようなサンプリング・プロセスでの偏りがないことを前提とすると)サンプル数を増やせば増やすほど母集団の実態に近づくという「**大数の法則**」のルールだ。

ある母集団(標本数N、平均μ)から何回もサンプル(標本数n)を取り、毎回サンプル集団の平均値($\bar{X}$)を求める作業を考えてみよう。毎回得られる平均値は、母集団の平均を中心に、釣鐘状の分布をすることが容易に想像できる。回数を増やすと、「サンプル平均」の平均μ_Xは母集団の平均μに一致することが知られている。加えて、「サンプル平均」の標準偏差(これを標準誤差という)σ_Xは、母集団の標準偏差σと次のような関係を持つことが知られている。

$$\sigma_X = \left(\frac{\sigma}{n^{\frac{1}{2}}}\right) \times \left(\frac{N-n}{N-1}\right)^{\frac{1}{2}}$$

ここで母集団の標本数Nが十分に大きいと、この式は下記の値にほぼ近似できる。

$$\sigma_X = \frac{\sigma}{n^{\frac{1}{2}}}$$

毎回取るサンプル数nを大きくすると、**標準誤差**(サンプルが母集団の実態からかけ離れる度合い)は徐々に小さくなっていく。抜き取り調査に必要なサンプル数は以下の式で求められる。

【母平均推定の場合】

$$n = \frac{N}{\left(\frac{\varepsilon}{\mu(\alpha)}\right)^2 \frac{n-1}{\sigma^2} + 1}$$

【母比率推定の場合】

$$n = \frac{N}{\left(\frac{\varepsilon}{\mu(\alpha)}\right)^2 \frac{N-1}{\rho(1-\rho)} + 1}$$

n: 必要標本数
$100-\alpha$: 信頼度
$\mu(\alpha)$: 上記信頼度を実現する正規分布の値
N: 母集団の大きさ
σ^2: 母分散
ε: 精度(区間推定における上下幅)
ρ: 母比率

注:σ^2やρは通常未知であり、過去の類似の調査から推定する場合が多い

この式を用いて、成人数10万人の都市における喫煙率を推定するには、どれだけのサンプルが必要か計算してみよう。このときに用いる $\mu(\alpha)$ は、正規分布表より読み取れる信頼度X%時の値である。一般に、信頼度は95%もしくは99%が用いられる（信頼度99%とは、100回同様の調査を行えば、99回までは信頼しうる結果が得られることを指す）。信頼度95%時の $\mu(\alpha)$ は1.96（簡便的には2）、信頼度99%時の $\mu(\alpha)$ は2.58（簡便的には2.5）とする。

$100-\alpha$ ： 95%
$\mu(\alpha)$ ： 1.96（正規分布表より信頼度95%時の値）
N ： 10万
ε ： 仮に上下3%とする
ρ ： 仮に過去の経験などから20%という数値が得られたとしておく

$$n = 10万 \div \left\{ \left(\frac{0.03}{1.96}\right)^2 \times \left(\frac{9万9999}{0.2 \times (1-0.2)}\right) + 1 \right\} = 678人$$

このケースでは、678人のサンプルを抽出すれば、上下3%の誤差範囲の喫煙率（おそらく20%前後）を、95%の確からしさで求めることができる、という結果になった。参考までに、この町の成人人口が10万人ではなかった場合、必要なサンプル数は次のように変化する。

成人人口	必要サンプル数
10人	10人
100人	87人
1000人	406人
1万人	639人
10万人	678人
100万人	682人
1000万人	683人

このときに興味深いのは、母集団の人口が1万人を超えたあたりから必要サンプル数はそれほど大きく増えないことだ。マーケティング調査を行うときには、300～400以上の標本数があれば、結果が大きく外れる可能性はかなり小さくなると言われる。一

方、100〜300の標本数の場合はやや不安が残り、標本数が100未満の場合は統計としてはあまり当てにならないので、参考程度にとどめるなど割り切って用いる必要があるとされる。参考までに、テレビの視聴率調査で有名なニールセンやビデオリサーチは、世帯数約1000万と言われる関東地方で、それぞれ500件と600件の標本世帯を選び出し、各家庭にオンラインメーターという機械を備え付けて視聴状況をモニタリングしている（2003年現在）。

逆に、あるサンプル数と期待する信頼度において、どの程度の誤差範囲に収まっているかを求める式が以下である。

【母平均を扱う場合】

$$\overline{X} - \frac{s}{(n-1)^{\frac{1}{2}}} \times t_{5\%} < \mu < \overline{X} + \frac{s}{(n-1)^{\frac{1}{2}}} \times t_{5\%}$$

【母比率を扱う場合】

$$p - \left(\frac{p(1-p)}{n}\right)^{\frac{1}{2}} \times t_{5\%} < \rho < p + \left(\frac{p(1-p)}{n}\right)^{\frac{1}{2}} \times t_{5\%}$$

n： 標本数
$\overline{X}$： 標本の平均値
p： 標本比率
s： 標本の標準偏差
μ： 母平均
ρ： 母比率
$t_{5\%}$： 95％の信頼度を実現する正規分布の値 1.96

たとえば、ある会社で150人のサンプルに対して通勤時間（片道）を調査したところ、平均50分、標準偏差25分という結果が得られたとしよう。これを、上記の計算式に代入してみる。

$$50 - \left(\frac{25}{(149^{\frac{1}{2}})}\right) \times 1.96 < \mu < 50 + \left(\frac{25}{(149^{\frac{1}{2}})}\right) \times 1.96$$

$$46 < \mu < 54$$

n : 150
X : 50分
s : 25分
$t_{5\%}$: 1.96（正規分布表より）

すると、95％の信頼度で、母集団の平均通勤時間が46～54分の間にあることがわかる。

サンプルが少ない場合──t 分布

これまで標本が正規分布することを前提に考えてきたが、標本数が少ない場合、その分布は必ずしも正規曲線にはならない。そうした場合に用いるのが t 分布である。t 分布は、正規分布と同じく左右対称の山形の分布であるが、正規分布よりも少し幅が広くなる。また、n＝3から始まってn＝30程度まで、n（自由度）によってその形を変える。30を超えるnについてもそれぞれ t 分布は求められているが、ほとんど正規分布と変わらなくなるため、実務上はあまり用いられていない。

このように、サンプル数が少ない場合にも統計処理は可能だが、調整を避けるためにも、30以上のサンプルをとったほうがよいだろう。

---

4 ● 変数間の関係をつかむ──相関、回帰、散布図

● ── 相関

相関とは、多次元データをプロットした際に、その並び方に何らかのルール（法則性、連動性）がある状態を言う。そのルールをうまく活用すれば、企業活動の効率化に役立つ場合がある。

たとえば、中途採用で人材を獲得する場面を考えてみよう。面接時にAという項目（たとえば、採用試験の点数など）で高い数値を示す人は採用後のパフォーマンスも高いという相関関係がわかっていれば、採用にあたってA項目に注目することで、有能な人材を見分けやすくなる（パフォーマンスの評価は、人事効果時の評価点数などで指標化できる）。実際に、ある外資系企業で営業担当者の中途採用の際にこうした調査を行ったところ、前職での直前の年収と採用後のパフォーマンスに非常に高い相関があることがわかったという。同社はこの結果を踏まえ、「優秀な営業担当者であれば、それまでの仕事でも実績を残し高い年収を得ている」という仮説の下、前職の年収を重要な判断材料に中途

採用を進め、優秀な営業担当者を効率的に採用していった。

相関には向き（正／負）と強さがあり、それを数値で表したものを**相関係数**と言う。2つのデータグループ間の相関係数は必ず1からマイナス1の範囲内に収まる。相関係数が1に近くなるほど「一方が大きくなれば、他方も大きくなる」という正の相関が強いことを表す。逆にマイナス1に近いほど「一方が大きくなれば、他方が小さくなる」という負の相関が強くなることを表す。そして相関係数が0に近づくほど、相関が弱いという判断になる。通常、相関係数が0.7以上なら正の相関が、マイナス0.7以下なら負の相関（逆相関）の関係があるとされる。

図表2-7　相関の例

製品別売上高推移（億円）

	チョコレート	キャンディ
1990年	12	21
91	13	25
92	9	18
93	7	15
94	11	19
95	10	20
96	15	28
97	13	23
98	10	15
99	7	13

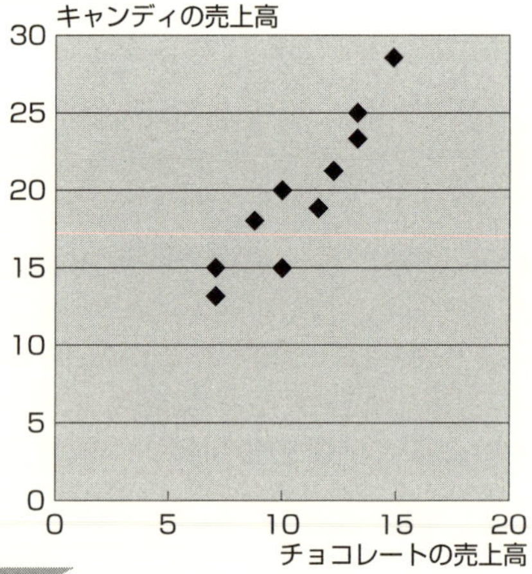

チョコレートとキャンディの売上高には強い正の相関がある：相関係数＝0.938

2つのデータグループ間の相関係数は、数学的には下記の式で計算される。

$$r_{xy} = \frac{共分散_{xy}}{(\sigma_x \cdot \sigma_y)}$$

$$= \sum \frac{(x_i - x_{平均})(y_i - y_{平均})}{[\sum(x_i - x_{平均})^2][\sum(y_i - y_{平均})^2]^{\frac{1}{2}}}$$

x_iとy_iはそれぞれ標本iの数値データである。たとえば、xが身長、yが体重とすれば、上記の計算を行うことで、その集団における身長と体重の相関の強さがわかる。

分子にある「共分散」はx、yの関係の強さを示す指標であり、それを$\sigma_x \cdot \sigma_y$で除することで、相関係数が1とマイナス1の間に収まるように調整することができる。

相関係数を関数機能のない電卓で計算するのは大変だが、エクセルのCORREL関数を使えば簡単に結果が得られる。**図表2-7**の例では、0.938という相関係数から、かなり高い正の相関があることがわかる。なお、図表2-7右のようなチャートを**散布図**と言う。散布図とは、対応する2種類のデータをそれぞれ縦軸と横軸にとり、データをプロットした図であり、変数間の関係をとらえる際に役立つ。

相関係数＝CORREL（A1：J1、A2：J2）≒0.938

	A	B	C	D	E	F	G	H	I	J
1	12	13	9	7	11	10	15	13	10	7
2	21	25	18	15	19	20	28	23	15	13

◉──── 回帰分析

データの並び方に何らかのルールがありそうな場合、因果関係（いずれかが原因となってもう一方の結果に結びつく関係）が発見できると、ビジネスでの活用範囲は広くなる。たとえば、国ごとの「携帯電話普及率」と「糖尿病発症率」の間には、携帯電話の普及率が高ければ糖尿病の発症率も高いという相関関係があったとする。しかし、携帯電話が普及しているから糖尿病患者も多い、あるいは糖尿病発症率が高いから携帯電話が普及率も高くなるという因果関係があるわけではない。このケースでは、根本的な原因として「国の裕福度（1人当たりのGDPなどが代理変数となりうる）」が存在し、国が豊かになった結果として（1人当たりのGDPが増えた結果として）糖尿病患者や携帯電話の保有者が増えるものと推定される。これは言い換えると、因果関係が成立するならば、原因（国の裕福度）から結果（携帯電話の普及率、あるいは糖尿病の発生率）を推測できるということになる。

そこで、X軸に原因となる数値（これを説明変数と言う）、Y軸に結果となる数値（これを従属変数と言う）を置き、Yがどの程度Xによって定まるかを見極めることができる。このアプローチを回帰分析と言う。

$Y = a + bX$

$Y = aX^b$

$Y = ae^{bX}$（eは自然対数の底）

XとYの関係としては、上記のように、さまざまなものが考えられるが、通常はY＝

a＋bXの型に当てはめて考える。**図表2-8**の例では、気温（摂氏）を45.0倍して806.7億円を引けば、缶ジュースの売上高になる、という関係が成り立っている。つまり、気温が予想できれば、缶ジュースの売上高がある程度予測できるということになる。

図表2-8　回帰

右のデータをY＝a＋bXの関係で表せないか考える。

X：平均気温、Y：缶ジュースの売上げ（億円）

1. エクセルのツールを選択
   （ツール内に「分析ツール」がない場合は、アドインにより分析ツールを選択）
2. 分析ツールを選択
3. 回帰分析を選択
4. データ範囲の指定
   - Y範囲：Y列データ（缶ジュース売上げ、単位億円）
   - X範囲：X列データ（平均気温、単位℃）

OKをクリックすると違うワークシートに次の結果が出てくる

X	Y
29	480
24	250
25	340
25	320
29	520
28	400
25	380
28	470
24	230
29	500

図表2-9　回帰（続）

Y＝a＋bXの係数a、bは　a＝－806.7、b＝45.0　　Y＝－806.7＋45.0X

概要

回帰統計	
重相関R	0.943
重決定R^2	0.889
補正R^2	0.876
標準誤差	36.417
観測数	10.0

分散分析表

	自由度	変動	分散	観測された分散比	有意F
回帰	1.0	85,680.1	85,680.1	64.6	4.22E－05
残差	8.0	10,609.9	1,326.2		
合計	9.0	96,290.0			

	係数	標準誤差	t	P－値	下限95%	上限95%	下限95%	上限95%
切片	－806.7	1492	－5.4	0.000641	－1,150.8	－462.7	－1,150.8	－462.7
X値1	45.0	5.6	8.0	4.22E－05	32.1	57.8	32.1	57.8

　ただし、この関係はあくまでも過去の数値データについて成り立つものであり、将来も必ずこの関係が成り立つわけではない。たとえば、経済動向や消費者の嗜好、競争環境などの経営環境が大きく変化すれば、因果関係は成り立たなくなるおそれがある。

なお、**図表2−9**にはさまざまな統計用語が並んでいるが、統計を専門とする仕事でもない限り、すべての意味を知る必要はない。この中で知っておくといいのは、重決定のR^2（相関係数Rの2乗）だ。大まかな言い方をすると、R^2はY（従属変数）の分散のうちX（独立変数）で説明できる割合を示している。たとえば、身長（X）と体重（Y）の間に0.8の相関があったとき、R^2は0.64となる。これは、体重の64％は身長で決まってくることを示している。

◉ —— **実ビジネスへの応用：散布図の活用**

ビジネスの現場への応用例を1つ見てみよう。あるＯＡ販売会社の全国15支店について、支店ごとの売上目標達成度（％）と売上高粗利率（％）をリストアップした。これらのデータからどのようなメッセージが読み取れるだろうか。

売上目標達成度（％）	売上高粗利率（％）
60	25
66	26
75	24
78	35
79	40
81	26
88	39
90	35
100	30
105	27
106	34
110	26
120	29
125	25
125	29

何らかの解釈を引き出すために、いきなりエクセルのCORREL関数を使って回帰分析などを行うのは賢いやり方ではない。全体感を見るために、一度散布図を描いてみるとよいだろう。

実際に、すべてのデータを使って単純に相関係数を求めると0.08となり、「相関なし」

で終わってしまう。しかし、散布図をもう少し丁寧に眺めると、データを2つのグループに分類できそうなことがわかってくる。

図表2-10A　OA販社（1）

相関係数：0.08

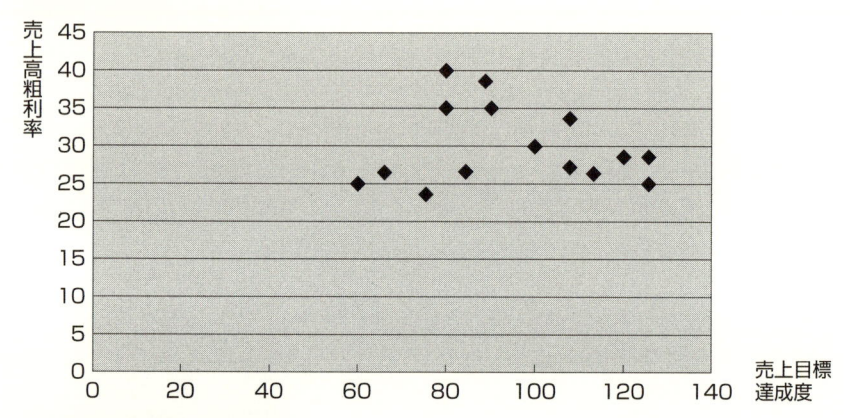

（散布図：横軸　売上目標達成度　0〜140、縦軸　売上高粗利率　0〜45）

図表2-10B　OA販社（2）

グループ1の相関係数：0.82

（散布図：グループ1とグループ2に分類）

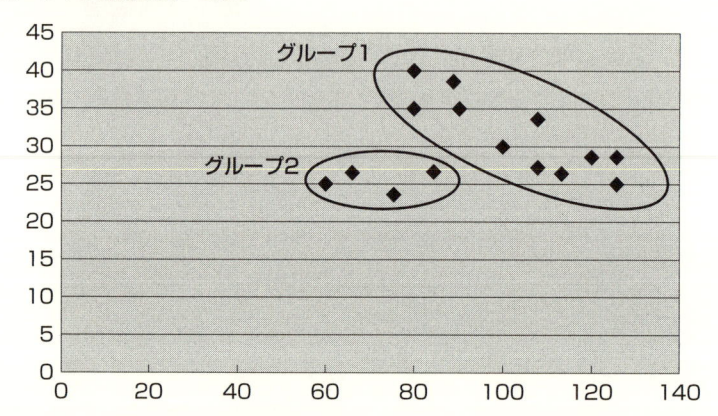

　図中にグループ1と示した集団であるが、この11店だけで相関を求めると0.82とかなり高い数字になる。この連関を仮説的に説明できないだろうか。
　たとえば、「売上げノルマを達成するためには値引きに走らざるをえず、その結果、粗利率が下がっている」という仮説が可能だ。その場合、仮に粗利率の目標が35％だったとすると、その数値を正直に遵守しようとした店は売上目標が達成できず、その数

値を無視した店は売上目標を達成できた、ということになる。その場合、経営者は単に売上目標の到達度で店長の人事考課を行うのではなく、各店の貢献利益をさらに精査したうえで、販売のプロセスにまで踏み込んで指導を行う必要があるだろう。

一方グループ2には、明らかにグループ1とは異なるルールが働いている。たとえば、「これらの4店は近くに強力な競合店がある」「パフォーマンスの低い店長が担当している店である」などの仮説を導くことができるだろう。いずれにせよ、グループ1の11店とはまったく異なる打ち手が必要とされるはずである。

このように、散布図を描くことにより、ビジネス上のヒントが発見できる場合がある。このときに、とくに注意したいのが「異常値」である。単なるジャンク情報の場合も多いが、問題の本質や有望なビジネスのヒントが潜んでいることもあるからだ。

たとえば、**図表2-11**を見ると、ほとんどの航空会社は平均飛行マイルと収益性に正の相関があることから、「長距離路線を多く持つことが収益性に直結する」との仮説が導ける。ところが、A航空だけはこの回帰曲線の上に乗ってこない。ここから、「A航空は他のメガキャリアとは異なるビジネスモデルを構築している」「A航空は他のメガキャリアとは異なる顧客層をターゲットとしている」などの仮説が得られる。この時点で航空業界への新規参入を画策しているプレーヤーであれば、それを参考に事業計画を構築することができるだろう。実際に、かつてのアメリカ航空業界においては、サウスウエスト航空が、まさにこうした振る舞いを見せていた。同社は、自らを「空飛ぶバス」と位置づけ、短距離路線に特化した。一方で、徹底的にコストの削減を推進し、手荷物の取扱いや事前の座席予約、温かい機内食事などのサービスを割愛するなど、他の航空会社とは一線を画するビジネスモデルを確立したのである。

図表2-11 平均飛行マイルと収益性

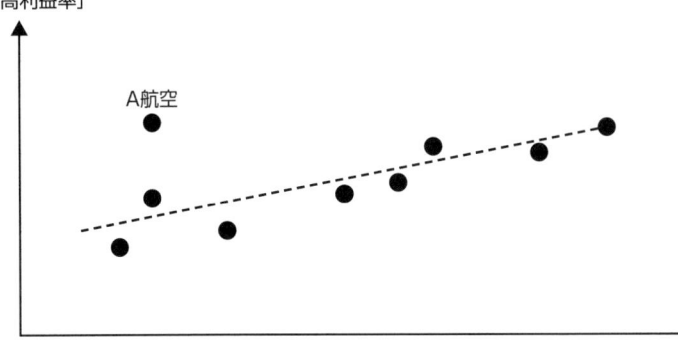

● 重回帰分析

　これまでは、1つの説明変数（X）と従属変数（Y）の関係を見てきたが、現実には2つ以上の説明変数が影響を与える場合がある。その場合に用いられるのが、重回帰分析だ。これは、複数の原因から結果を予測しようというアプローチである。

　具体的な事例で見ていこう。**図表2-12A**のデータは、ある商品のテストマーケティングを24回にわたって行った結果である。

図表2-12A　ある商品のテストマーケティング

	自社広告回数 （回）	競合広告回数 （回）	自社広告タイプ （タイプ1とタイプ2）	自社売上高 （千円）
1	40	245	1	439
2	40	305	1	678
3	80	345	1	768
4	80	360	1	620
5	120	375	1	938
6	120	495	1	888
7	40	299	1	525
8	40	210	1	505
9	80	285	1	730
10	80	180	1	823
11	120	195	1	1285
12	120	225	1	1079
13	40	245	2	518
14	40	225	2	499
15	80	368	2	718
16	80	375	2	707
17	120	429	2	985
18	120	512	2	858
19	40	217	2	559
20	40	274	2	604
21	80	244	2	788
22	80	155	2	880
23	120	165	2	1160
24	120	180	2	1208

　ここまで読み進められた読者がまず考えるのは、「自社広告回数と自社売上高」「競合広告回数と自社売上高」「自社広告タイプと自社売上高」のように、1つの説明変数を抜

図表2-12B　重回帰分析

概要

回帰統計	
重相関R	0.956777
重決定R^2	0.915421
補正R^2	0.902735
標準誤差	74.16755
観測数	24

分散分析表

	自由度	変動	分散	観測された分散比	有意F
回帰	3	1190744	396914.7	72.15548	6.66E-11
残差	20	110016.5	5500.825		
合計	23	1300761			

	係数	標準誤差	t	P-値	下限95%	上限95%	下限95%	上限95%
切片	444.6964	71.3348	6.233934	4.35E-06	295.8947	593.4982	295.8947	593.4982
X値1	7.098695	0.484119	14.66313	3.66E-12	6.088841	8.108548	6.088841	8.108548
X値2	-0.84382	0.160719	-5.2503	3.88E-05	-1.17907	-0.50857	-1.17907	-0.50857
X値3	8.025268	30.32879	0.264609	0.794019	-55.2395	71.28999	-55.2395	71.28999

残差出力

	予測値：Y	残差	標準残差
1	529.9333	-90.9333	-1.31479
2	479.304	198.696	2.872924
3	729.4989	38.50109	0.556663
4	716.8416	-96.8416	-1.40022
5	988.1321	-50.1321	-0.72485
6	886.8735	1.126514	0.016288
7	484.3669	40.6331	0.58751
8	559.467	-54.467	-0.78753
9	780.1282	-50.1282	-0.7248
10	868.7294	-45.7294	-0.6612
11	1140.02	144.9801	2.096251
12	1114.705	-35.7053	-0.51626
13	537.9585	-19.9585	-0.28858
14	554.835	-55.835	-0.80731
15	718.1163	-0.11628	-0.00168
16	712.2095	-5.20953	-0.07532
17	950.591	34.40903	0.497516
18	880.5538	-22.5538	-0.3261
19	561.5855	-2.58552	-0.03738
20	513.4877	90.5123	1.308708
21	822.7501	-34.7501	-0.50245
22	897.8502	-17.8502	-0.25809
23	1173.36	-13.3598	-0.19317
24	1160.703	47.29749	0.683869

き出し、従属変数である自社売上高との関係を見ることであろう。あるいは、自社の広告回数と広告タイプで6つのグループに分類し、それぞれについて「競合広告回数と自社売上高」の連関を見るというやり方も考えられそうだ。

こうしたアプローチも重要だが、3つの説明変数が従属変数に与える影響を一度に見ることもできる。それが**重回帰分析**である。簡単に言えば、$Y=a+bX_1+cX_2+dX_3$の関係となるのを想定して、a～dの定数を求めようというアプローチである。

上記の例について、実際に計算した結果を**図表2-12B**に示している。これは、エクセルで簡単に計算することができる。先の回帰分析の操作では、X範囲に1つの列を反転させて指定したが、今回はX範囲に3つの列（自社広告回数、競合広告回数、自社広告タイプ）を反転させて指定すればよい。

計算結果を簡単に説明すると、ここでは下記の関係が成り立っていることがわかる。

自社売上高＝444＋（7.09×自社広告回数）＋（－0.84×競合広告回数）
**　　　　　＋（8.02×自社広告タイプ）**

図表の下の残差（実測値と予測値との差）の欄で確認していただきたい。

もちろん、重回帰分析だけで終わりにするのではなく、さらに仮説を立てながらグループ分けしていくなどして、意思決定に役立つメッセージを求めていかなくてはならない。なお、説明変数が2つ以上ある重回帰分析は、説明変数が多くなるほど図表化して目で考える作業が難しくなるので、異常値の排除などを行うためには、これまで以上に事前の仮説をしっかり持つことと、経験を積むことが必要になる。

2 • 有効な分析ツール

POINT
　意思決定を行ううえで、いくつか定番的に用いられる定量分析ツールがある。これらは意思決定の効率化に役立つだけでなく、関係者の意識共有を促進する効果を持つこともあるので、効力と限界を認識しながら、ビジネスの場面に応じて有効に活用したい。

CASE
　内藤浩二氏は若手のＩＴコンサルタントである。大手ＳＩ（システム・インテグレーション）企業でさまざまなプロジェクトに携わり、プロジェクト・マネジャーも務めるなど、着実に経験を積み、実績を残してきた。最近は内藤氏を指名する顧客も増えてきたことから、近々独立することを計画していた。おそらく、現在の得意先を維持し、彼らから紹介された顧客を取り込んでいけば、年間で7000万～8000万円程度の売上げは十分に見込めると踏んでいた。それだけの仕事を受注するにあたって、内藤氏は2つのビジネスモデルが可能だと考えていた。株式会社を設立して若手数人を正社員として採用するモデルＡと、個人事務所を開き、プロジェクトに応じて業務をアウトソースするモデルＢである。

　内藤氏は事業のフィージビリティを検討すべく、まずは簡単な損益分岐点分析を行うことにした。いろいろな情報を勘案しながら、各モデルで想定される固定費と売上高変動費率（以下、変動費率）、損益分岐点売上高を見積もってみたところ、以下のような数字が得られた。

【モデルＡ】固定費6000万円、変動費率15％
$$損益分岐点売上高 = \frac{6000万}{(1-0.15)} = 7059万円$$

【モデルB】固定費2000万円、変動費率70％

$$損益分岐点売上高 = \frac{2000万}{(1-0.7)} = 6667万円$$

　損益分岐点売上高から判断すると、モデルBのほうがやや有利であるが、内藤氏はまずこう考えた。「いまの自分の実力からすれば、8000万円から1億円程度の受注も難しくはないはずだ。となると、ある程度固定費を抱えてでも、限界利益率（＝1－変動費率）を高く取れるモデルAのほうがよさそうだ」。実際、それぞれのモデルで8000万円、1億円の売上高が実現できた場合、残る利益は以下のようになる。

【モデルA】売上高：8000万円
　　　　　利益＝8000万円－（6000万＋8000万円×0.15）＝800万円

　　　　　売上高：1億円
　　　　　利益＝1億円－（6000万＋1億円×0.15）＝2500万円

【モデルB】売上高：8000万円
　　　　　利益＝8000万円－（2000万＋8000万円×0.7）＝400万円

　　　　　売上高：1億円
　　　　　利益＝1億円－（2000万＋1億円×0.7）＝1000万円

　売上高が8000万円の場合は400万円程度の差だが、順調に受注が取れて売上高が1億円になった場合の利益差は歴然としている。同時に、内藤氏の脳裏には、昨夜の妻との会話が蘇っていた。「上の子は来年学校だし、もうすぐ2人目も産まれるわ。家のローンもまだまだ残っているし……。独立するのはいいけど、とにかく慎重に考えてね」。いつもは強気の内藤氏も、愛妻の言葉には弱い。念のために、最悪のシナリオも検討することにした。景気が良くないことを考えると、売上高が3000万円程度にとどまることも十分に起こりうる。仮に売上高が3000万円だった場合、利益は次のようになる。

【モデルA】売上高：3000万円
　　　　　利益＝3000万円－（6000万＋3000万円×0.15）＝－3450万円

【モデルB】売上高：3000万円
　　　　　利益＝3000万円－(2000万＋3000万円×0.7)＝－1100万円

　この数字を見て、内藤氏も少し弱気にならざるをえなかった。「いまの景気や国際政治の不安定さを考えれば、企業がIT投資を手控えることは十分にありそうだ。モデルBにしておけば、売上高が3000万円まで落ち込んでしまったら仕方ないにせよ、なんとか4000万円を売上げ、外注先を工夫して変動費率を50％に下げれば、赤字だけは脱することができる。やはりモデルBかな……」

　その一方で、心の中の強気の部分がこうけしかける。「何を弱気なことを考えているのだ。そんなことでは十分に実現可能な売上げを逃すことになる。仕事が取れないのもリスクだが、せっかくの収益機会を逃してしまうこともリスクだ。いま、いっきに体制を確立しないで、いつそれができるのだ。逆に、こういう不況のときこそ、いい人材を正社員として採用できるチャンスでもある」

　内藤氏は書斎のアームチェアに座って、妻と子供の顔を思い浮かべながら、思案に暮れていた。

理論

　本節では、定量分析の代表ツールである、損益分岐点分析、ディシジョン・ツリー、感度分析、パレート分析についてそれぞれ解説していく。いずれも複雑な数学は必要なく、四則演算で計算可能であるにもかかわらず応用範囲が広く、工夫を加えることによって、さまざまな用途で役立てることができる。

1 ● 損益分岐点分析

　損益分岐点分析とは、最低どれだけの売上高を出せば黒字になるか、その売上げレベル(これを損益分岐点売上高という)を算出する分析方法である。経営者は損益分岐点を把握することにより、①あるコスト構造下で、売上高や費用が変わったときにどれだけ利益が得られるか、②コスト構造が変わったときに、売上高と費用がどのようなレベルであれば利益を維持できるか、などを予測することができる。そして、その結果を踏まえて、あらかじめ対策を練っておくことが可能になる。

　損益分岐点の計算は次の式で行われる。

損益分岐点売上高＝固定費÷限界利益率
　　限界利益＝売上高－変動費
　　限界利益率＝限界利益÷売上高＝１－（変動費÷売上高）

固定費とは、売上高の多寡に関係なく一定額で生じる費用（売上高がゼロでも生じる費用）を指す。正社員の給与、賃借料、減価償却費などが代表的な固定費である。一方の**変動費**とは、売上高の増加に比例して増加する費用であり、具体的には原材料費などがこれに該当する。売上高から変動費を引いたものを**限界利益**と呼ぶが、これは「ある時点で、追加で売上高が増えたときに、どれだけが手元に残るか」を示している。この計算式を視覚的に表したのが、**図表２－１３**である。

図表２－１３　損益分岐点分析——視覚的理解

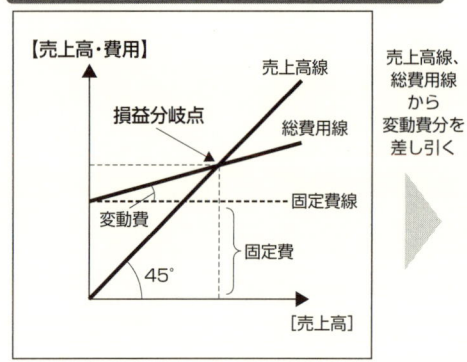

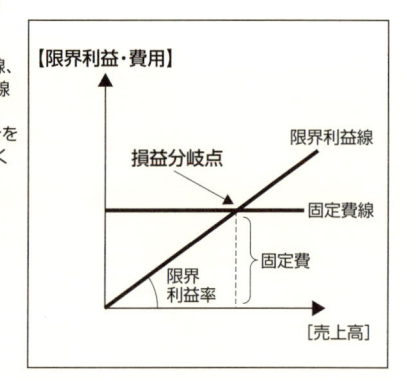

左の図表は「売上高」と「費用（＝固定費＋変動費）」をそれぞれ直線で示し、この２つが交わる点が損益分岐点となる。ここで、売上高と費用からそれぞれ変動費を差し引くとどうなるか考えてみよう。「売上高－変動費」は先の定義により「限界利益」となる。「費用－変動費」は「固定費」にほかならない。この２つの直線を示したのが右の図であり、ここでも交点は損益分岐点を示すことになる。このことから先の式が導かれる。

簡単な例で確認してみよう。Ｚ社では、人件費や賃料として毎月１５０万円の固定費が発生する。また、売上高が１０万円増えるたびに、変動費として４万円かかるとしよう。このとき、Ｚ社の損益分岐点売上高は次のように計算される。

$$Z社の限界利益率 = 1 - \left(\frac{変動費}{売上高}\right) = 0.6$$

Ｚ社の損益分岐点売上高＝１５０万円÷０.６＝２５０万円

図表2−14は、これらの数値を当てはめ、簡単なワークシートも追加したものである。表の数値とグラフを対応させながら、上記の計算式の意味するところを確認していただきたい。

図表2−14　損益分岐点分析──視覚的理解（続）

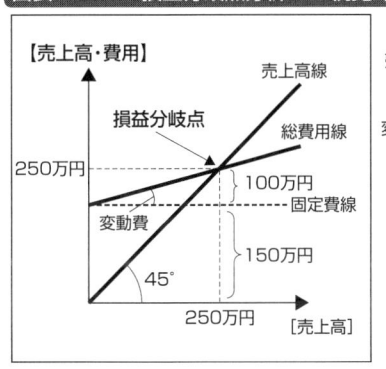

【売上高・費用】のグラフ：売上高線と総費用線が交わる損益分岐点が250万円。変動費100万円、固定費線150万円。45°。横軸250万円［売上高］。

【限界利益・費用】のグラフ：限界利益線と固定費線150万円が交わる損益分岐点。150万円、限界利益率。横軸250万円［売上高］。

売上高線、総費用線から変動費分を差し引く

売上高	0	50	100	150	200	250	300
変動費	0	20	40	60	80	100	120
固定費	150	150	150	150	150	150	150
利益	−150	−120	−90	−60	−30	0	30

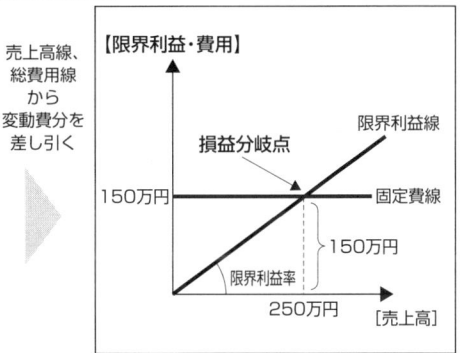

売上高	0	50	100	150	200	250	300
変動費	0	20	40	60	80	100	120
限界利益	0	30	60	90	120	150	180
固定費	150	150	150	150	150	150	150
利益	−150	−120	−90	−60	−30	0	30

●──── 固定費と変動費の求め方

　固定費および変動費を求める方法には大きく2種類がある。1つは、「人件費は固定費、広告も固定費、販売促進費は変動費……」というように、費用の項目（勘定科目）ごとに変動費か固定費か振り分けるやり方だ。これを「勘定科目法」と言う。この方法をとる場合、固定費と変動費の両要素が混ざり合っている勘定科目も多いので、どちらに組み入れるべきか、勘定科目ごとに比重などを考慮しながら振り分けていく必要がある。裁量部分があるため、厳密さをやや欠くことになるが、実務上差し支えない程度の結果が得られる。

　仕入原価が他の変動費項目より圧倒的に大きい流通業では、販売計画を立てるときに、粗利を限界利益と見なして簡単な損益分岐点分析を行うケースも多い。たとえば、月次の固定費が300万円、取扱商品の平均の粗利率が20％の小売店の場合、粗利で固定費をカバーするためには、300万円÷0.2＝1500万円の売上高が必要となる。

　もうひとつの方法は、前節で解説した回帰分析を用いて固定費と変動費を求めるやり方だ。これを「回帰分析法」と呼ぶ。月次（場合によっては年次）の売上高と費用をグラ

フに表し**回帰直線**を引くことで、直線の傾きから変動費率、縦軸の切片から固定費を読み取ることができる。なお、この手法は、期間中に固定費および変動費率が変化していないという前提で成り立つものなので、これらが変化したときには調整を加える必要がある。また、ある月にまとまって多額の売上高や費用が発生する場合には、その売上高や費用を、対応する期間に配分する必要がある。たとえば、従業員に対するボーナスの支払いが6月末と12月末に発生する場合、1回のボーナスを6月（半年）で6等分して各月のコスト（人件費）に配分する。

● 損益分岐点分析を用いた収益構造の把握

損益分岐点分析を用いて収益構造を理解する際には、数式だけで考えるのではなく、これまで見てきたようなグラフを描いてみるとよい。頭の中にこのグラフを思い浮かべながら、何かアクションをとったときにこのグラフがどう変化するかを考えると、その経営上のインパクトが理解しやすくなるので、とくに初学者の方にはこの方法をお勧めしたい。

先のZ社の例で、現在の売上高が1月当たり平均280万円としよう（Z社の損益分岐点売上高は250万円であった）。このとき、現在の1月当たりの利益は次のようになる。

利益＝売上高－（変動費＋固定費）
　　＝280万円－｛（280万円×0.4）＋150万円｝＝18万円

ここで、先行き不安な経済環境を考慮して、ベテランの嘱託社員を1人リストラしたとしよう。そうすると、固定費が月30万円削減され、120万円になる。「コスト構造」が変わるので、**図表2－15**の右側の損益分岐点は200万円まで引き下げられる。

このとき注意すべき点は、コスト構造の改良は、必ずしも実際の利益増には直結しないことだ。すなわち、コスト構造は改善したものの、それを帳消しにするような売上高の減少が生じては元も子もない。このケースで言えば、嘱託社員のリストラ後も売上高が240万円あたりで踏みとどまれば、現状以上の利益が確保できるが（そのときの利益は24万円）、リストラによって残った社員が必要以上に動揺したり、重要なノウハウが流出するなどして売上高が180万円にまで落ちた場合、マイナス12万円の赤字に転落してしまう。

このように損益分岐点分析を行う際には、「コスト構造がどうなるのか」という点と、「実際に売上高はどのあたりに落ち着きそうか」という点を同時ににらみながら検討する必要がある。

図表2-15 コスト構造の変化（1）

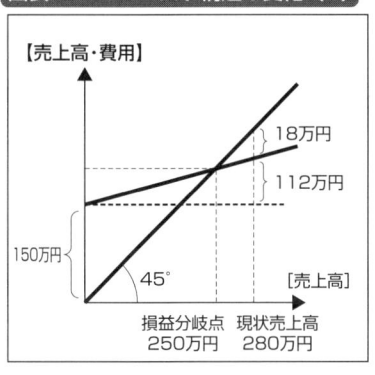

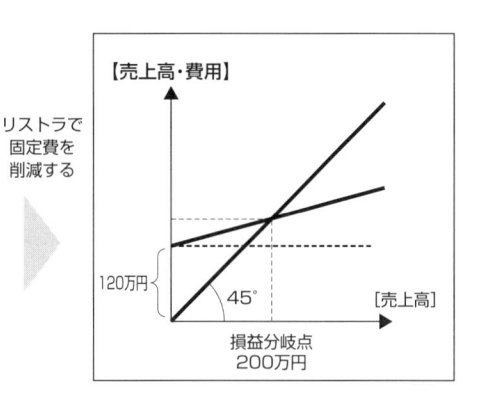

【売上高・費用】 18万円 112万円 150万円 45° [売上高] 損益分岐点250万円 現状売上高280万円

リストラで固定費を削減する

【売上高・費用】 120万円 45° [売上高] 損益分岐点200万円

別の例で考えてみよう。同じＺ社が、リストラ案は取りやめ、逆に、現在10万円の製品価格を8万円に値下げして攻勢をかけることを検討しているとする。習熟効果などはいったん捨象して考え、固定費や変動費に変化がないものとすると、今度はどのようにコスト構造が変化するだろうか。

図表2-16 コスト構造の変化（2）

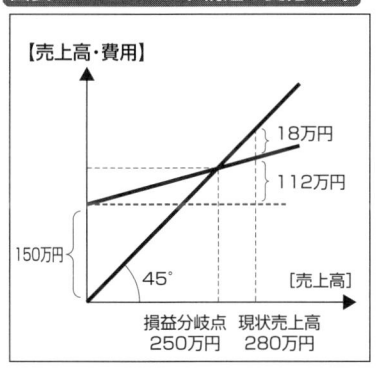

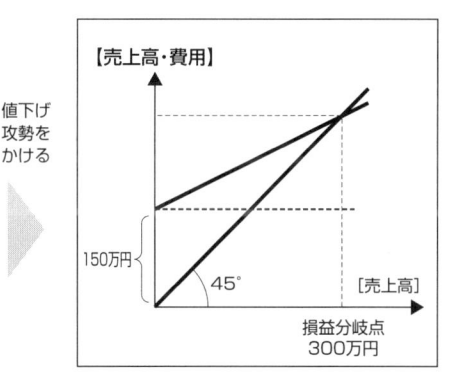

【売上高・費用】 18万円 112万円 150万円 45° [売上高] 損益分岐点250万円 現状売上高280万円

値下げ攻勢をかける

【売上高・費用】 150万円 45° [売上高] 損益分岐点300万円

図表2-16に示したように新しい構造では、限界利益率＝（8万円－4万円）÷8万円＝0.5となり、新しい損益分岐点売上高は、150万円÷0.5＝300万円（製品台数にすると37.5台）となる。現在の売上高が280万円（製品台数で28台）であるから、この価格で販売することは大いなる冒険と言える。しかし、大幅に売上台数を増やせる勝算があるならば、値下げを実行するのも1つの経営判断である。

● 複数製品を扱う場合の損益分岐点分析

　損益分岐点分析は、単一の製品やサービスを扱う企業にとってはきわめてわかりやすいツールである。しかし、複数の製品やサービスを扱う企業では、製品構成などによって損益分岐点が変わってくるため、やや注意が必要となる。

　たとえば、S社は2つの製品を扱う販売代理店だとしよう。製品Aは平均販売価格100万円で限界利益率は0.25、製品Bは平均販売価格40万円で限界利益率は0.5とする。人件費などの月次の固定費は1200万円で、両製品の製造や販売には全スタッフが関与している。1月は製品Aが20セット、製品Bが60セット売れた。2月は逆に製品Aが好調で30セット売れたのに対し、製品Bは35セットにとどまった。さて、S社の月次の損益分岐点売上高はいくらだろうか。

（1月の販売比率を前提にした場合）
　　1月の売上高＝100万円×20＋40万円×60＝4400万円
　　1月の限界利益＝100万円×20×0.25＋40万円×60×0.5＝1700万円
　　平均限界利益率＝$\dfrac{1700万円}{4400万円}$＝0.386
　　損益分岐点売上高＝$\dfrac{1200万円}{0.386}$＝3106万円

（2月の販売比率を前提にした場合）
　　2月の売上高＝100万円×30＋40万円×35＝4400万円
　　2月の限界利益＝100万円×30×0.25＋40万円×35×0.5＝1450万円
　　平均限界利益率＝$\dfrac{1450万円}{4400万円}$＝0.330
　　損益分岐点売上高＝$\dfrac{1200万円}{0.330}$＝3641万円

　この計算からも明らかなように、同じ製品を扱い、同じ額を売上げているにもかかわらず、製品の販売比率が異なると、その月の平均限界利益率は変化し、損益分岐点売上高も変わってきてしまう。複数の製品を扱う企業の限界利益率は、ある製品ミックスを前提にしている点に留意しなくてはならない。

　このことに関連して、複数の製品を扱う企業の場合、限界利益率の高い製品と、1個

当たり限界利益額の大きい製品のどちらに注力すべきかという問題がしばしば発生する。Ｓ社の例では、限界利益率は製品Ｂのほうが高く（製品Ａの0.25に対して製品Ｂは0.5）、１セット当たりの限界利益額は製品Ａのほうが大きい（製品Ａの25万円に対して製品Ｂは20万円）。あなたがＳ社の社長だとしたら、営業担当者にどちらの製品を積極的に売らせるだろうか。

この問いに対する答えは、何が制約条件となるかで変わってくる。たとえば、自社の供給力の制約で、製品Ａと製品Ｂで合計80セットまでしか販売できないのであれば、１セット当たりの限界利益額が大きい商品Ａを優先的に販売したほうが、会社の利益額は大きくなる（供給キャパシティである80セットすべてを製品Ａとすると、利益は25万円×80セット＝2000万円。これに対して、80セットすべてを製品Ｂとすると、利益は20万円×80セット＝1600万円）。

一方、自社の供給力ではなく、顧客の予算が制約条件となる場合を考えてみよう。Ｓ社の顧客であるＴ社は2000万円の予算を持っていて、この金額までなら製品ＡとＢに関係なく、Ｓ社製品を購入してくれる。その場合、Ｓ社としては、限界利益率の高い製品Ｂを優先的にＴ社に販売したほうが利益額は大きくなる（2000万円すべてを製品Ａで売上げたとき、利益は2000万円×0.25＝500万円。2000万円すべてを製品Ｂで売上げたとき、利益は2000万円×0.5＝1000万円）。

実際のビジネスシーンでは、両方の制約条件が並存するうえに、製品ライフサイクルを考慮した戦略的意図などが関連してくる場合が多い。そのため、どの要素がより強く影響するかを考慮しながら、利益の最大化を考える必要がある。

2 ● 期待値とディシジョン・ツリー

ビジネスの分析は多くの場合、過去の数値データを用いることが多い。そして、そこから得られた知見（問題を生み出す構造やトレンドなど）が将来にわたってある程度は持続するという前提で意思決定を行う。たとえば、「市場の成長率は過去5年間のＣＡＧＲ（年平均成長率）で7.5％。業界のプレーヤーを分析すると、△△の指標と収益性の間に強い相関がある」という事実があったとしよう。このことから、仮に「成長性の面から見れば、まだまだ魅力的な市場である。多少の投資をしてでも、早期に△△で圧倒的な優位に立てるような施策を打とう」というような示唆が得られたなら、「この施策を打てば、打たない場合に比べて毎年5億円は利益が増えることが見込まれる」などと検討を進めることができる。

このように、将来に向けた打ち手を考えるために、「過去に起きた事柄から未来を予

測する」というアプローチは有効ではあるが、同時に限界もある。なぜなら、未来に何が起こるかを確実に知ることはできないからだ。

● 期待値

そこで、「正確に（100％の正確さで）未来を予測できないのであれば、その不確実性を確率的にとらえて検討することで、意思決定に活かす」という考え方が必要になってくる。たとえば、2つの大型プロジェクトの営業を検討しているとする。社内リソースの関係から、両方のプロジェクトを同時に売り込むことはできない。Aプロジェクトは競合2社とのコンペが予想され、受注できた場合は50億円の売上高（費用は30億円）となり、失注した場合は何も得られない。一方、Bプロジェクトは競合はおらず、ほぼ確実に20億円の受注（費用は8億円）が見込まれる。この場合、どちらのプロジェクトの営業を推進すべきだろうか。

このままでは結論は出ないため、「期待値」の考え方を用いてみよう。期待値とは、（加重）平均でどれだけのリターンが得られるかを示す値であり、以下の式で求められる。

期待値$(E) = x_1 p_1 + x_2 p_2 + \cdots + x_n p_n$
　　ただし、　x_k：事象kが起きたときのリターン
　　　　　　　p_k：事象kの起こる確率
　（すべての事象を網羅していれば、$p_1 + p_2 + \cdots + p_n = 1$）

さまざまな情報を検討した結果、Aプロジェクトの営業を推進した場合、受注確率は約40％になるとしよう。このとき、Aプロジェクトの期待値は次のようになる。

Aプロジェクトの期待値＝（受注の場合の利益20億円×40％）
　　　　　　　　　　　＋（失注の場合の利益0円×60％）＝8億円

Bプロジェクトはほぼ確実に12億円の利益につながるから、確率論的に考えると「Bプロジェクトの営業に注力すべし」となる。

● ディシジョン・ツリー

期待値を比較して意思決定をする場合、チャートの助けを借りると非常に考えやすくなる。上記の例であれば、**図表2－17**のようにまとめてみるとわかりやすい。

図表下の樹形状のチャートをディシジョン・ツリーと呼ぶ。ディシジョン・ツリーを

第2章　数字を扱う

描くことで、全体観を持つことができ、考え漏れを排しながら、さまざまな代替案を比較検討することが可能になる。ディシジョン・ツリーは**図表2-18**に示した手順で作成していく。

図表2-17　ディシジョン・ツリー

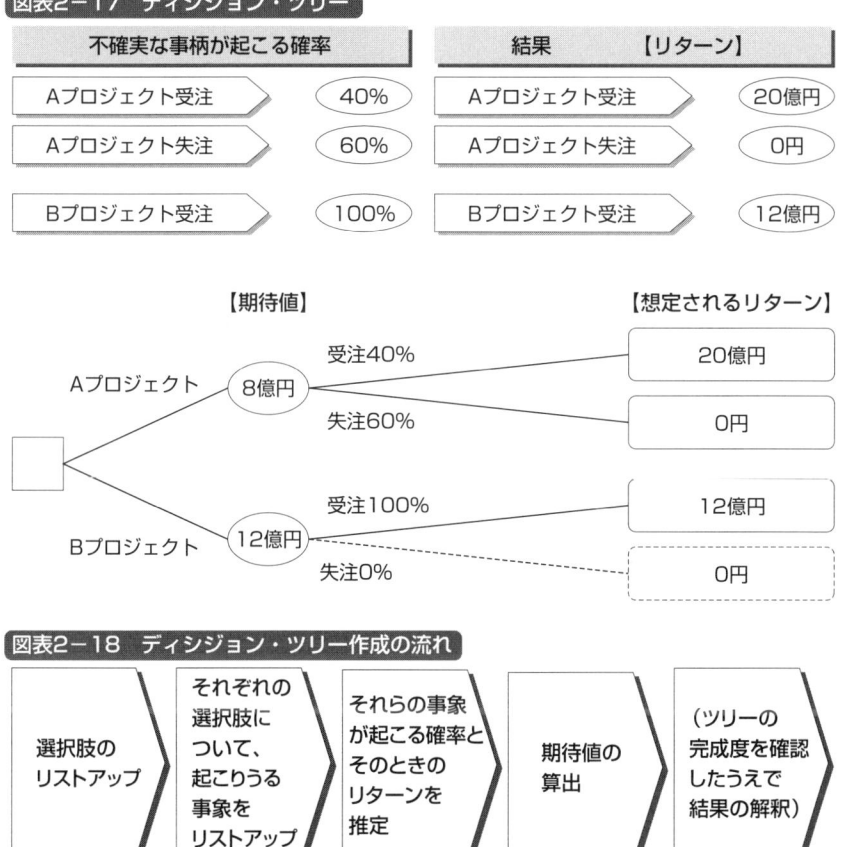

不確実な事柄が起こる確率		結果	【リターン】
Aプロジェクト受注	40%	Aプロジェクト受注	20億円
Aプロジェクト失注	60%	Aプロジェクト失注	0円
Bプロジェクト受注	100%	Bプロジェクト受注	12億円

【期待値】　　　　　　　　　　　　　　　【想定されるリターン】

- Aプロジェクト　8億円
  - 受注40% → 20億円
  - 失注60% → 0円
- Bプロジェクト　12億円
  - 受注100% → 12億円
  - 失注0% → 0円

図表2-18　ディシジョン・ツリー作成の流れ

選択肢のリストアップ → それぞれの選択肢について、起こりうる事象をリストアップ → それらの事象が起こる確率とそのときのリターンを推定 → 期待値の算出 → （ツリーの完成度を確認したうえで結果の解釈）

　まず、意思決定の主体（上記事例では自分もしくは自社と考えてよい）を確認したうえで、意思決定者にどのような選択肢（代替案）があるかをリストアップする。上記の例で言えば、「Aプロジェクトを進める」「Bプロジェクトを進める」の2つがある（「両方を進める」という選択肢はない）。
　次に、それぞれの選択肢について、「起こりうる（不確実な）事柄」をリストアップする。事例では、Aプロジェクトの営業を推進した場合には、受注と失注の2つの事象が

起こりうる。それに対し、Bプロジェクトの営業を進めた場合には、そのまま受注に結びつく。なお、この事例では事象は1段階で打ち止めになっているが、状況によっては、さらに枝を細かく分けていく必要があるケースもある（たとえば、受注についても、大型受注と中型受注に分かれる場合など）。

リストアップした事象それぞれについて、その事象が起こる確率とそのときのリターンを求める。確率は、ある選択肢内（上記ケースではAプロジェクト内とBプロジェクト内）の合計が1（100%）になることを確認する。リターンは、企業の意思決定の場合、なるべく金銭に置き換えて定量化することが望ましい。また、言うまでもないことだが、利益には利益、費用には費用など、同種のもので比較対照しなくてはならない。

実務でディシジョン・ツリーを用いるときに難しいのは、本来不確実であるリターンの額やその発生確率を定量化することである。確率分布などは、厳密さを突き詰めていくと、離散型ではなく連続分布型にしたくなる誘惑に駆られるものである（**図表2-19 離散型と連続分布型**）。ここでのポイントは、「正確さ」の追求もさることながら、主要関係者間での「納得性」を高めることにより注力すべし、ということだ。構成員の納得こそが組織の生産性を高めるからである。そのためには、担当者はその数字を出した前提を十分に説明しなくてはならない。また、変動部分を絞り切れない場合は、変動幅を「とりうる範囲」として提示し、その範囲内で感度分析（90ページ参照）を行うとよい。

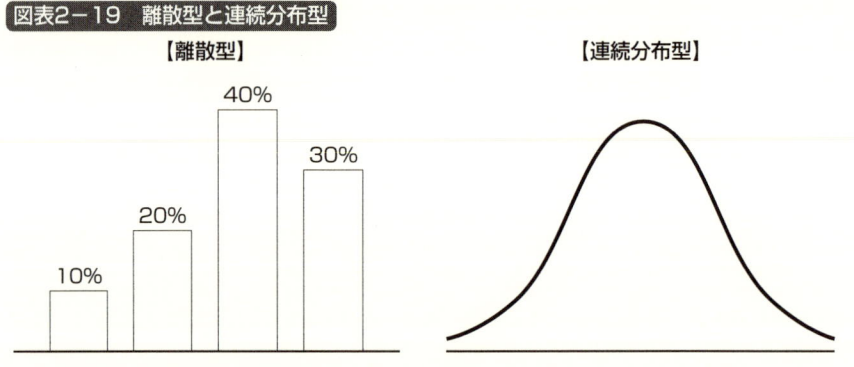

図表2-19 離散型と連続分布型

【離散型】 10%　20%　40%　30%

【連続分布型】

注：いずれもすべての事象の発生率確率の総和は1（100％）となる

その後は、期待値の計算を行い、ツリー全体に不備がないことを確認したうえで、それを解釈していく。解釈にあたっては、単に期待値が大きい選択肢を採用すればよいというものではない。たとえば図表2-17の事例では、単に期待値の大きさで選ぶならBプロジェクトを推進すべしという結論になるが、「財務上の制約からどうしても18億円の利益を捻出したい」あるいは「株主対策上、最低でも10億円の利益は死守したい」

などの制約条件が加わると、話は変わってくる。48ページ以降でも述べたことだが、期待値という加重平均値の結果だけを見て物事を判断するのではなく、諸事情を考慮に入れ全体像を眺めながら判断しなくてはならない。

◉──── ディシジョン・ツリーの応用

　先に挙げた事例は非常に単純なものであった。ディシジョン・ツリーの威力を見るために、もう少し複雑な例で考えてみよう。次の状況を想定してみる。

　健康食品を扱うエバーヘルシー社は、エジプト産のダイエット食品「スフィンクス・ダイエット」を本格的に輸入販売すべきかどうかを思案中である。この商品はヨーロッパの一部ではすでに広まっていたが、日本人のテイストに合うかどうかは微妙なところで、どの程度当たるかの予想は難しい。これまでに得られた関係者の意見を総合すると、大当たりした場合に得られるキャッシュの現在価値は3億円、そこそこヒットした場合で1億円、空振りに終わった場合で2000万円と見られている。推定では、それぞれ25％、25％、50％の確率で起こりうるという。また、いずれの場合も独占販売権取得費用、マーケティング費用などで6000万円の現金支出が必要になる。このとき、1000万円を前払いしてリサーチ会社R社に調査を依頼すると、意思決定に先立って、ほぼ100％の精度で大ヒットになるか小ヒットになるか、それとも空振りで終わるかを予想してくれるという。この調査費は情報料として妥当だろうか。ディシジョン・ツリーの考え方を使って検討してみよう。

　まず、R社の力を借りずに本格展開することを決定した場合の期待値は、**図表2-20**

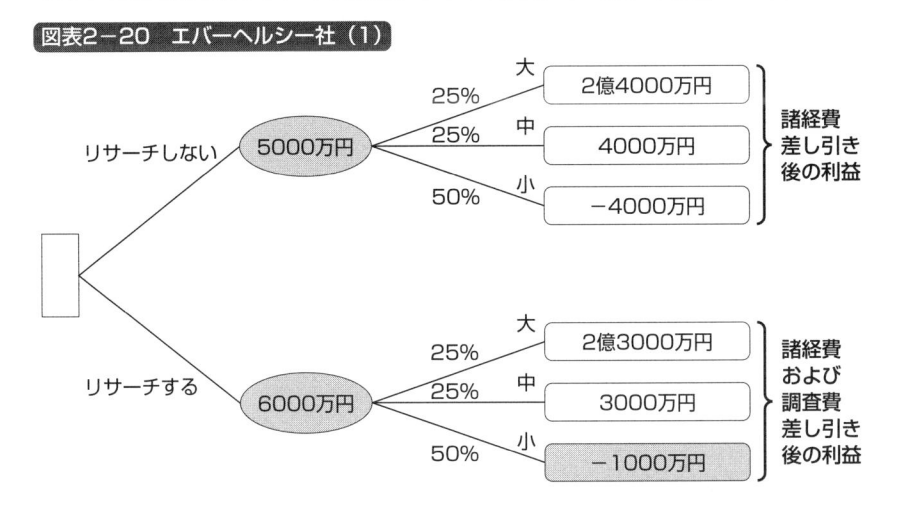

図表2-20　エバーヘルシー社（1）

リサーチしない	5000万円	大 25%	2億4000万円	諸経費差し引き後の利益
		中 25%	4000万円	
		小 50%	-4000万円	
リサーチする	6000万円	大 25%	2億3000万円	諸経費および調査費差し引き後の利益
		中 25%	3000万円	
		小 50%	-1000万円	

のディシジョン・ツリーの上半分に示したとおり、5000万円（＝2億4000万円×25％＋4000万円×25％－4000万円×50％）となる。次に、R社に調査を依頼した場合がディシジョン・ツリーの下半分に示されている。ここでのポイントは、R社の調査結果が「空振り」だった場合、その時点で「それ以上進めない」という意思決定を下せるということだ。実際に本格展開して多額の損失を出すという最悪の事態が回避できるので、情報料1000万円を支払った後でもなお期待値は6000万円（＝2億3000万円×25％＋3000万円×25％－1000万円×50％）を維持している。したがって、このケースであれば情報料1000万円は妥当と言える。

次に、新たな条件を加えて考えてみよう。先の前提では、独占販売権取得費用、マーケティング費用はすべて込みで6000万円だったが、これに加えて、独占販売権を取得した後で、マーケティングに入る前に企画を中止することも可能だとしよう。独占販売権取得にかかる費用は1000万円（マーケティング費用は残りの5000万円）で、発売を中止した場合でもペナルティなどは発生しないものとする。また、R社に依頼して調査をする場合、調査中に独占販売権を取られてしまう可能性が10％程度あるものとする。

図表2-21　エバーヘルシー社（2）

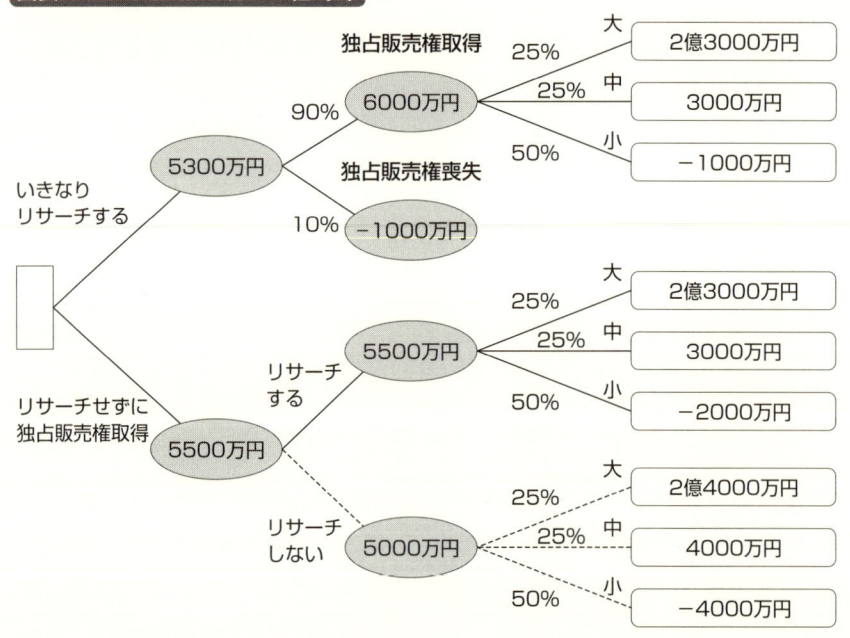

```
                                                         大
                                               25%  ┌──── 2億3000万円
                          独占販売権取得         中
                    90%    6000万円  ───25%──── 3000万円
                   ┌─────○                    小
  いきなり         │                     50%  └──── -1000万円
  リサーチする     │
          ┌──○5300万円     独占販売権喪失
          │       │
          │       │10%
          │       └────── -1000万円
          │
   □─────┤                                        大
          │                                 25%  ┌──── 2億3000万円
          │              リサーチ            中
          │              する    5500万円 ──25%── 3000万円
          │           ┌──○                    小
          │           │                   50%  └──── -2000万円
   リサーチせずに     │
   独占販売権取得     │
          └──○5500万円                         大
                      │                    25%  ┌──── 2億4000万円
                      │   リサーチ          中
                      │   しない  5000万円 ─25%─ 4000万円
                      └──○                    小
                                           50%  └──── -4000万円
```

まず、いきなりリサーチをする場合の期待値を考えてみよう（図表上部）。先とは異な

り、リサーチ中に独占販売権を取られてしまう可能性が出てきたことで、期待値が6000万円から5300万円に減少している。このことは、情報の精度を高めすぎると、スピードを殺ぎ、ビジネスチャンスの喪失につながることを暗示しているとも言えよう。とはいえ、それでもリサーチなしに突っ走る場合の期待値5000万円を超える数値なので、「まずはリサーチをすべき」という結論は妥当のように思える。

　ここで、もう1つ押さえておきたいのが、まず独占販売権だけ押さえておき、リサーチ結果を見たうえでＧＯなのかＮＯ ＧＯなのかを決めることができるという新たな選択肢が増えたことだ。この場合の期待値は、図示したように5500万円と計算される。独占販売権を押さえた後に、さらにリサーチする／しないという2つの選択肢があるが、この部分は確率の問題ではなく自分の意思決定であるから、このポイントでより期待値の高いリサーチするを選択すればよい。最終的な期待値はそれぞれ5500万円と5300万円であるから、単純に期待値だけで考えるなら、リサーチに先立って独占販売権を押さえるべしという結論になる（その場合でも、先と同様、「いかなる場合でも1500万円以下の赤字は許容できない」などの条件があれば、結論は変わってくる）。

　このケースで興味深いのは、「参加権」だけを分離して購入し、その後生み出される価値を見極めたうえで参加するか、参加権を放棄するかを意思決定できる点だ。つまり、重大な意思決定の時期を遅らせることが可能になったことで、最終的な期待値が増えているのである。実は、これは近年脚光を浴びている**「リアル・オプション」**の概念にほかならない。不確実な案件に最初から全面的にコミットせずに、状況を見ながら被害が小さい段階で参加を放棄することも可能だというオプションを持つことが、価値を高めているのだ（**コラム「リアル・オプション」**参照）。

　最後に、ディシジョン・ツリーはそれぞれの選択肢の期待値を求めて終わり、というだけのツールではないことを再確認しておこう。ディシジョン・ツリーの価値は、実は別の部分にある。第一に、将来起こりうるさまざまな状況を前もって予測し、そのインパクトを検討しておくことにより、心理的、物理的な準備ができ、素早いアクションが可能になる。第二に、ディシジョン・ツリーの完成度を高めようと関係者がディスカッションしていくなかで、彼らの間に共有の認識が生まれ、同じ前提条件で議論ができるようになる。こうしたメリットを考えると、ディシジョン・ツリーは意思決定ツールである以上に、有効なコミュニケーション・ツールだと言える。

リアル・オプション
金融工学で用いられるオプション理論、すなわち意思決定のタイミングを将来のある時点まで遅らせるという考え方は、元来、ファイナンスの世界で研究や実用化

の検討が行われてきた。その結果、金融の分野では、さまざまな金融派生商品（デリバティブ）が生み出された。近年では、この概念をプロジェクト評価に応用する試みが進められている。それがリアル・オプションである。

　リアル・オプションの原理は本文中にも示したように、不確実性のある将来において、柔軟性を持つプロジェクトや資産は、そうではないプロジェクトや資産に比べて高く評価できるというものだ。柔軟性を持つとは、ある状況が明らかになった段階で、継続か中止かなどの判断が可能な場合を言う。たとえば、新製品をいきなり大々的に市場導入する場合と、テストマーケティングの結果次第で本格的に展開するか止めるかを決めることができる場合とでは、後者のほうがプロジェクトの価値が上がる。あるいは、いきなり大規模プラントを建設する場合と、まずは土地だけ購入しておいて、経済状況を見ながらプラント建設の是非を検討する場合も、同様の結果となる。これらの分析にあたっては、ケースで示したようなディシジョン・ツリーを用いるが、プロジェクトの柔軟性を正しく見極めることが要求される。

　リアル・オプションという評価手法が生まれたことによって、それまでの正味現在価値（NPV）法では却下されたプロジェクトでも、柔軟性を持つ案件であればゴーサインが出るようになった。その一方で、勝算の小さなプロジェクトに対しても、将来の柔軟性を強引につくり出すことでプロジェクトの価値を上げ、着手したという既成事実をつくる道具になりかねない、という批判がある。そうした濫用を避けるためには、戦略と実務の両面から、その柔軟性が本当に妥当かどうかを検討する必要がある。

ゲーム理論

　意思決定に伴う不確実性は、神のみぞ知る確率の問題だけにとどまらない。これとは別に、「自分以外にも相手がおり、自分の行動によって相手がどう行動するかが変わる」という意味での不確実性も存在する。このテーマを取り扱うのがゲーム理論と呼ばれる分野だ。

　ゲーム理論では、自分だけではなく他の参加者がとりうる行動をも整理し、その時々に自分そして相手が手にする利得を予測し、そこから合理的に意思決定すべきだと考える。ゲーム理論でも、ディシジョン・ツリーを応用したツリー構造による分析を行う（ゲーム理論で扱う場合、「ゲームの木」と呼ばれる）。また、複数のプレーヤーが同時に意思決定を下す場合には、マトリクスを用いて分析することもある。興味のある方は『MBAゲーム理論』（グロービス・マネジメント・インスティテュート編、鈴木一功監修、ダイヤモンド社）などの専門書をご覧いただきたい。

3 ● リスク評価とマネジメント──感度分析、トルネードチャート、モンテカルロ・シミュレーション

第1節の統計のパートで、ある集団の特徴を見る際に、平均値に加え、バラツキを示す分散や標準偏差も見るべきだと述べた。この考え方は、将来起こりうる事象を検討する際にも必要となる。これまでは期待値という平均値を見てきたが、ここからは将来起こる事象の不確実性（バラツキ）について考えてみよう。まず、将来の不確実性である「リスク」の概念を明確にしたうえで、その不確実性がビジネス上どのようなインパクトをもたらすかを検討する手法である、感度分析、トルネードチャート、モンテカルロ・シミュレーションなどについて解説していく。

● リスク

一般にはリスクという言葉は、「消費者クレーム問題ではリスク管理に問題があった」「海外旅行の際には、人通りの少ない路地の店に入るなどのリスクを避けるように」など、「危機」とか「危険性」という意味で用いられている。これに対して、ファイナンスやミクロ経済学といった定量面に重きを置く領域では、リスクという言葉は「不確実さの度合い」という限定的な意味で用いられる。リスクの計算は、統計における分散（σ）の考え方と同じである。

$$\sigma^2 = p_1 \times (E-x_1)^2 + p_2 \times (E-x_2)^2 + \cdots + p_n \times (E-x_n)^2$$

E：期待値
x_k：事象kが起きたときのリターン
p_k：事象kの起こる確率（すべての事象を網羅していれば、$p_1 + p_2 + \cdots + p_n = 1$）

先のエバーヘルシー社のケース（図表2-20）を例にとると、次のようになる（単位は円）。

（リサーチしない場合）
$\sigma^2 = 0.25 \times (2億4000万 - 5000万)^2 + 0.25 \times (4000万 - 5000万)^2$
$\quad + 0.5 \times (-4000万 - 5000万)^2 = 1兆3100億$
$\sigma = 1億1445.5万$

（リサーチする場合）
$$\sigma^2 = 0.25 \times (2億3000万 - 6000万)^2 + 0.25 \times (3000万 - 6000万)^2 + 0.5 \times (-1000万 - 6000万)^2 = 9900億$$
$$\sigma = 9949.9万$$

この例では、リサーチすることで期待値が高まるとともに、将来の不確実性のバラツキ度合いも減少していることがわかる。

● ── リスクとリターン

先の例では、リサーチをすることによって、最終的に期待されるリターンが高まるとともに、バラツキ（リスク）も低減していた。しかし現実には、こうした一挙両得はまれであり、「高いリターンを実現しようとしたらリスクが増し、リスクを減らせば大きなリターンは期待できない」というトレードオフが成り立つケースが多い。金融商品などは、「リスクの高い資産やプロジェクトは、それに見合った高いリターンが必要である」という原則が当てはまる典型例である。たとえば、証券会社の（積極型）公社債投信は安定運用が基本のＭＭＦよりも高い利回りが設定されているし、ＭＭＦにしても、元本が一定額保証されている銀行の定期預金よりは高い利回りが設定されている。経営が不安定な銀行は、安定している銀行よりも高い金利を提示しないと預金者が集まらない。また、国情が不安な国の国債は、先進国の国債より低い利回りではだれも購入してくれない。

このことを数字で確認してみよう。たとえば、次の3つの選択肢のいずれかを選べと言われたら、あなたはどの選択肢を選ぶだろうか。なお、もらったり支払ったりする際のお金はすべて自分のものとする。

◆選択肢１
　　無条件に400万円もらえる
◆選択肢２
　　1回だけ10円玉を投げて表が出たら1000万円もらえる
　　1回だけ10円玉を投げて裏が出たら何ももらえない
◆選択肢３
　　1回だけ10円玉を投げて表が出たら2000万円もらえる
　　1回だけ10円玉を投げて裏が出たら500万円払わなくてはならない

まず、それぞれの期待値を見て見よう。選択肢1は400万円、選択肢2は500万円

（＝1000万円×0.5＋0×0.5）、選択肢3が750万円（＝2000万円×0.5＋（−500）×0.5）となる。期待値だけで判断してよいなら、選択肢3が最も魅力的な選択肢となるはずだが、筆者の経験上、この質問を問いかけて選択肢3と答える人は少ない。実際に、30代のビジネスパーソン100人の意見を聞いたところ、選択肢1を選んだ人が45人、選択肢2が53人、選択肢3が2人という結果であった。

同程度の人気を集めた選択肢1と選択肢2の比較は、「人々は『確実さ』に100万円とほぼ同等の価値を見出した」あるいは「人々は『不確実なもの』にそれに見合うリターンを要求した」ということを示している。選択肢2と選択肢3の比較からは、「マイナスサイド（ダウンサイド）の不確実性が大きい場合には、人はさらに大きなプレミアムが見込めないと割が合わないと考える」と言えそうだ。つまり、持ち出しの可能性が大きくなるほど、それに見合うプレミアムを求める傾向があるのだ。

ここで質問を変えて、先の選択肢の数字をすべて10倍にした場合を考えてみよう。同じように3つの中から選ぶ場合、あなたが選んだ選択肢は、先の答えと同じになっただろうか。

◆選択肢1
　　無条件に4000万円もらえる
◆選択肢2
　　1回だけ10円玉を投げて表が出たら1億円もらえる
　　1回だけ10円玉を投げて裏が出たら何ももらえない
◆選択肢3
　　1回だけ10円玉を投げて表が出たら2億円もらえる
　　1回だけ10円玉を投げて裏が出たら5000万円払わなくてはならない

おそらく、先ほど選択肢3を選んだ人は選択肢2もしくは選択肢1を、先ほど選択肢2を選んだ人は選択肢1にした人が多いのではないだろうか。金額が大きくなるほど、人は確実さを求める傾向があるからだ。

もちろん、これらの簡単な実験だけで結論づけることはできないが、特殊な条件や制約がない限り、多くのケースでこれまで見てきた原則が当てはまる。それが、将来の不確実性を考える際においても、平均値だけではなく、バラツキを考慮しなくてはならない理由だ。なお、上記の質問において、ゲームを1回限りではなく何回も繰り返せることにしたり、扱うお金が第三者のものであったりすると、リスクの高さが変化するので、人の行動パターンは変わってくる。

> **日本ではなぜベンチャーを志す優秀な人材が少ないのか**
>
> 　わが国では伝統的に、若くて優秀な人材は大企業や官庁に入りたがる傾向があり、ベンチャー・ビジネスを志す人は少ない。だからといって、日本にはリスク回避の人が多いという結論を導くのは早計であろう。なぜなら、日本におけるベンチャー・ビジネスはリスク（将来の不確実性）、とくにダウンサイドのリスクが大きい一方で、必ずしもリターンが大きくなるとは限らないからだ。つまり、ハイリスク・ローリターンになりうるベンチャーを避けるのは、きわめて合理的な判断だとも言える。
>
> 　日本における起業リスクの高さは、アメリカと比較してみると顕著である。まず、日本では起業しようにも、ハイリスクを取ろうとする資金提供者がいない。そのため、やむをえず銀行からお金を借りることになるが、銀行融資を得るには起業家自身の個人保証が必要で、一度失敗すると取り返しがつかなくなってしまう。
>
> 　こうした現状に対して、1つの解決策は、銀行に頼らずにハイリスク・ハイリターンを志向するお金が集まり、起業家に効果的に配分される仕組みをつくることである。そのためには、リスクとリターンの関係を正しく認識した投資家と、集めた資金を効果的に投資できるベンチャー・キャピタルがもっと増えなくてはならない。加えて、自分の意思決定の結果に対しては自分で責任を負うという、「自己責任」のメンタリティを社会全体が持つこと、そして自己責任の前提条件となる情報開示を推進することが必要であろう。

● 感度分析

　感度分析とは、ある計画や予想を立てる際に、ある要素（変数・パラメータ）が現状あるいは予測値から変動したとき、最終的な利益やキャッシュフローなどにどの程度の影響を与えるかを見て、その計画やモデルの安定性や危険度、柔軟性、さらには改善の方向性などを探るために用いられる手法である。予測損益計算書や予測キャッシュフロー表を作成するときなどに、感度分析を行うことが多い。

　図表2−22は、海外と取引をしているある会社において、為替の変動によって最終利益額がどれだけ変わるかをシミュレーションし、グラフ化したものだ。これを見ると、わずか数円の円高で、利益が消え去ってしまうことがわかる。

　実務で伝統的に行われているのは、ある変数を基準値（現在値、あるいは計画値など）から上下に20％ずつ変動させたときに、最終結果がどうなるかを見る方法だ。20％という数字にどこまで根拠があるか定かではないが、「予測した数字から上下20％以上外れることはそれほどない」との経験則から導かれたものだろう。

図表2-22　感度分析：為替変動と最終利益

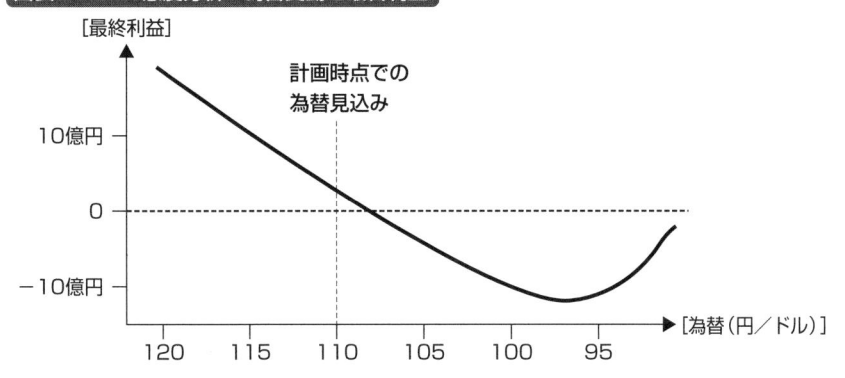

[最終利益]

計画時点での為替見込み

10億円

0

-10億円

120　115　110　105　100　95　[為替(円／ドル)]

　先に説明した損益分岐点分析のモデルで考えてみよう。ここでもまた74ページのZ社の数字（現在の売上高：280万円、固定費：150万円、変動費率：0.4、利益：18万円。それぞれ数字は月次ベース）をもとに議論を進める。ここで変数と考えられるのは、「売上高」「固定費」「変動費率」の3つである。言い換えれば、この3つが確定すれば最終的な利益が自動的に決まる。なお、変動費は売上高×変動費率で決まるので、ここでは変動費ではなく変動費率を変数と考える。このケースにおいて、売上高、変動費率、固定費の3つの要素が基準値（このケースでは現在値）より上下に20％ずれた場合の結果は以下のとおりである。

（固定費、変動費率が一定という前提で）
　売上高：224万円～336万円　→　利益：-15.6万円～51.6万円

（売上高、変動費率が一定という前提で）
　固定費：120万円～180万円　→　利益：-12万円～48万円

（売上高、固定費が一定という前提で）
　変動費率：0.32～0.48　→　利益：-4.4万円～40.4万円

　この結果から、売上高の変動が利益に最も大きな影響を与えることがわかる。そして、「利益を安定させるためには、まず売上げの安定が必須だ。固定的な顧客をもっと増やす必要がある……」などの解釈ができるだろう。

この結果を図示したのが**図表2-23**である。図表があたかも蜘蛛の巣のような形状をしていることから「**スパイダーチャート**」と呼ばれる。グラフに表すことで、各変数の変動具合が一目で把握できるようになる。実際に、この図表からも、売上高が利益に与えるインパクトが最も大きいことが読み取れる。

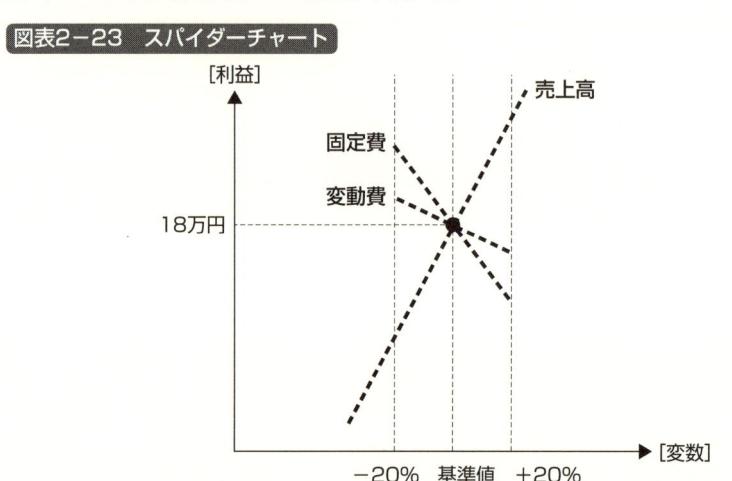

図表2-23　スパイダーチャート

[利益]／売上高／固定費／変動費／18万円／−20%　基準値　+20%／[変数]

　上記では、他の変数は一定という前提を置いたが、このときによく質問されるのは、「同時に2つの変数が動いた場合のインパクトを見る必要はないのか」ということだ。もちろん目的によって変わってくるが、通常はそこまで精緻分析をする必要はない、というのが回答である。すべての変数が最悪となった場合のワーストケースと、すべての変数が最高になった場合のベストケースを見ておけば十分だろう。

　また、各変数について一律20%の上下幅をとることの妥当性に対して疑問を抱く人も多いようである。たとえば、上記ケースであれば、売上高という変数が20%変わることは現実に起こりうるが、自社でコントロールしやすい固定費や変動費率が上下20%も変化することは考えにくいという意見があるだろう。これはもっともな指摘であり、従来型の感度分析の弱点でもある。その指摘を踏まえて開発されたツールが、次に解説するトルネードチャートである。

●────**感度分析：トルネードチャート**

　トルネードチャートとは、伝統的な感度分析の弱点を補うべく、それぞれの変数について、上下それぞれ確率10%のレアケースを除く範囲（言い換えれば、80%の確度で起こりうる範囲内：**図表2-24**参照）で感度を見ようというものだ。変数ごとに上限と下限

の範囲も変わってくるので、どの変数も一律に基準値から上下に20％という設定をする場合とは違って、それぞれの基準値からの距離が必ずしも同じになるとは限らない。

図表2-24　変数のとりうる値

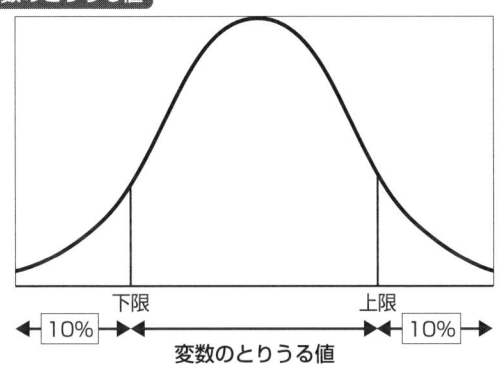

Z社の例では、以下のような分析結果となる。

（固定費、変動費率が一定という前提で）
　　売上高：200万円～320万円　　→　　利益：-30万円～42万円

（売上高、変動費率が一定という前提で）
　　固定費：145万円～155万円　　→　　利益：13万円～23万円

（売上高、固定費が一定という前提で）
　　変動費率：0.38～0.44　　→　　利益：6.8万円～23.6万円

ここでは売上高の範囲を「200万円～320万円」としているが、これはさまざまな事情を勘案したうえで、売上高が200万円を割る可能性は10回に1回しかない、逆に320万円を超えることも10回に1回しかない、という前提を置いたことを意味する。こうした前提は、とくに大きな意思決定につながるケースほど、関係者の納得が得られるものにしなくてはならない。

この分析から得られる解釈は、先ほどと同様、「売上高のブレが最も利益に影響を与えるから、売上高の確保に注力すべき。したがって……」というものだが、より現実に即しながらそれぞれの変数の変動によるインパクトを知ることができる。

図表2-25は、インパクトが大きい変数から順に並べたもので、形が竜巻に似ている

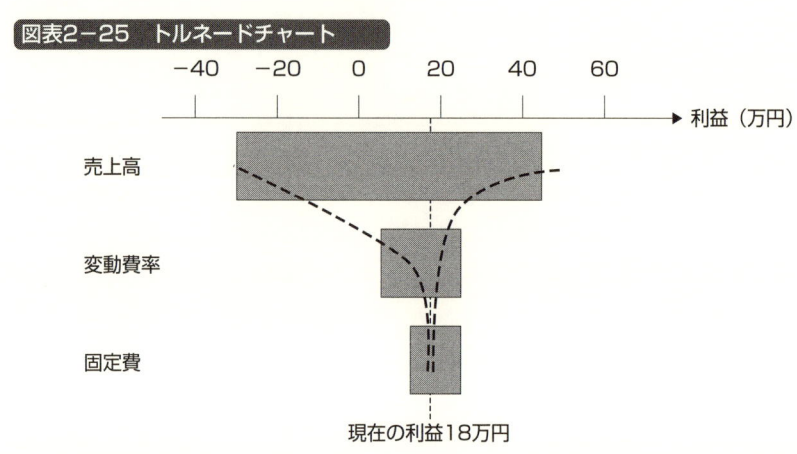

ことから、「トルネードチャート」と呼ばれる。

図表2-25　トルネードチャート

```
            -40   -20    0    20    40    60
             |_____|_____|_____|_____|_____|_____▶ 利益（万円）

    売上高   [━━━━━━━━━━━━━━━━━━━━━━━]

   変動費率         [━━━━━━━━━━]

    固定費              [━━━━━]

                    現在の利益18万円
```

　この事例では変数は3つしかないが、必要に応じて変数を増やしていくことも可能だ。たとえば、売上高を「法人売上高」と「個人売上高」に分け、変動費率を「原材料費率」と「原材料費以外の変動費率」に分けると、5つの変数でトルネードチャートを描くことになる。

　ただし、変数が多いほど正しい結果が得られるというものでもない。シミュレーション結果からビジネスに役立つ示唆を得るためには、変数は多くても10個程度に抑えたほうがよいだろう。変数を設定する際のポイントは、事業の実態を踏まえ、打ち手につながる変数を選ぶことだ。たとえば、小売チェーンであれば、「売上げ」を「店舗数」×「平均坪数」×「坪当たり売上高」というようにもう少し細かく分割していけばよい。

● ──── **応用：コントロールのしやすさ**

　感度分析の結果を用いてビジネス上の打ち手を検討するときに、注意しなくてはならないのは、自社でコントロールしやすい変数とコントロールしにくい変数があることだ。たとえば、消費財メーカーP社の利益は、「新商品数」「競合数」「原材料費」「代理店数」「為替」という5つの変数によって大きく左右される。P社が現状のまま業務を続けた場合、来年度の利益は**図表2-26**の範囲でバラツキが出ることが見込まれている。さて、この結果をどのように解釈し、アクションにつなげればよいだろうか。

　この場合、チャートに示される振れ幅だけでなく、5つの変数の「コントロールのしやすさ」も考慮したほうがよい。「自社がコントロールしやすい」という観点で順に並

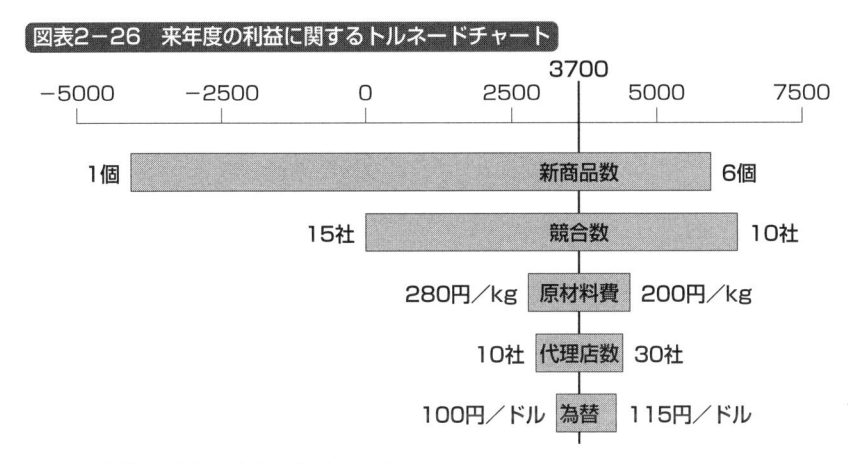

図表2-26 来年度の利益に関するトルネードチャート

```
        -5000    -2500      0     2500   3700  5000    7500
                                          │
        1個 ┌──────────────新商品数──────────┐ 6個
                15社 ┌────────競合数────────┐ 10社
                      280円/kg  原材料費  200円/kg
                           10社  代理店数  30社
                              100円/ドル  為替  115円/ドル
```

べると、おそらく次のようになるだろう。

　　　新商品数　→　代理店数　→　原材料費／競合数　→　為替

　まず、明らかにコントロールしにくい変数は「為替」だ。よほどの大企業であっても、為替に直接的な影響を与えることはできない。したがって、為替はこの振れ幅で動くことを前提にして、先物契約や為替オプションを利用するなどしてリスク回避の方法を考えることになる。このケースでは、為替の影響は5つの変数の中でも最も小さいため、経営者は自分で頭を悩ませる必要はなく、財務担当者に任せてもかまわないだろう。

　「原材料費」「競合数」については、コントロールできる場合もある。原材料を「値上げする／しない」あるいはその事業に「参入する／とどまる／撤退する」ということを最終的に決めるのは、サプライヤーや競合など第三者だが、自社の働きかけによって意思決定の内容に影響を及ぼしうる場合も多いからだ。たとえば、このケースで利益への影響が2番目に大きい競合数を減らすには、どのような働きかけが可能だろうか。たとえば、参入障壁を築く、提携する、業界への参入を思いとどまらせるようなアナウンスを行う、などの施策が考えられるだろう。

　利益への影響度が大きく、自社でコントロールしやすい「新商品数」に関しては、全精力を傾けて、ダウンサイドの振れ幅を減らす施策を講じるべきであろう。とくに、構造的な問題がないかどうかをチェックしてみることが必要だ。たとえば、新商品を出せない原因として、市場導入直前に行われるテストをパスしない商品が多いのであれば、

もっと前の段階で振り落とせるようスクリーニング方法の変更を検討しなくてはならない。また、商品開発のチームリーダーのプロジェクト管理能力が低いのであれば、プロジェクト管理のトレーニングを実行するとともに、期限厳守に関してボーナスあるいはペナルティをつけるという手が考えられよう。

　感度分析を行う際に注意しなくてはならないのは、「モデル自体の精緻さを追求することが目的ではない」ということだ。分析モデルが精緻であるほど、そこから得られる「本質に関する洞察」も深くなるとは限らない。損益分岐点分析モデルなどはきわめて乱暴な前提の置き方をしているが、それでも適切に用いれば、そこから得られる示唆や（シンプルであるがゆえの）説得力は大きい。分析モデルは必要最低限のシンプルなものとし、むしろ前提の確認や解釈に時間を使ったほうがよい。

他人にリスクを取らせる方法

　固定費と変動費という概念は通常、それぞれ「売上高に関係なく一定額生じる費用」「売上高に比例して生じる費用」と説明される。こうした会計学的な表現のほかに、企業戦略の観点から表現することもできる。たとえば、固定費を「会社がリスクを取る費用」、変動費を「従業員や仕入先がリスクを取る費用」と見る場合がそうである。

　先のＺ社の事例で考えてみよう。現状の「売上高：280万円、固定費：150万円、変動費率：40％」の状態で、従業員との雇用契約を「基本給は低く抑える代わりに、売上高に連動した歩合給を支払う」という条件に変更した結果、「売上高：280万円、固定費：80万円、変動費率：65％」というコスト構造になったとしよう。いずれの場合も、売上高が280万円のときに、固定費＋変動費は262万円で一致している。また、固定費、変動費率は一定であり、売上高は200万円～320万円の範囲で振れる可能性があるものとする。先のケースでは、このとき利益はマイナス30万円～42万円の範囲で振れた。コスト構造を変えることで、同じ売上高の振れ幅を前提とすると、利益はマイナス10万円～32万円の範囲となる。つまり、固定費を変動費化して、コストにおける変動費の比率を高めることにより、会社は売上高が利益に与える影響を低下させているのである。その結果、「好調時の儲けは少なくなるものの、調子が悪いときでもそれほど大きなダメージは受けない」という構造になっている。逆に、従業員の立場から見れば、収入が売上高に連動するようになったことで、固定給のときに比べてリスクが増したと言える。

● ── モンテカルロ・シミュレーション

　不確実な要素やリスクを検討するために、これまでの分析手法では、上限（最善のケース）と下限（最悪のケース）に焦点を当ててきた。マネジャーが通常の意思決定に用いるのであれば、ほとんどの場合こうした分析で事足りるが、数百億円が動くプロジェクトなどでは、もう少し精緻な分析が求められることもあるだろう。それも、本人が意思決定に使うというよりはむしろ、関係者に安心感を与えたり、意識共有を図ることが目的だという場合が多いだろう。

　それに応える1つの手法が、専用プログラムを用いるモンテカルロ・シミュレーションだ（エクセルのマクロ機能でも対応可能である）。このモデルは不確実な変数に、指定された範囲内で乱数を発生させて、繰り返しシミュレーションを行う。そして、その結果を度数分布表で図示すれば、将来起こりうる結果の範囲と確率分布が把握できる。シミュレーションで用いる乱数については、指定範囲内で一律に発生させるやり方や、標準正規分布をとるように発生させるやり方などがある。シミュレーションを繰り返しながら結果の値を見ていくことで、複雑な計算をすることなく、おおよその傾向値をつかむことができる。

図表2-27　モンテカルロ・シュミレーションの結果

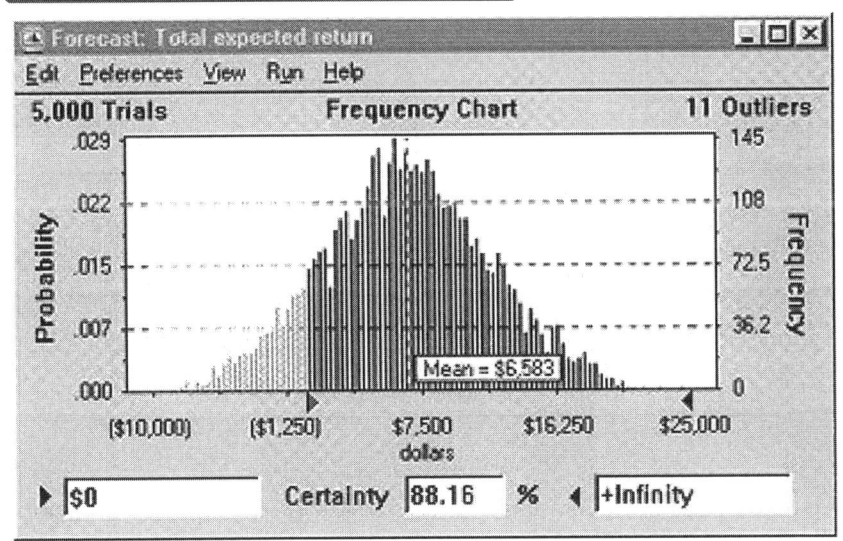

出典：構造計画研究所のホームページより

モンテカルロ・シミュレーションは、ビジネス分野での応用もさることながら、自然科学分野や社会工学の分野での応用が進んでいる。たとえば、建築物の必要強度を算出したり、公共施設の利用度合いを検討する際などにも、モンテカルロ・シミュレーションが用いられる。

（注）「モンテカルロ」という名称は、モナコ公国の有名なカジノ名からきている。もともと確率論の研究は、ある法則に基づきランダムに事象が発生するギャンブルでどうすれば勝てるかを題材に発達してきたという歴史を持つ。それゆえ、モデルの名称などにもその名残が見られるのである。

4● パレート分析

定量分析の主目的の1つは「物事を重要なものから処理する」あるいは「改善感度の大きいものから解決する」ための情報や知見を提供することだが、それに適した手法にパレート分析がある（かつてはＡＢＣ分析と呼ばれるのが一般的であったが、近年ではコスト分析手法としてABC分析〈Activity Based Costing：活動基準原価計算〉が登場したため、それと明確に区別するためにここではパレート分析と呼ぶ）。

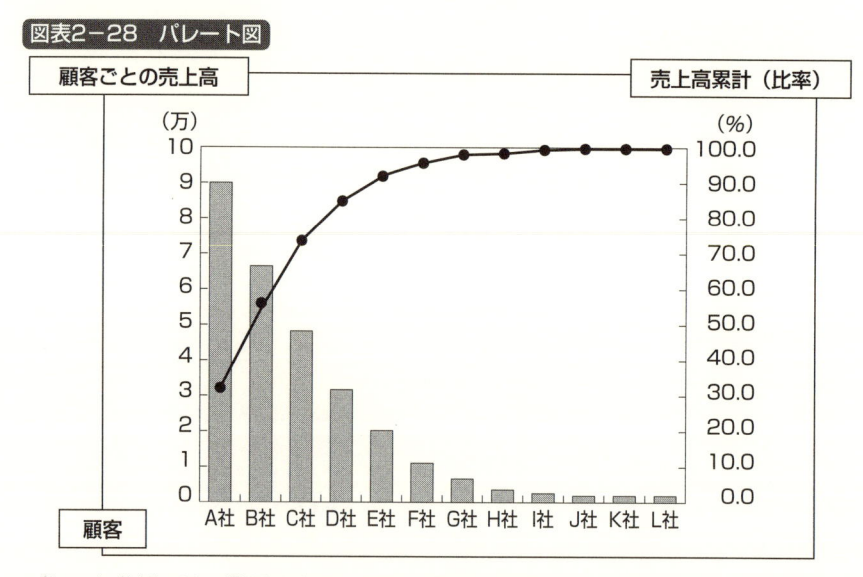

図表2-28　パレート図

パレート分析では、数量の大きい項目・要素から順に並べ、累計も合わせて示す。各項目の順番だけでなく、累計も示されるので、全体における重要性を知ることができ、アクションプランを検討するときに役立つ（**図表2-28**を参照）。「顧客の上位20%で売

上高の80％を占めている」「営業担当者の上位30％で70％の粗利を稼いでいる」などのように、「20-80」のルール（あるいは「30-70」のルール）が読み取れるケースも多い。図表2-28の場合も、A社、B社、C社の3社で全売上高の70％を占めている。仮に、売上高の大小とは関係なく顧客管理コストがどの顧客も同程度発生し、なおかつ経営上無視できない金額であった場合、思い切って顧客数を半分程度に削減し、優良顧客に資源を集中することを考えてもよいだろう。

　パレート図は有益な情報を提供するが、それだけで意思決定を下すことは危険である。あくまでも他の定量データや定性情報、あるいは戦略的な意味合いを考えて、アクションにつなげていく必要がある。たとえば、すし屋でネタごとに粗利を測定してパレート分析を行うと、多くの店で大トロはかなり右の位置づけ、つまり全体の利益にあまり貢献していないネタということになる。顧客にとっても値段が高いが、それ以上に仕入原価が突出して高くなりがちだからである（大トロを原価以下で出している店も多い）。しかし、だからといって大トロを使わなければよいとはならない。大トロはすし屋にとって客寄せの「アドバルーン」であり、大トロを仕入れているからこそ、中トロやトロを好条件で仕入れられるという場合もある。また、大トロを扱わないすし屋は客から格下の店と見られる危険性もあるだろう。したがって、さまざまな条件を総合的に考えながら、最終的な意思決定に結びつけていかなくてはならない。

第2部
指標編

第3章 ● ビジネスを見る指標
意思決定と組織コントロールの質を高める

●

　厳しい経営環境下にあっては、意思決定のわずかなミス、行動の重複や遅れが致命傷になりかねない。その中で企業が収益を上げつつ成長するためには、第一に、自社の置かれている経営環境やそこでとるべき戦略について、定量的な分析・比較やシミュレーションを行い、その結果に基づいて進むべき方向や実施すべき施策の選択肢を絞り込み、できるだけ成功の確率が高そうなものを選ばなくてはならない。そして第二に、従業員の行動を企業目的や戦略に合致させなくてはならない。言い換えれば、自社の戦略目標を具体的な課題に落とし込み、それが達成されるように「コントロール」（統制）することが不可欠である。

　本章では、こうした考えに基づき、マーケティングや研究開発、人的資源管理など、企業のさまざまな機能・活動について、効果的な意思決定やコントロールに役立つ指標を紹介する。

■意思決定に用いる指標

　事業運営の仕方やビジネスモデルを設計・変更する際の戦略変数として、指標を活用することができる。たとえば、売上高広告費比率、リードタイムなどがそうである。これらは、自社の戦略に沿った形で設定することもできるし（例：わが社は今年、戦略的な新商品を出すから、売上高広告費比率を最大15％まで引き上げよう）、競争相手と比較することで彼らの意図や戦略を知り、自社が追求すべき独自性を特定するためにも使える（例：競合会社の設定している標準納期は3営業日だ。わが社はこれを1営業日にまで短縮することで差別化を図ろう）。

■コントロールに用いる指標

　これらの指標は、マネジャーが戦略目標に即して事業を運営する際のＫＰＩ（Key

Parameter Index もしくは Key Performance Indicator) として用いることもできる。KPIとは、端的に言えば、企業やマネジャーの成績である。売上高や利益以外にも、顧客満足度や従業員離職率などさまざまなものが該当する。企業は事業特性を踏まえて適切なKPIとその数値目標を定め、それに対する実績をタイムリーに測ることで、アクションプランの修正を行っていく。また、KPIに基づいて人材評価・指導・報償を行うことで、組織の構成員が正しい方向に動機づけられる。これは、「人は測定されるものを気にする。とくに、人事考課に直接結びつくものを非常に気にする(逆に言えば、測定もされず、人事考課にも影響しないことには注意を払わない)」という原則に基づく。したがって、KPIとしての指標の選定には、きわめて高度な経営判断が求められる。

　KPIを有効活用することで、組織の隅々にまで経営の意思や企業内の価値観、プライオリティを徹底させることも可能である。組織の規模が大きくなると、経営トップの目が届きにくくなるが、KPIを提示することによって、「当社ではこれを重視する」というメッセージを従業員に対して発することにもなるからだ。なお、全社的かつ財務的なKPI(ROAなど)については、第5章で説明する。

　どの指標が意思決定に有用で、コントロールに役立つかということは、自社の事業特性やマネジメントスタイルによって大きく異なる。自社のビジネス環境に照らし合わせて、どのような指標をどう組み合わせて使うと効果的かを考えていただきたい。

1. マーケティング・販売管理

市場シェア

- **……定義**
  市場シェア(%) = $\dfrac{\text{自社の販売金額（数量）}}{\text{市場全体の販売金額（数量）}} \times 100$

- **……何がわかるか**
  その市場の競争環境と、自社や自社商品の相対的な地位および競争力

　市場シェアは、自社や自社商品（製品およびサービス）が競合のそれと比べて、どの程度顧客に受け入れられているかを表す指標である。販売または出荷された金額・個数・顧客数などを用いて算出する。この指標を分析する場合、把握したい情報や活用目的、自社の商品ラインナップなどに応じて、どこまでを市場範囲とするかを考える必要がある。通常は、企業、ブランド、個別の商品などで市場を定義することが多い。どの企業を競合とするかによっても分析内容や得られる示唆が異なってくるので、競合を的確に定義することも重要だ。

　市場シェアが高ければ、市場における自社・自社ブランドの地位が相対的に高いと言える。地位の高さは流通に対する信頼を生み、自社商品を優先的に取り扱うこと、店頭での占有率や露出を増やすことなどが容易になる。また、新規取引先との契約が結びやすくなることもある。

　市場シェアをつかむことにより、販売実績だけではとらえきれない、自社の実力やパフォーマンスを明確にすることができる。たとえば、販売実績が目標を上回ったとしても、市場全体の成長率以上に自社の販売が伸びていなければ、他社との競争に負けていることになる。また、市場シェアを中長期的に把握することで、過去のマーケティング活動（新商品の導入、既存商品の強化、広告宣伝、店頭プロモーションなどの活動）を評価したり、今後の戦略策定の参考にすることができる。たとえば、ここ数年シェアの低下が続いている場合、過去にさかのぼってシェアの推移を調査し、衰退の兆しが表れた時期と、そのときに行っていたマーケティング活動の問題点を明らかにすることで、今後の改善に役立てることができる。また、同時期にシェアが伸びた競合企業のマーケティング活動を分析すれば、自社の戦略のヒントが得られることもある。

　市場シェアを高めるには、大きく2つの方向性で考えるとよい。①顧客カバレッジの向上（多くの顧客に購入してもらうこと）と、②顧客内シェアの向上（各顧客の購買量や購買頻度を増やすこと：詳細は107ページ参照）である。どちらの方向性をとるべきかの判断は、商品特性や商品の浸透状況などによって異なる。通常は、新商品の課題は顧客カバレッジの向上であり、長期間販売しているロングライフ商品の課題は顧客内シェアの向上である。シェアを高めるために利益を犠牲にして、多額の広告宣伝費や販売促進費

などを投下すれば、中長期的に経営に悪影響を与えかねないので、利益管理などとのバランスを考えながら施策を講じなくてはならない。

- ●……データの入手先
  日経流通新聞（MJ）、日本経済新聞、各業界団体の出荷統計など。
- ●……代表的な数値
  市場ごとに、プレーヤーの構成やシェアの比率などが大きく異なる。

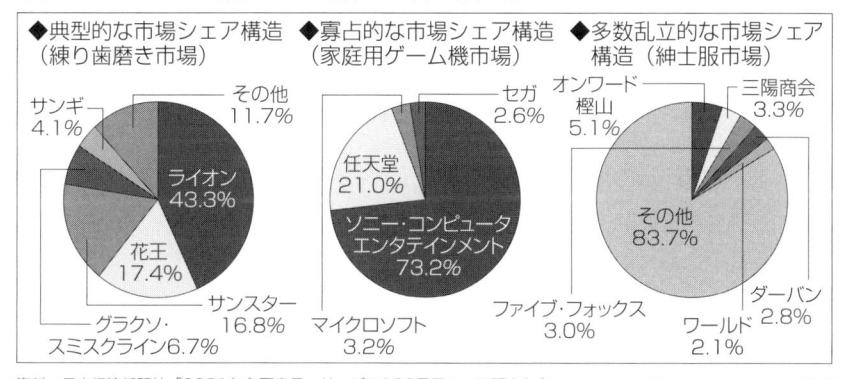

◆典型的な市場シェア構造（練り歯磨き市場）
- サンギ 4.1%
- その他 11.7%
- ライオン 43.3%
- 花王 17.4%
- サンスター 16.8%
- グラクソ・スミスクライン 6.7%

◆寡占的な市場シェア構造（家庭用ゲーム機市場）
- セガ 2.6%
- 任天堂 21.0%
- ソニー・コンピュータエンタテインメント 73.2%
- マイクロソフト 3.2%

◆多数乱立的な市場シェア構造（紳士服市場）
- オンワード樫山 5.1%
- 三陽商会 3.3%
- その他 83.7%
- ダーバン 2.8%
- ワールド 2.1%
- ファイブ・フォックス 3.0%

資料：日本経済新聞社「2001年主要商品・サービス100品目シェア調査」（http://www.nikkei.co.jp/report/100hinmoku1.html）のデータをもとに作成

1. マーケティング・販売管理

顧客満足度

- ……**定義**
  企業が提供した商品に対する、それを購入した顧客の満足の度合い

- ……**何がわかるか**
  どれだけ顧客のニーズを充たす商品を提供できているか。商品の内容や現状のマーケティング施策などの改善案の検討、販売不振の原因発見などに役立つ

　顧客満足度は、顧客がどの程度自社の商品に対して満足しているかを見るための指標である。数値が高いほど満足している顧客が多いことを意味するので、企業にとって望ましい状態と言える。満足度の高い顧客は、クチコミで新規顧客の獲得に貢献する可能性がある。一般に、成熟市場では新規顧客の獲得が難しく、企業の売上げや利益を確保するには、既存顧客を維持しつつ、反復購買を促すことが重要になる。そうした環境下でビジネスを行う経営者は、とくにこの指標に注意したほうがよい。

　顧客満足度を商品間で比較することにより、数値の高い商品のマーケティング手法を参考にして、数値の低い商品の対策に役立てることができる。また、時系列に見ていくことにより、商品の鮮度を把握することができる。たとえば、ある商品の顧客満足度が低下傾向にある場合、活性化策を検討しなくてはならない時期であることがわかる。

　この指標の数値が低い場合は、顧客が満足していない理由を分析したうえで、商品内容の改善、マーケティング施策の変更、ターゲット顧客の見直しなどを行う必要がある。その際には、事前に商品ごとに達成すべき顧客満足度の目標値を決めておき、改善や変更が本当に顧客満足に結びついたかどうかを検証するとよい。また、顧客相談窓口に寄せられるクレームなどに耳を傾けることも、顧客の不満を理解するのに役立つ。

　一定期間に商品を購入した顧客のうち、次の期間にも同じものを購入した人数の割合を示す「**顧客維持率**」も、顧客の満足度合いを知るうえで参考になる。顧客維持率は社内の顧客データベースが整備されていれば比較的簡単に入手できるので、顧客満足度と併せてウォッチするとよい。とくに注意が必要なのは、顧客維持率が高くても、顧客満足度が低いケースである。たとえば、自社の商品以外に市場に選択肢が少なかったり、他社商品に切り替えると不都合が生じるような場合、実際には顧客は不満を抱いていても、その商品の購入や利用を続ける可能性がある。そのため、顧客維持率だけでなく、満足度調査も定期的に行ったほうがよい。

- ……**データの入手先**
  一般消費者向け商品などの顧客満足度調査は通常、ランダムサンプリングした1000人程度の顧客に質問票を送付する形で実施される。他社商品の顧客満足度は、自社商品の満足度調査のときに同時に顧客に質問することにより入手できる。顧客維持率は内部情報なので、他社データの入手は難しい。

1. マーケティング・販売管理

顧客内シェア

● ……定義

$$顧客内シェア(\%) = \frac{(特定顧客の)自社商品の購入金額(数量)}{(特定顧客の)同一商品群の購入金額(数量)} \times 100$$

● ……何がわかるか
　競合商品と比べて、自社商品がターゲット顧客にどの程度浸透しているか

　顧客内シェアは、1人の顧客が購入した特定の商品群の購入金額（数量）に対して、自社商品の購入金額（数量）がどの程度の割合を占めているかを示した指標である。市場シェアとは違って、市場全体に占める割合ではなく、個々の顧客に占める割合を見ることから、自社や自社商品に対するロイヤルティを測る指標となる。一般に、顧客内シェアが高いほど、その顧客の自社商品へのロイヤルティが高いことを意味し、企業にとっては好ましい状態と言える。

　この指標の調査は通常、市場導入されてから一定期間（通常は約1年）が経過した商品を対象とすることが多い。ある程度市場に浸透している商品のシェアをさらに高めたいときには、顧客数の増大か、各顧客の購入規模の拡大のいずれかが必要になるが、顧客内シェアは後者の可能性を探るうえで有効であるからだ。つまり、ロイヤルティが高ければ、その商品の使用量や購入量が増える可能性が高くなる。

　顧客内シェアを高めるためには、品質を維持しながら、商品コンセプトや基本機能を向上させることにより、魅力的な商品を提供することが大前提となる。加えて、顧客の記憶に残るような広告戦略や、流通段階でのセールス・プロモーション活動に取り組みながら、顧客と緊密な関係を築いていく必要がある。

　この指標は単独で用いるよりも、市場シェアと併せて分析するほうがより多くの示唆を得られる。たとえば、競合と比べて市場シェアが同レベルで、主要顧客（とくに、先進的ユーザーや**オピニオン・リーダー**）の顧客内シェアが低いときは、市場シェア低下の危険信号としてとらえるべきだろう。顧客は自社商品に魅力を感じていないので、競合商品にスイッチするおそれがある。逆に、競合商品に比べて市場シェアでは劣るが、特定の顧客内シェアで勝っている場合は、適切な流通網や販売体制が整備されているかなど、市場カバレッジを見直す必要があるだろう。

● ……データの入手先
　販売店におけるPOSデータ、その他流通段階（メーカー等）については消費者調査会社の販売データなど。

1. マーケティング・販売管理

インストアシェア

● 定義

$$\text{インストアシェア(\%)} = \frac{\text{取引先における自社商品の販売金額(数量)}}{\text{取引先の総販売金額(数量)}} \times 100$$

● 何がわかるか

取引先(あるいは店舗)における自社商品の相対的地位。取引先の店頭で行われるセールス・プロモーションの効果が把握できる

　インストアシェアは、特定の取引先(店舗)の売上高や販売数量において自社商品がどの程度の割合を占めているかを示す指標である。この指標の数値が高ければ、取引先内における自社商品の競争力が、競合商品よりも優っていると考えられる。とくに、市場シェアよりも高いインストアシェアを獲得している場合は、一般にその取引先と良好な関係が築かれていることを意味し、自社にとって好ましい状態と言える。

　この指標には、特定の取引先における営業活動の成果がダイレクトに反映されるので、市場シェアと比較することにより、店頭で行われるセールス・プロモーションの効果測定や評価に活用できる。仮に、ある取引先において、店全体の売上げが低下しているわけでもないのに、自社商品の営業成績が伸び悩んでいたとする。その場合、自社商品のインストアシェアと市場シェアを比べて、前者が後者よりも明らかに低いときには、セールス・プロモーションに問題があると考えられる。

　インストアシェアを高めるためには、現状のセールス・プロモーションにおける問題点と販売を強化すべき商品を特定したうえで、新たなマーケティング活動を展開していく必要がある。とくに、競合商品と比較して、品揃え、エンド売場(定番売場以外の売場で、店舗内の比較的目立つスペースを利用して商品が山積みされている売場)におけるプロモーション頻度、店内チラシなどの店舗キャンペーン頻度などが十分かどうかを点検してみるとよいだろう。また、スペースシェア(店舗内での売場占有率)を高めることも、インストアシェアを高めるための手段として有効である。

● データの入手先

販売店のPOSデータなど。

セールス・プロモーションの効果測定

　アメリカの研究者のウィルキンソンらが、エンド売場を使ったセールス・プロモーションの効果を検証するために、商品ごとに販売個数の伸びを調べる実験を行ったところ、米103%、冷凍食品185%、石鹸243%という結果になった。このことから、通常の販売価格が比較的低い商品に対してセールス・プロモーションを行ったほうが、売上げに対する効果は高くなると言える。

1. マーケティング・販売管理

電話応答率

- **……定義**

  $$電話応答率(\%) = \frac{応答できた電話本数}{(一定期間における)電話本数} \times 100$$

- **……何がわかるか**

  顧客からのクレームなどへの対応状況。経営者は顧客対応の仕組みが十分に機能し、顧客の声を吸収できているかを見るKPIとして、相談窓口担当者は適切な人員配置ができているかを見るKPIとして活用できる

　電話応答率は顧客相談窓口の活動の管理に役立つ指標である。顧客相談窓口はクレーム対応を行うほか、顧客との関係性構築やニーズの吸い上げなどの重要な機能を担っている。顧客の声に耳を傾け問題解決を図ることで、顧客満足度の向上につながり、商品改良のためのアイデアが得られる可能性もある。企業に対する苦情や問い合わせには、書簡やファクシミリ、eメールなどの経路もあるが、ただちに何らかの回答が得られる電話を利用する顧客が多数にのぼるので、経営者や担当者は電話応答率を顧客関連のKPIとすることが多い。

　この指標の数値が低い場合、顧客が相談窓口に電話しても、つながりにくいことを意味する。顧客がそのまま電話することをあきらめてしまえば、企業は顧客と直接コミュニケーションを行う機会を失うばかりか、不満が解消されないままの顧客は、自社商品の使用や購入をやめたり、自社や自社商品のマイナス評価を他人に広めたりするおそれがある。

　この指標の数値を上げるためには、曜日や時間帯ごとに応答率を分析し、電話対応要員の適切な人数や配置を考え直さなくてはならない。また、応対スキル向上のための教育や情報端末などのインフラ、サポート体制の整備などを行って、電話対応要員一人ひとりの生産性を向上させることも重要である。

　応答率が高いことは、顧客からの電話への一次的な対応ができていることを意味するが、その後の企業側の対応が不適切であれば、顧客満足度の向上に役立たないことに注意しなくてはならない。加えて、応答率が100%に近い企業では、電話対応要員が多すぎるなどの問題が生じている可能性もあるので、数値を改善する場合と同様に、人員配置などについて再検討する必要がある。

- **……データの入手先**

  自社データについては、コールセンター・システムに組み込むことで入手可能。他社データの入手は困難。
- **……代表的な数値**

  一般に90%以上を目標としている企業が多い。資生堂では95%前後を維持している。

1. マーケティング・販売管理
認知率（再認率・再生率）

● ……定義

$$認知率(\%) = \frac{自社・自社商品を認知している顧客数}{全顧客数} \times 100$$

● ……何がわかるか
自社や自社商品・サービスをどのくらいの顧客が知っているか

　認知率は再認率（助成想起率）と再生率（純粋想起率）に分解することができる。両者の違いは、消費者意識調査の際に商品情報を提示するか否かにある。再認率は「○○という銘柄を知っていますか」と聞いたり、商品を見せたりするのに対し、再生率では「清涼飲料水といえば、何の銘柄を思い出しますか」というように、商品情報を提示せずに回答してもらう。一般に、正しく答えるためには鮮明な記憶が要求される後者のほうが、数値は低くなる。これらの指標は新商品発売時にとくに重視されるが、すでに市場に流通している商品についても、その商品の「鮮度」が維持されているかどうかを調べるためによく利用される。

　再認率と再生率はいずれも値が高いほうがよいが、とりわけ再生率が高ければ、多くの顧客が商品の存在や名称を正しく認識していることになるので、企業にとって好ましい状態と言える。しかし、調査する際はどちらか一方だけではなく、2つの指標を併用しながらその意味合いを考えたほうが、課題の発見や解決策の考察が容易になる。たとえば、競合商品と比べて、自社商品の再認率が高く再生率が低い場合、自社商品は幅広く知られているものの、記憶に残りにくいことを意味しており、マーケティング戦略の修正を検討する必要がある。

　認知率を高めるには、顧客の頭の中に自社商品に対する明確なイメージを形成し、記憶してもらうためのコミュニケーション活動が不可欠である。なかでも、広告宣伝の投下、ダイレクトメールの配布、店頭露出度の向上などの活動を組み合わせることがポイントとなる。

　注意点としては、認知率の高さは必ずしも市場シェアや利益に直結するとは限らないことである。多くの顧客が商品の存在や名前を知っていても、購入意欲を持たなかったり、マイナスイメージを抱いたりすれば、売上げに結びつかない。また、広告宣伝活動への投資を増やせば、ある程度の認知度を得ることは可能だが、それだけ利益を圧迫することになる。したがって、認知率の高さだけでなく、「認知されている内容」「購入意向」「好感度」なども併せて検討することが大切である。

● ……データの入手先
自社による消費者意識調査の実施、消費者調査会社の意識調査データなど。

● ……代表的な数値
2002年に行われた日本企業全体を対象とした企業名の再生率調査では、ソニー42.3%、トヨタ21.3%、ホンダ13.8%。

資料：日経BPコンサルティング「2002年度ブランド起想調査」より抜粋

1. マーケティング・販売管理

売上高広告費比率

- ●……**定義**
  $$売上高広告費比率(\%) = \frac{広告宣伝費}{売上高} \times 100$$

- ●……**何がわかるか**
  広告宣伝活動にどの程度、経営資源を投下したか。自社商品における広告宣伝の費用対効果を見極めるときや、競合他社のコミュニケーション戦略を把握するときなどに役立つ

　広告投資の規模は業界や企業によって違いがある。広告宣伝は、店頭でのプロモーション活動などと比べて販売促進に対する即時的な効果は弱いが、一度に多くの顧客に商品の存在を知らしめることが可能だ。また、広告宣伝をきっかけとして、顧客の間でその商品に対する一定の評価が形成されれば、安定した購買が期待できるようになる。そのため、多数の商品が乱立している業界では一般に、広告宣伝に多額の資金を投じる企業が多く、売上高広告費比率も高くなる傾向がある。

　たとえば、2002年1月末時点の広告宣伝費上位50社の平均売上高広告費比率は1.7%だが、飲料メーカーのみでは平均3.9%、日用雑貨品メーカーのみでは平均5.3%と高くなっている。こうした業界では、他の業界よりも、広告宣伝をやめたときに認知率や市場シェアの低下度合いが大きいと言われ、競争上の理由から一定水準以上の広告宣伝費を維持する戦略をとる企業が多い。

　この指標は自社商品における広告宣伝の費用対効果を把握する場合にも役立つ。たとえば、商品ごとに売上高広告費比率を分析すれば、費用対効果が高い商品と低い商品との差が明確になる。広告投資比率が高いのに売上げに結びついていない場合は、媒体の選択方法や広告内容を見直す必要がある。ただし、店頭プロモーションなどの広告宣伝以外の要因も売上高に影響を与えるので、この指標とともに、広告宣伝に対する認知率などの指標を組み合わせながら、総合的に判断していく必要がある。

　また、競合企業の売上高広告費比率と商品数の推移を中期的（通常5～10年）に見ることにより、競合が行ってきたコミュニケーション戦略を把握することができる。たとえば、ある企業が商品ラインを絞り込んでいるにもかかわらず、この指標が一定あるいは増加傾向にある場合、1商品当たりの広告宣伝費が増えていることを意味する。

- ●……**データの入手先**
  有価証券報告書など。
- ●……**代表的な数値**
  2001年度　広告宣伝費ランキング

  資料：日経広告研究所のホームページ（http://www.nikkei-koken.gr.jp/study/index.html）（2003年7月時点）のデータより作成

順位	企業名	業種	売上高(百万円)	広告宣伝費(百万円)	売上高広告宣伝費比率(%)
1	トヨタ自動車	自動車	8,284,968	102,348	1.2%
2	本田技研工業	自動車	3,211,186	60,824	1.9%
3	花王	化学	654,184	51,290	7.8%
4	KDDI	通信	1,872,109	50,651	2.7%
5	松下電器産業	電気機器	3,900,790	48,184	1.2%

GRP（延べ視聴率）

- ●……定義
  GRP(%) ＝ リーチ（広告の到達率）× フリークエンシー（広告接触の頻度）

- ●……何がわかるか
  自社商品の広告がどれだけ多くの顧客に視聴されているか。広告投資水準を決める際の目安となるほか、広告投資の効果（量的側面）を考える際のツールとなる

　GRP（Gross Rating Point）は、一定期間に流したCM1本ごとの視聴率の合計であり、自社が行ったテレビ・ラジオ広告に対してどれだけの顧客が接触したかを表す。たとえば、視聴率10％のテレビ番組で広告を200回流した場合、GRPは2000％（10×200）となる。仮に1000人を対象に視聴率調査を行っていたとすると、この2000という数値からは、すべての顧客が自社広告を2回見た、あるいは、200人の顧客が自社広告を10回見たなど、さまざまな解釈が可能である。したがって、GRP単独では、ターゲット顧客のうち何割の顧客が自社広告を何回見たのか、広告を見た人が自社商品を実際に購入したかなどについて正確には把握できない。

　GRPは通常、広告投資の規模を決める際の目安となる。たとえば、新商品の投入時にテレビ広告を行う場合、目標シェアを達成するためにどの程度のGRPが必要かを考えながら、予算や投資額を決める。その場合、過去に行った既存商品のCM活動からGRPと市場シェアの関係を分析し、大まかな数値をつかんでおくとよい。一般的には、新商品を投入する場合、3000％程度のGRPが必要だと言われている。

　また、GRPは広告の実施後に、広告投資効果を検証する際にも活用できる。たとえば、新商品発売後1年が経過しても、初年度の目標市場シェアにとどかない場合、商品力や価格、市場カバレッジなど多方面からマーケティング活動を見直すことになる。そのうちの広告宣伝活動を評価する視点の1つとして、GRPが十分であったかどうかの検討が行われる。GRPはあくまで一定期間の「総量」にすぎないので、CMの放映地域が適切だったか、ターゲット顧客がテレビやラジオに接触する時間帯にCMがオンエアされたかといった要素も併せて分析することで、はじめて広告宣伝の「量的」な課題が明らかになる。さらに、認知率や再生率などを併用することで、CM中のどの映像・音声・言葉が認知されていないかなど「質的」側面の分析が可能になる。

- ●……データの入手先
  広告代理店など。
- ●……代表的な数値
  ビデオ・リサーチ社が公表しているGRPとCM認知率の関係モデルによると、認知率50％を達成するには1200GRP以上、60％では1900GRP以上、70％では3000GRP程度が必要である。

第3章 ビジネスを見る指標

1. マーケティング・販売管理

クリック率

● ……定義
$$クリック率(\%) = \frac{クリック数}{広告表示回数} \times 100$$

● ……何がわかるか
自社商品のインターネット広告を見て、どのくらいの人が反応したか。広告掲載サイトを選定したり、顧客獲得にかかる投資効果を評価するときに役立つ

インターネット広告では、広告掲載サイトにアクセスしたユーザー数を示す**ページビュー**（到達人数×表示回数）がよく使われるが、この指標ではどれだけの人が実際に広告を見たかについては確認できない。これに対して、クリックというアクションに注目することにより、どのくらいのユーザーが広告を見て能動的に反応したかを把握することができる。

クリック率（Crick Through Rate）は広告表示回数に対して、ユーザーが実際にクリックした回数を表す。数値が高いほど、広告に接触して自社商品に興味を持ち、追加情報を得ようとしたユーザーが多いと言える。つまり、広告によって顧客の興味を喚起し、自社サイトに誘導することに成功したことを意味する。逆に、クリック率が低ければ、その広告に対してユーザーは関心を持たなかったことになる。その場合、ターゲット顧客に正しく訴求できていたか、広告掲載サイトや掲載ページの選択は適切であったか、表示回数は十分であったか、広告内容（表現方法など）は妥当であったかなどの観点から広告戦略を見直していく必要がある。

ただし、クリック率を見るだけでは、自社サイトに誘導したユーザーがアンケートに答えたり、資料請求を行ったり、実際に商品を購入したかという点までは確認できない。アクションに結びついたかどうかを確認したい場合は、アクション数を表示回数（またはクリック数）で割った**コンバージョン率**などを用いるとよい。広告費をアクション数で割ると顧客獲得単価が得られ、より詳細な投資効果や投資効率を把握することができる。また、クリック単価（広告費÷クリック数）を算出してサイト間で比較すると、掲載サイトの評価や投資効果の検証などに有用である。集客力（ページビューの多さ）ではなく、クリック数を保証した広告商品を売り込む広告掲載先サイトも増えている。

● ……**データの入手先**
広告媒体事業者が広告主にレポートとして提出するのが通例。ネット視聴率調査会社からも入手可能（有料）。ページビューの情報は、広告媒体事業者やインターネット視聴率調査会社のサイトなどで参照できる。

● ……**代表的な数値**
パソコンにおける通常のバナー広告のクリック率は0.3～0.5%、メール広告のクリック率は5%程度と言われる（2001年時点）。携帯電話の広告に対するクリック率は0.2～3%である。

1. マーケティング・販売管理
ブランドスイッチ率

- ……定義
  ブランドスイッチ率(%) = $\dfrac{\text{商品Aを購入後、他ブランドを購入した顧客数}}{\text{商品Aの購入客数}} \times 100$

- ……何がわかるか
  市場における自社商品のブランド力。競合商品と比べて自社商品がどの程度魅力的か把握できる

　この指標を評価する際には、自社ブランドから競合ブランドへスイッチしたのか、競合ブランドから自社へスイッチしたのか、あるいは自社商品内でのブランドのスイッチ（自社のA商品からB商品への変更）なのか、起点を明確にしておく必要がある。

　自社ブランドを起点とする場合、この指標が高ければ、顧客が競合商品により魅力を感じて、自社商品から離れていったことになる。反対に、競合から自社へスイッチした場合は、数値が高いほうがよい。自社商品からの顧客離れを減らしたり、競合商品から顧客を獲得するには、魅力的な価格、訴求力のある広告宣伝方法、店頭露出の多さなど、顧客がそのブランドに惹かれる理由を分析し、自社ブランドの魅力が増すようなマーケティング・ミックスを考える必要がある。

　一方、自社商品間のブランドスイッチについては、慎重に判断しなくてはならない。当初から多少の**カニバリゼーション**(注)を覚悟して、両商品の合計で自社の市場シェアを上げることを目指している場合は、数値が高くてもさほど問題視しなくてよい。しかし、差別化を意識して市場導入した場合は、数値の高さは顧客が商品間の差異を感じていないことの表れなので、ポジショニングの見直しなどの対応が必要となる。

　ブランドスイッチ率は、市場特性や商品特性、その時の市場環境などによっても大きく異なる。たとえば、食品、清涼飲料水、日用雑貨品など消耗品の市場はブランドスイッチ率が高いと言われる。逆に、顧客内シェア（107ページ参照）が高い商品では、この指標の数値は低くなる。

　ブランドスイッチ率を調査するときは、商品特性（とくに購入頻度）を考慮しながら調査期間を決めることが重要である。頻繁に購入する非耐久財は比較的短期間で分析するほうがよいが、自動車のように数年に一度しか買い換えない耐久財は長い期間で見なくてはならない。ただし、画期的な新商品を市場に投入し、そのブランド力（他社ブランドの顧客をどのくらい獲得したか）を調べたい場合は、通常よりも短い期間で調査が実施されることもある。たとえば、洗濯用洗剤の場合、一般家庭における年平均購入回数は12回なので、通常は1年単位でブランドスイッチ率を調査するが、新商品については3カ月後または半年後に調査を行う。ただし、あまりにも期間が短いと、一時的な環境要因（たとえば、競合が大幅値下げで対抗した場合など）の影響を受けやすく、的確な判断が

難しくなるので、調査結果を判断するときには外部環境を正しく把握する必要がある。

注：自社商品間の食い合い。商品間に際立った差がなく、似通ったマーケティング戦略を実施している場合に生じやすい

- ……**代表的な数値**
  ブランドスイッチが比較的起こりやすい商品であるアルコール飲料は85％超、日用雑貨品は80％程度。
- ……**データの入手先**
  販売店においてはPOSデータ、その他の流通段階（メーカー等）では消費者調査会社の販売データなどの基礎データが必要となる。

指標の求め方

　ブランドスイッチ率を調査する場合、実際には消費者一人ひとりの行動を追いかけることは困難である。そのため、実務では次のような方法を用いる。まず、A商品の購入者を一定の顧客グループに分け、その顧客の購入履歴を把握し、A商品を購入後、次に買った同じカテゴリー商品が何かを調査する。そしてA商品は何人、B商品は何人、C商品は何人というように延べ人数を出す。そして各商品の平均購買数と延べ人数を掛け合わせたものの合計を分母として計算する。

　顧客内シェアを調査する場合も同様で、一人ひとりの顧客を抽出して顧客内シェアを求めることは難しいので、**デモグラフィック属性**（年齢、世帯人数など）や**サイコグラフィック属性**（ライフスタイルなど）によって顧客を分類して「代表的な顧客像」を想定し、その顧客グループごとに顧客内シェアを測定する。その際には、販売データと顧客の購入履歴データが必要であり、消費者調査会社からデータを購入する場合もある。顧客内シェアは、商品によってばらつきがあるだけでなく、同一商品でも顧客グループによって大きな違いが生じることがある。

1. マーケティング・販売管理

粗利益率（単品ベース）

● ……定義

$$粗利益率(\%) = \frac{売上高 - 製造原価（または仕入原価）}{売上高} \times 100$$

● ……何がわかるか
商品ごとの収益性。製造業ではマーケティング施策を考えたり、取引交渉の条件を設定するときの、小売業では仕入れを検討するときの参考指標となる

　粗利益率は、各商品の売上高のうち、売上高から製造や仕入れにかかった費用を差し引いた粗利益がどれだけ占めるかを示す数値で、いわば「儲けの割合」を表す。

　利幅が大きければそれだけさまざまな打ち手が可能になるので、粗利益率は基本的に高いほうが望ましい。たとえば製造業の場合、粗利益率が高い商品であるほど、より多くのマーケティング費用を投じて、商品改良や広告宣伝、セールス・プロモーションなどの施策を数多く実施したり、小売業者との取引において競合商品よりも有利な条件を提示することが容易になる。さらに、利幅が大きければ取引相手への提示価格を引き下げる余地があることから、取引相手の儲けの割合を高く設定するなどして、小売店側の販売意欲を向上させることもできる。

　しかし、粗利益率が高い商品であれば必ず儲けが大きくなる、というわけではない。たとえば、高価格の商品は粗利益率が高くても大量には売れないので、利益総額はそれほど増えないことがある。また、いくら粗利益が大きくても、投下したマーケティング費用を回収できない場合や、販売量が伸びずに在庫が増えてしまう場合がある。そのため実務では、商品ごとの収益評価を行う際に、粗利益からマーケティングコストを差し引いた利益を用いることが多い。そのほかにも、粗利益率と**商品回転率**とを掛け合わせた**交差比率**（＝粗利益率×商品回転率）をよく用いる（商品回転率は122ページ参照）。交差比率が高い商品ほど、効率よく儲けを生み出していることになる。

　小売業者の場合は、上記の式の製造原価の代わりに仕入価格を用いて粗利益率を算出する。商品ごとの粗利益率を把握し、粗利益率の高い商品を多く仕入れるようにすれば、すべての商品の販売強化に取り組むよりも、利益増加に結びつけることができる。

● ……データの入手先
　有価証券報告書・販売データなど。

● ……代表的な数値
　2001年の各市場の平均的な粗利益率と交差比率

	粗利益率	×	商品回転率	＝	交差比率
食料品、日用生活品	23.2%	×	40.6回		941.9%
婦人服小売	37.3%	×	14.5回		540.8%
アルコール類	20.5%	×	17.1回		350.5%
家電製品	36.3%	×	12.7回		461.0%
医薬品	31.4%	×	8.6回		270.0%
化粧品	39.4%	×	15.4回		606.8%

資料：TKC経営指標速報（小売業）より加工

1. マーケティング・販売管理

価格弾力性

● ……定義

$$価格弾力性 = -\frac{(Q_1-Q_0) \div \{(Q_1+Q_0) \div 2\}}{(P_1-P_0) \div \{(P_1+P_0) \div 2\}}$$

Q_0＝価格変更前の販売数量　Q_1＝価格変更後の販売数量
P_0＝変更前の価格　　　　　P_1＝変更後の価格

● ……何がわかるか
自社商品の価格設定を変更することにより、販売量がどれだけ上下するか。価格設定の変更を考える際の判断材料となる

　価格弾力性は、価格変更によって販売量がどれだけ変化するかを表す指標である。価格と販売量の関係は通常、価格が上がると販売量が減少し、価格が下がると販売量が増大するというように反対の動きをするため、上記の式ではマイナス1を掛けることで正の値となるように調整している。価格弾力性が1よりも大きければ、価格の増加率以上に販売量が増減する（価格変化によって販売量が大きく変動する）のに対し、1よりも小さければ、価格の増減率ほどには販売量の増減率が大きくならない（価格を上げたり下げたりしても販売量はそれほど大きく変化しない）。

　実務では、目標売上高を達成するために価格をどのくらい増減させるべきかのシミュレーションを行うときなどに、この概念を用いる。競争の激しい日用生活品の場合、月単位や半期単位で価格の見直しが行われるので、上記のような複雑な計算によって価格弾力性値を厳密に求めるよりも、「販売価格×販売量」を何パターンか考えて、売上高の上下を予測しながら価格を決めることが多い。

　価格変更を頻繁に繰り返すうちに、顧客は「この商品なら××円ぐらい」という一定の価格イメージを形成するようになる。そうなると、同程度の価格変更をしても、当初よりも販売量の増加の度合いは鈍ってくるので、企業としては商品の育成プランに応じて中長期のレンジで、弾力性値の変化をとらえる必要がある。

　また、時系列で価格弾力性を見ていくことは、自社商品の魅力度を測る切り口の1つとなる。たとえば、いくら値下げしても、弾力性値が基準値またはそれ以下という場合は、顧客は商品そのものに魅力を感じていないので、商品コンセプトに立ち返って商品力の強化などに取り組む必要がある。

● ……データの入手先
販売データなど。
● ……代表的な数値
相対的に見ると、日用生活品は弾力性値が低く、贅沢品は弾力性値が高くなる。また、同一市場の中では、新商品や市場シェアが高い商品のほうが比較的弾力性値が高くなる傾向がある。

1. マーケティング・販売管理

顧客単価

- ●……定義

  $$顧客単価 = \frac{（一定期間における）売上高}{購入客数}$$

- ●……何がわかるか

  顧客が1回の買い物で費やす金額の平均。売上拡大策の検討などに役立つ

　顧客単価は、顧客が1回の買い物でどの程度の金額を支払っているかを見るための指標である。小売業の場合、店舗ごとに顧客単価を算出して店舗間で比較することにより、顧客単価の低い問題店を見つけることができる。また、優良店から改善のヒントを得るなどして、全体の業績改善に役立てることが多い。

　同じような商品構成の店舗と比較して、ある店舗の顧客単価が高ければ、来店客がより多くのものを買っていることを意味するので、その店舗はおおむね顧客に支持されていると考えてよい。ただし、顧客単価は単独で用いるよりも、売上動向や売上高とのバランスを見ることが大切である。たとえば、上記の式からもわかるように、売上高が一定で顧客数が低下すれば、顧客単価は高くなる。その場合、一部の顧客にしか支持されなくなっていたり、顧客の来店頻度が下がっているケースが考えられる。したがって、顧客単価の高さは必ずしも多くの顧客に支持されていることの証明にはならない。売上高が変わらないことに安心して、顧客が減少している事実を見逃し、適切な対策をとらずにいると、将来の業績悪化の原因となるおそれもある。

　顧客単価を上げるには、上記の式の分子を大きくする方向で考えたほうがよい。具体的には、1人当たりの平均購入量を増やすか、1品当たりの平均単価を高めるかである。まず、1人当たりの平均購入量を増やすには、**関連販売（クロス・セリング）**の強化などが効果的である。たとえば、ビール売場にナッツなどのつまみとなる食材を置くなど、顧客の購買動機に合わせた売場づくりを行うことが基本となる。これに対して、1品当たりの平均単価を上げるには、グレードの高い商品の拡販や、精肉でよく行われているような**ボリューム・ディスカウント**（量が多いほど割安になるような価格設定）などが効果的である。

- ●……データの入手先

  店舗間比較用には、内部データを加工すればよい。他社データは入手困難だが、日経産業新聞などの業界紙に掲載されることもある。

- ●……代表的な数値

  都心百貨店では6000円前後（食品部分を除けば1万円前後）、地方の百貨店では3000円前後（食品部分を除けば6000円前後）、食品スーパーで2000円前後、コンビニエンス・ストアでは700円前後と言われている（2003年4月時点）。

1. マーケティング・販売管理

坪当たり売上高

● ……定義
$$\text{坪当たり売上高} = \frac{（一定期間における）店舗の総売上高}{店舗面積（坪）}$$

● ……何がわかるか
　　店舗スペースの利用状況。店舗効率の改善などに役立つ

　店舗ごとのスペース効率の比較などに利用される指標である。店舗にかかる固定費のうち、スペースコストの占める割合は大きい。そのため、限られた面積を効率よく使ってより大きな売上げを出すことは、店舗を運営する企業にとって大きな課題となる。

　一般に、坪当たり売上高が他の店舗と比べて相対的に高ければ、その店舗はスペースを効率的に利用していると考えられる。実務では、効率性の高い店舗をベンチマーキングとして、他の店舗にその店舗のスペースの利用方法を真似させるケースが多い。

　坪当たり売上高を向上させるには、店舗レイアウトの改善や消費者のニーズを的確に反映した売場づくりを検討する必要がある。具体的には、バックヤード（店舗の後方の作業スペース）や通路の比率を低減させたり、季節ごとあるいは社会行事に合わせて商品の並べ方や売場配置を工夫することなどが挙げられる。また、この指標の数値が低ければ、スペースの利用に問題があるだけでなく、在庫回転率も低下していることが多い。その場合、売れ筋商品を充実させる、需要・販売予測の精度を高める、在庫管理を徹底させることなどによって、スペース効率と在庫回転率の両方の改善につながる可能性がある。

　坪当たり売上高は単純に高ければよいというものでもない。数値が高すぎる場合などは、消費者が売場面積を狭いと感じていたり、混雑など不便な状況を我慢している可能性があるからだ。また、扱う商品の形状や商品特性などによっても坪当たり売上高は異なってくるため、絶対額の議論はすべきではない。

　店舗効率を測る指標として、上記の数式の分子に店舗ごとの粗利高や在庫高、経費（販管費）、従業員数などを用いることがある。それらの指標も併せて分析すると、その店舗における問題点やスペース効率が落ちている原因が浮き彫りになることもある。

● ……データの入手先
　　スーパー名鑑（商業界）や百貨店調査年鑑（ストアーズ社）などの店舗ごとの面積、売上げから計算する。
● ……代表的な数値
　　全店平均の年間坪当たり売上高は、百貨店の伊勢丹は592万円、高島屋は646.5万円、大手スーパーのイトーヨーカ堂277.5万円、イオン209.6万円である。コンビニエンス・ストアのセブンイレブンは619.7万円となっている（すべて1999年度実績）。

1. マーケティング・販売管理

販売員1人当たり売上高

● ……定義
販売員1人当たり売上高 ＝ $\dfrac{売上高}{販売員数}$

● ……何がわかるか
販売員の生産性。店舗間で比較することにより、業績不振店舗の発見と改善策の検討などに役立つ

　販売員1人当たり売上高は、販売活動における生産性を測定するための指標である。小売業では、店舗ごとにこの指標を算出して、相対的に生産性の高い店舗と低い店舗を発見するために用いる。生産性の低い店舗が見つかれば、数値の高い店舗の販売方法を学ばせるなどして、全体の生産性の底上げを図ることができる。

　この指標の数値が高ければ、少ない販売員で高い売上高を上げていることを意味するので、生産性が高いと言える。具体的には、販売員個々の能力が高い、販売員のサポート体制が整備されている、あるいは、需要を的確に予測してそれに合わせて販売員の配置を行っている場合に、この数値は高くなる。

　販売員1人当たりの売上高を向上させるためには、まず、生産性の高い店舗の販売方法を分析してみるとよい。また、販売要員が多くの時間を販売活動に費やせるようなサポート体制を整備することも重要である。数値が低い店舗では、従業員の能力や意欲の不足以上に、サポート体制が整っていないために、販売員が本来の業務に多くの時間を割くことができないケースが多い。その解決策として、たとえば、販売要員が携帯端末で在庫状況や顧客データなどを知ることができるようにSFA（セールスフォース・オートメーション）などの販売支援システムを活用できる環境を整えること、研修により販売員の能力向上を図ることなどが有効だ。さらに、店舗責任者の業績評価の1項目にこの数値を含めることにより、責任者が自ら積極的にこの数値を改善するように促す方法も効果的である。

　上記の式からは、販売員を削減することでも、数値が改善されることがわかる。しかし、人手不足のためにサービスの低下を招き、顧客を失ってしまうケースも少なくない。したがって、まずは業務改善を進め、それから余剰人員の削減を検討するというように、順序立てて取り組む必要がある。また、扱う商品の形状や商品特性などによっても売上高の水準は異なってくるので、同じような商品を扱っている店舗間での比較にとどめ、絶対額の議論は避けるようにしたい。

● ……データの入手先
基本的に社内データ。競合他社の数値は入手困難。

1. マーケティング・販売管理

購買率

- **定義**
  購買率(%) = $\dfrac{購入者数}{(一定期間における)来店客総数} \times 100$

- **何がわかるか**
  与えられた販売機会をどれだけ売上げに結びつけることができたか。売上拡大策の検討などに役立つ

　購買率とは、特定期間に店舗に訪れた総顧客数のうち、実際に購買をした顧客数の割合のことである。この指標の数値が高ければ、一般に店内で欲しい商品を見つけ、実際に購買も行った来店客が多いことを意味し、企業は販売機会を確実に売上げに結びつけたと言える。逆に、この指標の数値が低い場合は、せっかくの販売機会を逃してしまったことになる。その理由として、来店した顧客が欲しくなるような商品が店内に置いていなかったケースと、店舗に顧客が魅力的だと感じる商品は置いてあったものの、何らかの理由で購買まで至らなかったケースが考えられる。

　前者のケースでは、ターゲット顧客や店舗コンセプトを明確にしたうえで、広告媒体や伝達内容を見直し、着実にターゲット顧客に届くコミュニケーション活動を展開することにより、来店客に占めるターゲット顧客の割合を高めていく必要がある。事業によっては、ターゲット以外の顧客比率が高いことが、本来足を運んでほしい顧客の来店を阻害する要因になることもあるので、望ましい顧客像を明確にすることが大切である。

　一方、後者のケースは、来店客を購買へとスムーズに誘導するための施策を考えなくてはならない。消費者は実際に商品を認知して興味を持ったとしても、きっかけがない限りなかなか購買にまで至らないことが多い。つまり、魅力的な品揃えをすることに力を入れるだけでは不十分であり、顧客の購買決定に影響を与える要因を補強しなくてはならない。具体的には、POPなどで商品の特徴説明や価格表示を行ったり、商品保証やアフターサービスを充実させたり、販売員によるサポートやカウンセリングを実施することなどが挙げられる。

　なお、購買率の高さは必ずしも売上高や利益の多さを保証するわけではない。たとえば、来店した顧客数が少ない場合は、さらに販売機会を増やすための努力が不可欠である。また、この指標は業種や業態ごとに数字が異なるので、異業態の店舗間で比較する際には注意が必要である。

- **データの入手先**
  基本的に社内データ。他社情報の入手は困難である。店舗販売の場合は、入口にセンサーをつけて入店客数を数え、レジ客数で割る方法が用いられる。

1. マーケティング・販売管理

商品回転率

● ……定義
$$商品回転率(回) = \frac{(一定期間における)売上高}{平均在庫金額}$$

● ……何がわかるか
商品の仕入れや販売が効率よく行われ、在庫管理ができているか。在庫状況を把握するとともに、店頭に並べる商品構成や陳列スペースの取り方を決める際に役立つ

　一般に商品回転率が高ければ、在庫量が少なく、仕入れや販売管理が的確に行われていると考えることができる。商品在庫が少なければ、商品の劣化や破損、目減りなどの不良在庫の発生を低く抑えることができ、それだけ利潤に直結するロスが小さくなる。また、柔軟な仕入活動を行うことが可能なので、気候の変化や話題の商品に素早く対応することができる。そのため、衣料品のように陳腐化の早い商品では、この指標がとくに重視されている。商品ごとに回転率を算出すると、売れ筋商品か否かが判断できるので、売場にどの商品を置き、どの商品を取り除くかを決めたり、それぞれの商品にどの程度の陳列スペースを割り当てるかを考えるときに役立つ。また、商品回転率が高い商品は、品切れを起こして売り損じが出ないように注意しなくてはならない。

　この数値が低い場合は、売れ筋商品を把握していなかったり、たとえ把握していても、無駄な在庫や売れない商品を多く抱えて機敏に商品の入れ替えができない状況にあり、販売機会を失っているおそれがある。こうした状況は、組織が硬直化して現場の状況を把握できない場合や、現場への権限委譲が進んでいない場合に起こりやすい。

　商品回転率を改善するためには、売上予測と仕入れの頻度を高めることが基本となる。たとえば、月ごとに売上げを予測するよりも、毎週あるいはもっと頻繁に売上予測を行ったほうが、予測の精度は高くなる。そのためには、データ分析ソフトの導入など、ITを活用すると効果的だ。また、仕入れについても同様であり、週ごとに仕入れを行うよりも、毎日小口で仕入れを行うほうが、店舗在庫が少なくてすみ、それだけ在庫管理も楽になる。さらに、売場の状況を熟知している現場のスタッフに仕入権限を委譲することで、商品回転率が大きく改善される場合もある。

● ……データの入手先
　有価証券報告書でも調査可能だが、全体像をつかむには日経経営指標（毎年出版）を用いて、棚卸資産回転日数から算出できる（在庫回転率＝一定期間（たとえば30日）÷棚卸資産回転日数）。

● ……代表的な数値
　上場大手百貨店平均1.63回／月、上場大手GMS平均1.54回／月、上場コンビニエンス・ストア平均5.52回／月（2000年4月〜2002年3月の2期平均）。　　　資料：「日経経営指標2003」日本経済新聞社（2002年）

1. マーケティング・販売管理

商品ロス率

● ……定義
$$商品ロス率(\%) = \frac{（一定期間における）商品ロスの総額}{売上高} \times 100$$

● ……何がわかるか
販売不能になる商品がどれだけ多く発生しているか。販売予測や商品管理などにおける課題発見に役立つ

　店舗経営では、仕入れた商品をすべて売り切ることが理想だが、実際にはさまざまな事情で販売できなくなる商品が発生する。このことを「商品ロス」と呼ぶ。

　商品ロス率が高い場合、販売不能となる商品が多いことを意味し、収益性を悪化させる直接的な原因となる。したがって、この指標の比率の高い店舗では、早急に改善策を考える必要がある。

　商品ロスが発生するケースは大きく2つ挙げられる。1つは商品が流行遅れになったり、劣化することにより販売不能となり、廃棄を余儀なくされるケース。もうひとつは、万引きや行方不明などの原因で商品が紛失するケースである。

　前者のタイプの商品ロスは、衣料品や生花、生鮮食品などの小売業で発生しやすい。廃棄件数が増える原因として、販売予測が甘く、それほど売れない商品を売れると判断していたり、売れ筋商品を的確に把握していても仕入量が多すぎたりすることが考えられる。これらを防ぐには、過去データを分析するソフトを導入するなどして、質と量の両面から販売予測の精度を上げることと、予測結果に合わせて柔軟に仕入れを調整することが必要となる。

　一方、後者のタイプの商品ロスは、量販店やコンビニエンス・ストアなどで発生しやすい。商品の紛失を減らすためには、万引き対策の強化や在庫の管理手法の改善などが必要である。通常、紛失などによるロスは、棚卸しを行って把握するしかない。したがって、商品の扱いをずさんにしていると、紛失が発生する可能性が高くなり、また発生していてもその事実を把握できなかったりする。実際に、バックヤード（店舗の後方の作業スペース）の整理整頓をするだけで、商品ロス率の大幅な改善につながることも多い。

● ……データの入手先
　　基本的に社内データ。他社情報の入手は困難である。廃棄ロスを計算する際には通常、販売不能となった商品の仕入額を用いる。

● ……代表的な数値
　　全体の売上げに対する商品ロス率は、百貨店では0.3％、GMSでは0.5％、スーパーマーケットでは0.3％が上限の基準とされている。

2. サプライチェーン（調達・製造・物流）

在庫日数

◉ 定義
在庫日数 = $\dfrac{\text{棚卸資産}}{\text{売上原価}^* \div 365}$　　＊売上高を使うこともある

◉ 何がわかるか
企業が所有しているさまざまな棚卸資産（製品、仕掛品、原材料、部品等）が社内に滞留している期間。企業における生産量と、製品に対する需要とのバランスが把握できる

　在庫は生産管理や販売管理などそのときの目的に応じて、製品の形態別（原材料・部品、仕掛品、完成品など）、商品・ブランド別、プロセス別（工場、流通、販売店など）というように、さまざまな切り口でとらえることができる。生産量に対して需要が少なければ、いずれの在庫量も大きくなる。

　在庫日数が短ければ、在庫量が少ないことを意味する。一般的に、在庫量は少ないほうが好ましいとされるが、少なすぎると顧客の需要に応えられずに、販売機会を逸するおそれがある。また、極端な品不足に陥ると、顧客満足やブランドイメージの低下、売上減少などを引き起こしかねない。

　これに対して、在庫日数が長いと、在庫を過剰に抱えていることになり、倉庫料や保険などの在庫保管コストのほか、金利コストの増大にもつながる（企業に借入れがある場合、在庫を保有することは在庫相当分の資金の借入れが必要、つまり借入金利相当分のコストがかかっていることを意味する）。食料品のように賞味期限がある商品や、技術進化が激しく陳腐化が早い商品の場合は、在庫量が増えることに対してとくに注意する必要がある。たとえば、パソコンや半導体のように、モデルチェンジが早く旧モデルの小売価格が急速に低下する商品は、販売時期を逃した在庫は大幅な値引きを迫られたり、販売不能となって廃棄処分になるなど、成長市場であっても収益性に悪影響を及ぼすことがある。

　企業は、販売機会を逃さず、キャッシュフローが最大となるような在庫水準を見極め、維持しなくてはならない。販売や製造、原材料の発注などによって在庫水準は常に変動するので、原材料や製品を発注してから納入されるまでの期間や原材料使用量・製品需要のバラツキを考慮しながら、在庫不足を回避するための「**安全在庫**」を適切に設定し、発注量や発注間隔、発注時期をコントロールしていくことが求められる。

◉ データの入手先
個別製品については、基本的に社内データ。なお、有価証券報告書などから、大まかな数値がつかめる。

◉ 参考例
パソコン各社の在庫日数は、デルコンピュータは4日、富士通は13日、ＮＥＣは17日である（日経産業新聞2002/08/26の記事より）。デルは直販を行っており、部品メーカー、物流業者と戦略的な提携を行って在庫情報や発注情報を共有し、受注に応じてリアルタイムに部品を納入させることで効率的な受注生産体制を築いており、それが在庫日数の短かさにつながっている。

サプライチェーン・マネジメントの考え方

　サプライチェーン・マネジメントとは、開発・調達・製造・配送・販売という供給者から消費者までを結ぶ一連の業務のつながり（サプライチェーン）を総合的な視点から見直し、プロセス全体の最適化や効率化を図るための経営管理手法のことである。

　今日、価格や納期、サービス内容などに対する顧客からの要求は厳しくなる一方である。メーカーやサプライヤーは、需要予測精度や生産のフレキシビリティを高めて、市場の変化に迅速かつ柔軟に対応することが求められている。需要を読み間違えて過剰に生産すれば、製品が陳腐化して死蔵在庫を抱えるほか、調達しすぎて余った部品や仕掛品についても評価損が生じ、収益性の悪化に直結する。また、卸売業者や小売業者にとっては、売れ筋商品がタイミングよく供給されることが重要である。商品の納期が遅れ、欠品が生じれば、販売機会を失うことになる。

　在庫を減らし、必要なモノを適量だけタイムリーに届けることを低コストで実現するには、関係者間で情報を共有し、機能の重複や無駄を省き、ITを活用した効率的なオペレーションを構築・運用していく必要がある。ただし、いくら自社内だけで最適化を図ったとしても、最終顧客までを視野に入れたサプライチェーン全体の中では部分最適にすぎない。サプライチェーン・マネジメントで重要なのは、社外のサプライヤーやメーカー、流通業者などとも協力しながら、販売情報や需要予測に関するデータを共有し、サプライチェーン「全体」の最適化・効率化を目指すことだ。なお、最適なサプライチェーンは商品特性によっても異なるので、最終顧客の満足を中心に考えながら、自社商品に合ったプロセスを構築していく必要がある。

　サプライチェーン・マネジメントは通常、モノを扱う業態だけのものとして考えられているが、概念そのものはサービス業などにも十分に適用可能である。商品開発からサービスを顧客に提供するまでの一連の業務の流れを、業務単位だけではなく全体的な観点から見直し、ITを活用して関連部門間の情報共有を図ることにより、業務の効率化やスピードアップ、サービス品質の向上などが実現する。

2. サプライチェーン（調達・製造・物流）

設備稼働率

- **定義**
  $$設備稼働率(\%) = \frac{稼働時間}{操業時間} \times 100$$

- **何がわかるか**
  保有設備をどの程度効率よく活用しているか

　設備稼働率とは、企業が有形固定資産として保有している機械・装置などの生産設備が実際に稼動している時間の割合を指す。コスト削減や生産性の向上を考える際に、注目される指標の1つである。設備稼働率が高ければ、保有設備を有効に活用しながら生産活動を行っていると言える。この指標を見ることで、設備運用を妨げている問題点を把握したり、不要設備を発見したり、工程改善のヒントが得られることがある。

　設備稼働率が低い原因として、必要生産量と設備の生産能力とのギャップや、機械を動かしたいときに動かせないといった運用面での問題が考えられる。前者は、需給調整が不適切で設備を過剰保有している状態にあり、ROAやROIで表される投資効率も悪化する。後者は、故障や修理、段取り替えや調整、作業者の技能不足や怠慢、生産ラインの設計といった運用上の問題により、機械の停止時間が長くなっている状態だ。いずれも、設備稼働率が低下すると生産量に対する設備維持費や人件費など固定費の割合が増加するので、損益分岐点比率が上昇し、収益性の悪化に直結してしまう。

　この指標を改善するには、まず、需要把握の精度を高め、需要にマッチした設備投資を行う必要がある。さらに、生産ラインの的確な設計と管理、予防保全のための点検や整備の実施、設備・機械を扱う人員の能力向上を図っていく必要がある。

　なお、設備稼働率を向上させようとして需要を上回る生産を行えば、製品1個当たりのコストは低減しても、物流や販売店の在庫が膨れ上がり、結局は収益性悪化の原因になるおそれがある。また、需要が伸びているのに設備投資を抑えれば、設備稼働率は向上するが、供給量の不足により販売機会を逸することになる。したがって、生産効率だけではなく、需給バランスや企業活動全体の最適化などの視点を忘れてはならない。

- **データの入手先**
  基本的に社内データ。
- **参考：マクロ指標としての稼働率指数**
  設備稼働率は設備投資と併せて、産業経済動向調査などの調査項目の1つとなっている。特定品目の生産量を生産能力で割って算出され、需給状況や生産設備の過不足を判断する先行指標となる。稼働率が高かったり上昇している場合は、需要に対して供給が不足気味なので、企業は生産能力を高めるために積極的に設備投資を行おうとすることが予想される。設備投資が増えれば全体的な景気も上向くことから、国全体の景気動向を示す指標としても用いられる。

2. サプライチェーン（調達・製造・物流）

不良品率

- ……定義
  不良品率(%) = $\dfrac{\text{不良品量}}{\text{全生産量}} \times 100$

- ……何がわかるか
  主に製造部門における品質管理レベルを表す

　多くの製造現場では、製造効率や収益性を向上させるために、「不良品率の低下」を目標の1つに掲げている。この指標の数値が低いほど、良品を無駄なく生産し、顧客にも提供できていることを意味するからだ。この指標から、その企業がどの程度積極的に品質管理に取り組んでいるかを推測することもできる。

　不良品の多さはコストや納品スピードなどにおける競争力低下に直結するため、とくに競争の激しい業界では、業績不振の大きな原因となる。たとえば、不良品の廃棄コストや追加生産に要する諸費用が増えれば、製造コストが上昇する。また、不良品率の高さはそのぶん良品の生産量が減ることを意味し、約束した納期・数量が守れない、欠品による機会ロスが生じるなどの弊害が出るおそれがある。不良品率が高いと、製造の後工程で発見された不良品を排除する作業や、良品の不足分を補うための追加生産が必要になるので、製品が市場に出るまでの期間（リードタイム）が長くなり、従業員の負荷も増大する。

　さらに、不良品が市場に出回った場合、消費者がその商品や企業に対して不満や不信感を抱き、再購買を控えたり、競合商品に乗り換えたりすることで、売上高の減少につながるだけでなく、長年をかけて培ってきたブランドイメージを損なうこともある。そうなると、商品の回収や交換、信頼回復やイメージ向上の取り組みなどに対して、企業は多大な追加投資を行わなくてはならない。

　不良品率を低下させるためには、①不良品の量を減らす、②生産された不良品が顧客の手に渡らないようにする、という視点から考える必要がある。①の方法として、生産工程や生産機械・設備の管理を徹底すること、生産機械・設備にマッチした製品仕様の設計を行うことなどが考えられる。②の方法として、製品出荷基準を明確にし、それを厳密に適用することなどが考えられる。これらは、QC（品質管理）の7つ道具や統計解析など、さまざまな品質管理手法を用いて行われることが多い。

- ……データの入手先
  基本的に社内データ。

サイクルタイム

2. サプライチェーン（調達・製造・物流）

● ……定義
　ある生産プロセスが、製品を加工するのに要する時間

● ……何がわかるか
　どのプロセスがボトルネックになるか。プロセス改善に役立つ

　サイクルタイムとは、生産の各工程もしくは工程全体が、1つの製品（または原材料、部品）を1単位加工するために要する時間のことである。生産関係の時間を表す用語として、同じくよく使われる生産リードタイムは、加工から工程内の滞留、検査などすべてのプロセスを通過して、原材料や部品が製品として完成するまでに要する時間のことで、サイクルタイムよりも包括的に生産プロセスをとらえている。**リードタイム**は開発リードタイム、納品リードタイムなどのように、生産以外の場面でも使われる。工程全体の能力を決定するのはサイクルタイムなので、生産計画を策定するときには、リードタイムよりもサイクルタイムに注目するとよい。

　サイクルタイムや生産リードタイムが短縮されると、それだけ早く、製品を市場に投入したり、顧客に納品できるようになるので、販売機会の増大や顧客満足度の向上につながる。また、資金回収が早まるので、キャッシュフローの増大に貢献するほか、ROAなどで表される資産回転率も向上するなど、経営全体へのインパクトも大きい。

　これに対して、サイクルタイムが長くなると、単位時間当たり（あるいは1日当たり）の生産量（生産能力）が少なくなり、全体の生産効率も低下する。このような状況を改善するには、機械の停止時間（故障による停止時間など）を削減するために機械の保守・メインテナンスを行う、新型機への更新などにより機械の能力をアップさせる、加工機械や製造ラインを増設するなどの方法が考えられる。

● ……データの入手先
　　基本的に社内データ。

生産工程の設計

　ある製品を生産するとき、前工程として工程Aと工程Bを経るとする。このうち、工程Aと工程Bのサイクルタイムはそれぞれ10分、5分である（図1参照）。連続生産が行われている場合（工程A、Bで同時に加工が行われている状態）、工程AとBを合わせた前工程全体（工程P）のサイクルタイムは10分となる。工程Bでは工程Aから製品が出てくるまでに、5分間のアイドルタイム（無駄な時間）が生じるため、前工程Pから次の工程Cに10分間隔で製品が送り込まれることになる。

図1

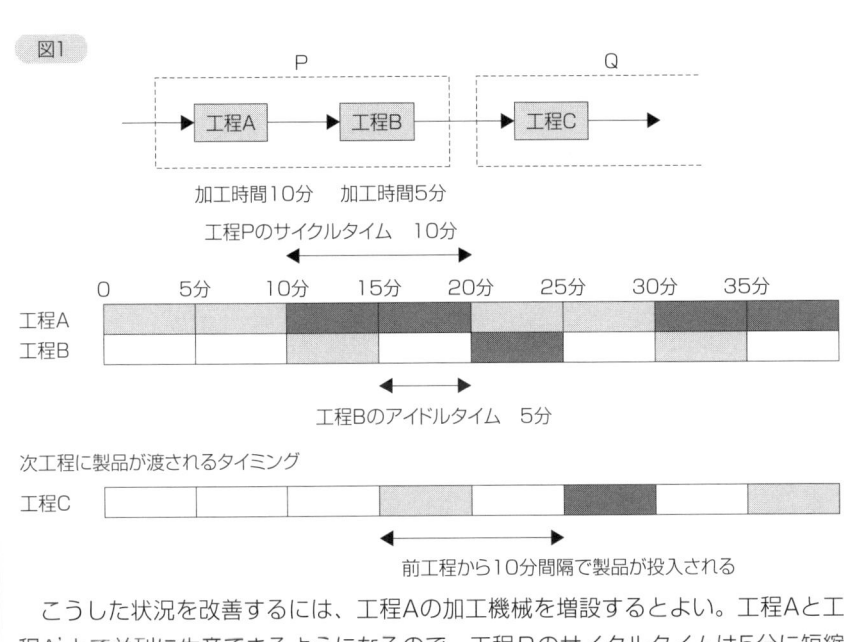

工程A → 工程B（P）→ 工程C（Q）

加工時間10分　加工時間5分

工程Pのサイクルタイム　10分

工程Bのアイドルタイム　5分

次工程に製品が渡されるタイミング

前工程から10分間隔で製品が投入される

こうした状況を改善するには、工程Aの加工機械を増設するとよい。工程Aと工程A'とで並列に生産できるようになるので、工程Pのサイクルタイムは5分に短縮できる（図2参照）。工程Bで生じていたアイドルタイムもなくなるため、次工程Cに5分間隔で製品が投入できるようになる。

図2

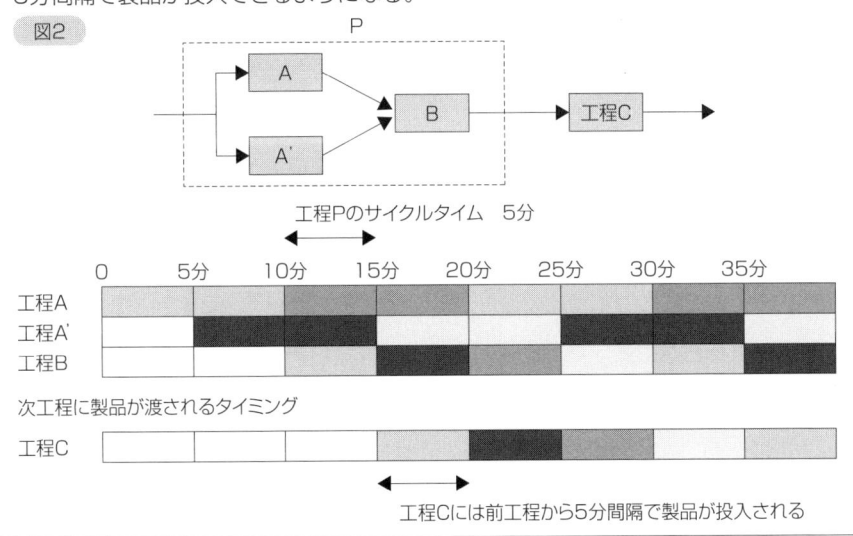

A, A' → B → 工程C（P）

工程Pのサイクルタイム　5分

次工程に製品が渡されるタイミング

工程Cには前工程から5分間隔で製品が投入される

2. サプライチェーン（調達・製造・物流）

スループット

- **……定義**
  スループット＝売上高−真の変動費

- **……何がわかるか**
  完成品を販売して得られるキャッシュの割合。従業員や生産設備などのリソースを効率よく利用できているか

　スループットは「販売によって得たキャッシュ」から「完成品を販売するために投資したキャッシュ」を差し引いた金額のことで、イスラエルの学者であるエリヤフ・ゴールドラットが著書『ザ・ゴール』（ダイヤモンド社）で打ち出した**TOC**（Theory of Constraints：制約理論）で用いられる評価指標の1つである。計算式の真の変動費は、原材料費に加え、販売手数料、出来高払いの臨時従業員の賃金や運賃など、販売数量に従って変化する費用（純粋な変動費）を指すが、簡易的な計算では原材料と部品費（資材費）のみを用いることが多い。

　企業にとって生産性の向上は重要課題の1つであるが、いくら機械の稼働率や品質を向上させても、収益やキャッシュの確保につながらなければ意味がない。とくに、個別工程の最適化を目指すだけでは、工程全体の生産能力の向上につながらない場合がある。工程全体の最適化を図るには、スループットを増大させる方法を考えればよい。その方法としてTOCでは、最大限に活用できていない工程（**ボトルネック**）に注目したアプローチを挙げている。ボトルネック工程のペースに他の工程を同期させるような生産スケジュールを組むことで、工場全体のアウトプットを向上させるだけでなく、無駄な在庫を減らし、生産リードタイムの短縮化が可能になる。結果として、納期の短縮化と稼働率の向上の両方を実現できるようになる（詳細はコラムを参照）。

　企業の利益を最大化させる際には、スループットの増加だけでなく、在庫の削減や業務費用の縮小も図る必要がある。とりわけ無駄な在庫を削減できれば、そのぶんの資材費の投入が減り、スループットは確実に大きくなる。成熟市場でモノが売れにくい状況下では、生産活動でコストダウンに注力しても、企業全体のキャッシュ増大につながらないことも多い。たとえば、生産活動と販売活動との連携がとれていなければ、物流センターや販売店など工場外のポイントで在庫が滞留するかもしれない。したがって、サプライチェーン全体におけるボトルネックにも注意しながら、最適化を考えていく必要がある。

- **……データの入手先**
  基本的に社内データ。

TOC（制約理論）

　複数製品を生産している工場で効率よく利益の最大化を目指す場合は、収益性の高い製品を多く生産すればよい。それには、個別製品のコストを把握する必要があることから、**ABC**（Activity Based Costing：活動基準原価計算）をはじめとするさまざまな原価計算方法が編み出されてきた。

　しかし実際には、コストを正確に把握して各製品に割り振ることは難しく、多大な労力を要する。また、従来の原価計算方法では、製品1個当たりの固定費の割合を減らせば原価は低下するので、稼働率を上げさえすれば利益拡大につながると錯覚するおそれがある。

　一方、全体的にキャッシュをどれだけ生み出すかというスループットに注目したほうが、全体の利益拡大への近道になるとするのが、TOCの考え方だ。スループットは比較的シンプルな計算で把握でき、現場で取り組むべき課題の特定や意思決定がしやすくなる。たとえば、固定費部分は変えられなくても、中間在庫を減らせば、それに投入する資材費が減るので、スループットは増大する。

　TOCでは、工程全体のスループットを増大させるためのステップとして、下記の4つを挙げている（図参照）。まず、ボトルネックに注目する。ボトルネックは工程全体のスループットを決定するもので、通常は最もサイクルタイムが長い工程であることが多い。また、ボトルネックを発見した後、ただちにステップ4に移るのではなく、ステップ2とステップ3で現状のパフォーマンスの最適化を図る点も特徴である。これは、他工程を同期させずにボトルネックの能力強化を図ると、部分最適に陥るおそれがあるからだ。ステップ4でそれまでのボトルネックが解消されれば、次にボトルネックとなっている機能を発見し、それを克服するという取り組みを続けていくことにより、工程全体の最適化が推進される。

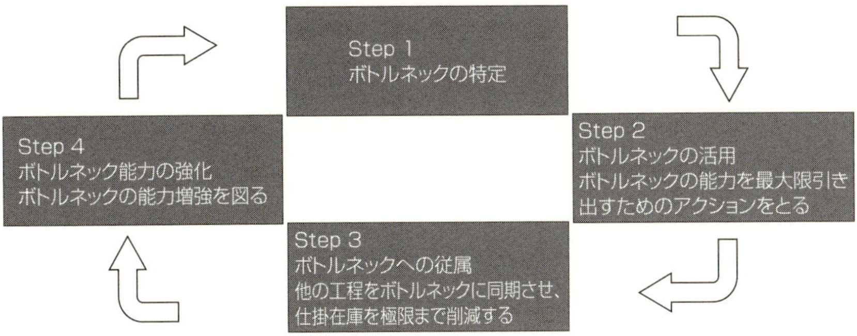

Step 1 ボトルネックの特定

Step 2 ボトルネックの活用 ボトルネックの能力を最大限引き出すためのアクションをとる

Step 3 ボトルネックへの従属 他の工程をボトルネックに同期させ、仕掛在庫を極限まで削減する

Step 4 ボトルネック能力の強化 ボトルネックの能力増強を図る

3. 研究開発

売上高研究開発費率

● ……定義
売上高研究開発費率(%) = $\frac{研究開発費}{売上高} \times 100$

● ……何がわかるか
業界平均や各企業の数値から、その業界、企業で研究開発がどれだけ重視されているか

　一般に、この指標の数値が高いほど、研究開発が重視されているととらえることができる。とりわけ、技術競争が激しい業界や、技術を軸にコア・コンピタンスや競争優位を築いている企業では、数値が高くなる傾向がある。たとえば、ハイテク産業では指標の数値が数％以上、医薬品業界では10％以上という企業もある。これに対して、金融業やサービス産業などでは、研究開発費の占める割合が相対的に低く、財務諸表などに研究開発投資に関する項目がないことも多い。ただし、ハイテク業界や医薬品業界においても、画期的な新技術は追わず、既存技術を軸に商品展開を行うなどの戦略方針によって、この指標の数字を低い水準に抑えている企業もある。

　研究開発は将来の収益基盤を創造するための活動なので、設備投資などとは異なり、景気の影響は比較的受けにくいと言われる。しかし、昨今の長引く不況による収益悪化を受けて、研究開発に効率性や採算性を求める動きが出ている。たとえば、研究開発組織を社内分社化したり、より商品化に近い部門に移すなど、研究開発スピードの向上や採算性を重視した体制に移行する動きが出ている。したがって、時系列で指標を見ていくことにより、企業の戦略方針を推測することができる。

　この指標の数値が高いからといって、技術的な成果や売上げや収益への貢献を約束するものではない。また、売上規模が小さい企業は、この指標の数値がいくら高くても、競合他社との技術開発力に差があるはずなので、絶対額の差にも留意しなくてはならない。ここ数年、医薬品メーカーの間で合併が相次いでいるのは、個々の企業では膨大な研究開発投資をカバーしきれなくなっているからである。とくに、商品サイクルの短期化、新技術の開発期間の短縮化、研究開発の広範化・高度化などにより、必要な研究開発費の規模が増大しており、1企業がすべての技術を自前で開発することは難しく、他社と提携して技術補完する動きも加速化している。

● ……データの入手先
　　有価証券報告書など。
● ……代表的な数値
　　製薬業界：武田薬品工業 11.9%（1242億円）、三共 15.2%（866億円）、山之内製薬 13.2%（668億円）
　　自動車業界：トヨタ自動車 4.2%（6716億円）、日産自動車 4.4%（3003億円）、本田技研工業 5.5%（4368億円）。

資料：2003年度連結財務諸表より

3. 研究開発

特許登録数

- **……定義**
  各国特許発行機関によって独占的に使用する権利が認められた発明件数

- **……何がわかるか**
  企業の技術競争力、知的財産権に関する方針

　特許は引用論文数とともに研究開発活動の成果とみなされ、技術力を示す代理指標として用いられることが多い。特許登録数の多い企業は一般に、技術力が高く、無形資産に対する権利の取得や利用、権利の尊重などへの関心が高いと考えることができる。

　特許の権利範囲や取得方針は、技術分野や製品特性によって大きく異なるので、比較の際には同業他社間で行ったほうがよい。たとえばエレクトロニクス業界では、1製品に何百件もの特許が使用されている。また、基本技術だけでなく周辺技術や製法に関する特許を取得していることが、他社とアライアンスやクロスライセンス契約を結ぶときに有利に働くこともあるため、特許の出願数や登録数は多くなる傾向にある。一方、医薬品などは少数であっても有効な特許を持っていれば、非常に大きな経済的効果が期待される。また、1製品で使われる特許の数が少ないので、出願件数も比較的少ない。

　技術力や研究開発効率について検討するときには、研究開発費、研究者数、特許実施率、ライセンス収入、新製品投入数なども総合的に見ていく必要がある。とくに、特許保有数が多くても、その権利を実際に行使している「実施率」が少ない場合は、いわゆる休眠特許が多く、研究成果を有効に利用できず、権利の維持費用などで無駄が生じている可能性がある。特許は技術の独占で優位に立つだけでなく、権利の譲渡やライセンス許諾を行うことで収入を得て、研究開発コストの回収を図るという使い方も可能だ。ライセンスの状況を見ることにより、その企業がどのように知的財産権を戦略上の武器として活用しようとしているかを推測することができる。たとえば、2001年のキヤノンの知的財産権によるライセンス収入は245億円、アメリカのIBMは15億ドル（約1800億円）にものぼる。特許件数は多いのに「**ライセンス収入**」が少ない企業は、周辺技術の特許だけで有力な基本技術の特許を持っていない可能性がある。

　なお、特許申請を行った件数を表す「**特許出願数**」も、研究開発活動の成果指標として用いることがあるが、そのすべてに独占権が与えられるとは限らないので注意を要する。

- **……データの入手先**
  特許庁や特許事務所などのホームページ。米国特許庁も毎年、出願人別特許登録数ランキングを発表している。特許関係の代表的なデータベース（有料）として、PATRIS、CLAIMS、USPATENTS、EPAT、INPADOC、DWPIなどがある。

3. 研究開発

開発期間

- **定義**
  新製品の設計段階から、実際の生産を開始できるようになるまでに要する期間

- **何がわかるか**
  市場の変化やニーズに合わせてタイムリーに新製品を投入できるかどうか

　近年は技術変化が早く、製品ライフサイクルも短くなる傾向にあるため、顧客ニーズに合った新製品をタイムリーに市場に投入することの重要性が高まっている。しかし、新製品が実際に市場に投入されるまでには通常、長い時間がかかる。製品の企画・設計、試作品のテストやシミュレーション、生産部門における量産設計、テストなど、新製品の開発にはさまざまなプロセスを経なくてはならないからだ。加えて、多くの部門が関わることも開発スピードを遅らせる要因となる。

　開発期間が短ければ、それだけ機動的に新製品を導入できるので、企業にとっては望ましい状態といえる。新製品をタイムリーに投入できれば、売場の活性化に貢献したり、売れ行きの悪い既存製品を代替することが可能だ。一方、開発期間が長くなれば、陳腐化した製品に代わる新製品の投入が遅れるため、店頭での棚の確保が難しくなったり、売れ残り品が不良在庫になるなどして、企業の収益性悪化につながるおそれがある。また、市場にアピールできる製品がないことは、販売担当者の意欲低下を招きかねない。

　開発期間の短縮化を図るには、個別製品ごとに作っていた部品を標準化・共有化することや、ITを用いて開発情報をデジタル化し部門間で共有することにより、かつては1つ1つ順番に行っていた設計・試作・説明書作成などの作業を可能な限り同時並行的に進めること（コンカレント・エンジニアリングと呼ぶ）などが有効である。また、**CAD**（Computer Aided Design）の利用により、開発期間を大幅に短縮させることに成功している例も多い。効率的に作業が進むように、設計などの作業を1箇所に集中させる、部門横断的なチームを編成するなど、開発組織体制や進捗管理体制を整備することも大切だ。製品改良や新製品製造に必要な顧客ニーズや需要動向などの情報を収集するマーケティングや営業部門も交えて、全社的な体制で取り組む必要がある。

- **データの入手先**
  基本的に社内情報。他社情報は調査が必要。自動車メーカーなどは、プレスリリースで数値目標を発表することがある。

- **代表的な数値**
  自動車業界では、フルモデルチェンジ（全面改良）で4年、マイナーチェンジ（部分改良）で2年と言われていたが、現在ではITを駆使して、平均18〜20カ月までに短縮している。トヨタの新車開発期間はCADの利用などにより、2002年現在は平均15カ月前後となっており、目標は10カ月と発表している。

3. 研究開発

新製品比率

● ……定義
新製品比率(%) = $\frac{\text{新製品の売上高}}{\text{自社売上高}} \times 100$

● ……何がわかるか
顧客ニーズに合った製品の開発力や需要の変化に対する適応力。需要変化の速度を推測し、開発計画に役立てることができる

　新製品比率は、一定期間（通常、半期や一年の期間）における自社の全売上高に対する新製品の売上高が占める割合を示したものである。新製品がどの程度売上げに貢献しているかを示すことから、「新製品寄与率」と呼ばれることもある。

　この比率が高い場合は一般に、新製品が顧客に受け入れられたことを意味し、研究開発やマーケティング活動が効果的に行われたと考えることができる。最近では多くの業界で製品ライフサイクルが短くなっているので、既存製品の基盤を固めるだけでなく、新製品の割合を高めていくことが、売上げを拡大・維持するうえで重要になっている。この指標を時系列で見たときに一貫して高い水準を保っていれば、毎年コンスタントに有力な新製品を投入できていることになる。ただし、計算式からもわかるように、既存製品が落ち込んで総売上高が減少したときにも、この指標の数値は高くなるので、販売実績や市場シェアなど、他のデータを合わせて見る必要がある。

　市場全体の新製品比率を算出すれば、新製品を市場に導入すべきタイミングや頻度を検討する際に役立つ。仮に市場全体の数値が年間25％であれば、4年間で製品ラインナップがひとまわりすることを意味するので、それを目安に開発計画を立てればよい。

　この指標を高めるにはまず、開発スタッフや十分な予算を充実させるなど、研究開発部門を強化する必要がある。また、開発スピードを向上させる取り組みや、需要動向や顧客のニーズを的確に把握するための仕組みなどを用意することも大切だ。新製品といっても、まったく新規の製品でブランドも新たに立ち上げる場合もあれば、既存製品の改良品や姉妹品のような場合もある。それぞれに応じて、宣伝や販売促進のやり方が異なってくることにも注意が必要である。

● ……データの入手先
　自社製品については自社販売データ、競合製品については調査会社などのパネルデータなどを利用する。有価証券報告書や株主向け説明会などで公表している企業もある。

● ……代表的な数値
　市場構造や競争環境、また企業の製品戦略によって異なってくるが、一般にエレクトロニクス産業の新製品寄与率は40～70％、日用雑貨業界は10％台である。アメリカの3M社は新製品比率として部門売上高の30％を目標として掲げている。小林製薬の2003年度3月期（単体）の新製品比率は11.4％である。

4. 人事・労務

従業員1人当たり売上高

- **定義**

  従業員1人当たり売上高 ＝ $\dfrac{売上高}{従業員数}$

- **何がわかるか**

  経営者は自社の競争力を把握することができる。担当者は部門ごと、あるいは従業員ごとのパフォーマンス管理の参考指標として利用できる

　従業員1人につきどれだけの売上げがあったかを示す指標で、企業全体における従業員の生産性をとらえることができる。一般に、同業他社よりもこの数値が高ければ、従業員の生産性が高く、効率よく企業活動を展開していると判断できる。ただし、同じ業界や商品カテゴリーであっても、販売している商品が高級品か普及品か、大型商品か小型商品かなどの違いにより売上高に差が生じるため、取扱商品や経営政策の違いなどにも留意する必要がある。

　この指標を時系列で見ることにより、自社のパフォーマンスをチェックすることができる。数値が低下している場合は、その変動要因を明らかにする必要がある。たとえば、企業全体では低下しているが営業部門の数値が高い場合は、間接部門が肥大化している可能性がある。間接部門の業務内容や業務分担が適切であるか、人員配置が適切であるかを確認していくと、問題点の特定や改善策の方向性に関する示唆が得られる。また、多店舗展開をしている量販店や飲食店などでは、従業員1人当たりの売上高を店舗比較の材料の1つにし、販売員管理や報償管理など各店の経営管理に活用することがある。一般企業の営業部門などでも、部門としての**目標管理（MBO）**を行う際に、この指標を目標値として利用することが多い。

　この指標を使う際に注意すべき点は、企業活動に従事している人間を「従業員」とひとくくりにしてしまうと、実態と合わなくなるおそれがあることだ。とくに、近年では正社員、契約社員、パート、アルバイトなど多様な雇用形態が常態化し、それぞれの雇用形態によって勤務時間や出勤日数が異なっている。さらに、連結財務諸表に示されている従業員数には、海外人員やグループ人員なども含まれるので、他社と比較するときには注意が必要である。

- **データの入手先**

  各企業の財務情報に売上高、従業員数が公開されているケースが多く、個々に算出可能である。部門比較などの際は、社内データのみ。

- **代表的な数値**

  2003年度3月期の財務諸表による従業員1人当たり売上高（連結）：トヨタ自動車6324万円、ソニー4639万円、武田薬品工業7191万円。

第3章 ビジネスを見る指標

4. 人事・労務

従業員の平均年齢

● ……定義

従業員の平均年齢＝$\dfrac{\text{全従業員の年齢の和}}{\text{従業員数}}$

● ……何がわかるか

企業の人材戦略や企業の活力、成長ステージなどが推定できる

　一般的に、平均年齢が若い会社のほうが、若い人材が活躍する場があり、企業としての活力があると考えられる。従業員の年齢構成は、企業の活動年数や業績、業種、採用方針などに大きく影響されるものである。たとえば、ベンチャー企業などでは報酬や待遇、企業文化との適合などの面で、若い人材のほうが採用しやすい場合がある。また、若者相手のビジネスやソフトウエア開発などを行っている企業では、若い感性や技術力の必要性などから若手を積極的に採用しており、平均年齢が極端に低くなることがある。逆に、上場企業の定年退職者を再雇用し、その人脈を利用して営業活動を充実させるなどの方針を持つ企業では、平均年齢は極端に高くなるかもしれない。

　平均年齢を年齢構成や年齢グループ別、男女別、役職別などに分けて調べると、自社の特徴や課題の理解に役立つ。バブル期は大量に採用したが、その後は景気低迷を受けて採用を手控えるなど、企業の採用計画はその時々の経済状況の影響を大きく受けるため、年齢層によって従業員数のばらつきが大きいところも多い。将来の経営を担う人材が極端に不足しているなどの問題点が把握できれば、今後の採用計画や能力開発プログラムの設計に活かせる。また、男女間で平均年齢に大きな差がある企業も多い。一般職、総合職などのコース別採用をしてきた企業では、多数派である一般職の女性社員が結婚や出産を機に退社するので、全体の平均年齢を引き下げている場合がある。

　役員の平均年齢も企業風土や企業の活力を考える際の1つの目安となる。一般的に、役員の平均年齢が低いほうが、若手の活躍の場も多く、革新的で活力に満ちた企業といえる。外資系企業では30代の役員や40代のCEO（最高経営責任者）なども少なくないが、オーナー企業の後継者などは例外として、伝統的な日本の大手企業では年功序列を背景に、役員になるまでに長いキャリアを積むことを必須としてきたため、役員年齢は50歳以上に集中している。

● ……データの入手先

各企業の財務情報に記載されていることが多い。

● ……代表的な数値

2003年度3月期の財務諸表（単体）によると、

従業員の平均年齢：トヨタ自動車 37.2歳、ソニー 38.7歳、新日本製鐵 41.5歳、ヤフー 31.5歳

役員の平均年齢：トヨタ自動車 59.9歳、ソニー 61.7歳、新日本製鐵 58.0歳、ヤフー 49.0歳

4. 人事・労務

従業員1人当たり人材開発費

● ……定義
従業員1人当たり人材開発費 = $\dfrac{\text{教育研修費}}{\text{従業員数}}$

● ……何がわかるか
その企業が従業員の人材開発投資をどの程度積極的に行っているか

　一人ひとりの従業員をどのように教育し、戦力化するかは、企業にとってきわめて重要な課題である。この指標の数値が大きいほど、従業員の能力やパフォーマンスを向上させたり、企業が目指す方向性や価値観を共有させるための人材開発投資を積極的に行っていることを意味する。ただし、金額が大きいからといって、必ずしも売上げや利益などの成果に結びつくわけではない。たとえば、新卒採用者向けと中途採用者向けの研修や、若手社員向けと管理職向けの研修とでは、その目的や内容などは当然異なってくるように、人材開発の質的な側面も伴っていなければ成果にはつながらない。したがって、企業は自社の戦略方針や人材育成方針などに沿って、どの対象者に何が必要かを見極めながら、人材開発プログラムを考えていく必要がある。

　かつては課長や部長など階層別に一律に研修を行うことが多かったが、最近では、将来の経営幹部候補を計画的に選抜して研修を受けさせる企業が増えている。リーダーの発掘・育成プログラムが注目され始めた背景には、ポテンシャルのある人材に投資を集中させるという考え方がある。また、雇用形態の多様化により、パートやアルバイトの従業員を教育し、短期間に戦力化するための指導者や、正社員以外の従業員をマネジメントしていく能力を持ったマネジャーが必要になっている。そうした人材の育成は企業にとって新たな課題となっている。

　能力主義や成果主義が強調されるようになったことと並行して、従業員の自己責任に基づいた選択型の研修プログラムを用意する企業が増えている。たとえば、研修費用の一部あるいは全額を企業が負担し、従業員は自分に不足している知識や能力を身につけるための研修を自ら選ぶという**カフェテリア方式**の研修プログラムなどが好まれている。

　雇用をめぐる状況が変化するなかで、人材開発という概念は従来に比べ格段に幅が広がっている。企業としても、人材の採用、異動、退職といった人材フローのマネジメントや従業員のキャリアパスなどと関連づけながら、各従業員に必要な能力開発プログラムを考えていく必要がある。

◉……データの入手先

基本的に社内データ。「人材開発費」という定義でデータを公開している企業はほとんどない。

アメリカでは、調査機関が1人当たり人材開発費、人材開発費の給与総額に占める割合などのデータを公表している。

人材開発における時間的コスト

　人材開発投資やその効果を検討する場合には、研修対象者が研修参加するために割いた時間や、マネジメントが部下のコーチングなどに費やした時間など、時間的なコストについても考慮する必要がある。こうした時間的なコストは、教育研修など金銭的なコストと違って、意識されないことが多い。**ABC**（Activity Based Costing：活動基準原価計算）などを導入し、従業員やマネジメントの活動内容やその時間を克明に記録していない限り、人材開発にどの程度時間を使ったか、正確に把握することが難しいからだ。

　従業員教育を重視しているアメリカのゼネラル・エレクトリック社では、3日間かけて行うワークアウト・プログラムなど、さまざまな研修機会が用意されている。たとえば、一定勤続年数以上の中間管理職は連続3週間の集中トレーニングを受けるために、研修施設のあるクロトンビルに召集される。また、当時の会長であったジャック・ウェルチは多忙を極めていたにもかかわらず、年12回もクロトンビルを訪れ、会社の価値観を伝えるために自ら講義を行っていたという。

離職率

● ……**定義**
$$離職率(\%) = \frac{(一定期間において)離職した従業員数}{従業員総数} \times 100$$

● ……**何がわかるか**
従業員の職場満足度、企業の従業員への配慮を推測することができる

　離職率は従業員総数の中で離職した者の割合のことで、従業員の職場満足度を示す指標とされる。企業がどれだけ従業員の人間性に配慮し、オフィスの物理的環境、金銭的報酬、評価システム、福利厚生などの面で「働きやすい環境」を提供しているかによって、従業員の職場に対する満足度は変わってくる。そして、満足していない従業員は企業を離れていく。

　離職率の低さは一般に、長期間働く従業員が多いことを意味し、それだけ従業員にとって働きやすい環境が用意されているという解釈が可能である。しかし、本来は去ってもらうべき生産性の低い従業員がいつまでも社内に留まることにもなりかねないので、この指標の数値が低いことが必ずしも企業にとって好ましい状態とは言えない。実際には、従業員の向上心や努力を促すために、一定水準の離職率を保つことを目標としている企業もある。

　指標の数値が高すぎる場合は、離職者が多いために、新しい人材の採用や教育、業務・人材配置の調整などに多大なコストが発生している可能性がある。また、短期間に離職率が急上昇しているような場合は、リストラの結果によるものか、社内で何らかの問題が発生したためなのか、その原因を分析したほうがよいだろう。とくに、マネジメントのコミュニケーションやリーダーシップに対する不満、業務上の不正やセクハラなど経営管理上の問題によって従業員の士気や生産性の低下を招き、離職率が上昇しているときには、早急に問題解決を図る必要がある。

　この指標を改善するには、従業員にとって働きやすい環境を整えるとともに、企業の組織風土や戦略に適合した人材を採用し、教育していくことが大切だ。生産性や収益性などの観点も入れながら、従業員が十分に能力を発揮できる環境を整えつつ、不必要な人材には離職を促す仕組みを用意する必要がある。これは従来の終身雇用制の下ではなかなか実施できなかったが、最近ではリストラや希望退職者の募集、独立支援などを行う企業も増えている。なお、出向などの形態で職場を離れている場合は数値と実態に乖離が生じるケースもあるので、単体企業のデータを見るときには気をつけたい。

第3章 ビジネスを見る指標

●……データの入手先
　労働市場全体については、厚生労働省の雇用動向調査で入手できる。個別企業のデータは一般には公表されていないことが多い。

●……代表的な数値
労働市場全体における離職率の推移（単位：％）

平成9年	平成10年	平成11年	平成12年	平成13年
15.2	15.1	15.0	16.0	16.9

平成13年の産業別離職率（単位：％）

鉱業	建設業	製造業	電気・ガス・熱供給・水道業	運輸・通信業	卸売・小売業・飲食店	金融・保険業	不動産業	サービス業
12.8	15.8	14.4	5.7	15.9	19.2	14.0	27.2	18.2

資料：厚生労働省「雇用動向調査」のデータより

平均在職期間

　離職率と似た指標として、平均在職期間を見る方法もある。以前は、全従業員に対して長期雇用を前提とした人材フローを考えている企業が多く、平均在職期間も長かった。しかし最近では、企業の戦略に適合する一部の人材を重点的にケアして、長期的な在職を促す方向へとマネジメントのあり方が変化しつつある。これは真に会社に残ってほしい「コア人材」以外は、必要に応じて中途採用を行ったり、契約社員を起用することが容易になってきたからだ。したがって、離職率や平均在職期間などの指標を見ていく場合には、そうした変化も視野に入れておく必要があるだろう。

4. 人事・労務

平均労働時間

● ……定義
平均労働時間 = （一定期間における）全従業員の労働時間の合計 / 従業員数

● ……何がわかるか
労働生産性や従業員の労働負荷が把握できる

　この指標は通常、従業員の生産性や労働状況を把握するために使われる。たとえば、売上げや利益が同じで平均労働時間が短ければ、それだけ労働生産性が高く、企業活動を効率よく行っていることを意味している。逆に平均労働時間が長い場合は、従業員数が不足している、業務量が多く労働負荷が大きいなどの問題を抱えている可能性がある。それにより、従業員満足度や生産性の低下、離職率の上昇などにつながるおそれがある。とくに、平均労働時間が過度に増えていたり、長時間労働が慢性化しているときには、早急に問題点を洗い出し、人員の適正配置や業務の標準化、応援態勢の検討を行う必要があるだろう。

　同じ企業内でも部門によって労働時間に格差があることも多いので、労働状況を把握したいときには、部門ごとの平均労働時間を見るとよい。タイムカードなどで正確な労働時間を把握している部門では、労働生産性の向上などに労働時間のデータを活用することができる。

　厚生労働省が毎月行っている全国規模の労働時間調査によると、近年は労働時間の減少傾向が明確になってきている。これまで、ある程度の労働時間の多さは経済の好況を示すものでもあった。労働時間が短縮している原因としては、景気悪化に伴って業務量が減り、残業などの所定外労働時間が減少していることなどが考えられる。所定外労働時間の減少は一般に、半年程度遅れて全体的な雇用者数に影響を及ぼすと言われている。また最近では、社員一人ひとりの労働時間と賃金を抑え、雇用の維持を図ろうというワークシェアリングの動きも注目されている。

● ……データの入手先
　基本的に社内データ。他社の数値は一般には入手することは難しい。全国的なトレンドは厚生労働省の毎月勤労統計調査から把握できる。

● ……代表的な数値
　2002年度の平均月間総実労働時間は、152.2時間（前年度比0.4％減）、そのうち所定内労働時間は142.5時間（0.7％減）、所定外労働時間は9.7時間（3.2％増）。

資料：毎月勤労統計調査－平均14年度分結果確報（厚生労働省、平成15年5月発表）

4. 人事・労務

従業員の平均給与

● 定義
従業員の平均給与 = $\dfrac{\text{給与支給総額（給料、手当、賞与の合計）}}{\text{従業員数}}$

● 何がわかるか
業界における自社の地位。賃金面における従業員満足度や企業環境、給与水準の妥当性などの検討材料となる

　この指標は、従業員1人当たりの1年間の給与支給総額の平均を算出したものである。同業他社と対比したり、業界の特徴をとらえるために用いることが多い。労働組合などが自社の賃金水準を考えるうえで意識している指標でもある。たとえば、従来は金融、電力、商社、鉄鋼など伝統的な企業序列のある業界では、概してトップ企業ほど高い水準にあった。また、金融業のホワイトカラーの平均給与は総じて高く、製造業のブルーカラーは低いなど、業種や職種によっても違いがあった。

　同業他社との比較では一般に、数値が大きいほど、同様の仕事でより高い報酬が得られていることになるので、従業員にとって好ましい状態と言える。企業にとっても、平均給与が高いほうが企業イメージに好影響を与えるので、優秀な人材を確保しやすく、従業員のモチベーション維持にも役立つ。しかし、平均給与が高すぎる場合、企業にとっては人件費管理面で問題が生じる可能性があるので、自社の売上規模や従業員の生産性などを考慮しながら適正な給与水準を考えていく必要がある。

　ただし、同じ企業であっても、従業員の能力や年齢、勤務形態、職種、地域の違いなどによって平均給与と実際の給与が大きく異なる場合がある。また、パートやアルバイト、契約社員など雇用形態が多様化しており、「従業員」のとらえ方も複雑になっている。さらに、最近は成果主義が強調されるようになっており、同業種や同世代でも給与格差が広がっている。従来は日本の多くの大企業は年功序列体制がとられ、給与体系も安定的であったので、同業種のA社とB社を比較して平均給与が同額であれば、同じような職場環境を想定できた。しかし現在は、平均給与が同じでも、A社は年功序列でB社は成果主義をとっていれば、B社のほうが従業員間の給与格差が大きくなる。したがって、平均給与だけでなく、その企業の採用方針や人材活用の考え方などにも注意を払う必要がある。

● データの入手先
厚生労働省：「賃金構造基本統計調査」、中央労働委員会：「賃金事情調査」「退職金、年金及び定年制事情調査」、国税庁：「民間給与実態統計調査」、個別企業の財務データから平均給与の算出が可能である。

● 代表的な数値
平均年収（2003年7月時点）トヨタ自動車 805万円、ソニー 888万円、武田薬品工業 1040万円。

資料：Yahoo! ファイナンス

4. 人事・労務

正社員比率

● ……定義
正社員比率 ＝ $\frac{正社員数}{全社員^*} \times 100$

＊通常、パート・アルバイト・契約社員等は含むが、外部労働者である派遣社員、外注、下請けは含まない

● ……何がわかるか
人件費削減の検討など、コスト管理を行う際の参考指標となる

　正社員比率が高い企業では、企業活動の主な担い手は（長期雇用の）正社員ということになる。正社員という安定した身分や一定の待遇を保障することにより、社員の長期的なコミットメントが期待できるが、その一方で、経営環境の変化に応じて柔軟に雇用調整を行うことが難しくなる。

　最近の全般的な雇用情勢を見ると、正社員比率が減少し、パートタイマーなど正社員以外の人員が増加する傾向にある。労働者から見ると、さまざまな雇用形態があるぶん選択の幅が広がるが、全体的に安定した長期雇用の場は減少している。これは、経営状態に即した人員調整を迅速に行いたい、総額人件費を抑制したいという企業側の意図に基づく。こうしたなかで、正社員として雇用してきた人材がそれにふさわしい付加価値を創出しているかどうかを問い始めた企業も多い。パートやアルバイトでも可能な仕事を正社員に割り振り、年功序列で報酬を上げていくやり方では、競争力が保てないケースも出てきている。そのため、定型化できる業務や付加価値の低い業務は正社員以外の人員に任せ、正社員は企業戦略上重要な部門や業務に重点配置するという流れに変わりつつある。

　正社員が必要かどうかは、その仕事が常に一定レベルで発生するか（一時的であれば、外部リソースを用いるほうが効率的である場合も多い）、どの程度のスキルレベルが必要か、内部に保有すべき仕事かなどの観点から判断する必要がある。ただし、正社員か否かによって従業員の能力を二分できるわけではない。現実に、パートやアルバイトでも優秀な人材については正社員に登用する道を設けたり、報酬面で特別の手当を支給する企業も出てきている。雇用の形態にかかわらず従業員のモチベーションを高め、高い生産性を実現することが、企業経営上の重要課題となってきている。なお、派遣社員を活用したり、関連会社へ出向しているなど、公表している正社員数が雇用実態に即していない場合もあるので、注意が必要である。

● ……データの入手先
基本的に社内データ。

第3章　ビジネスを見る指標

4. 人事・労務

役職数

- **……定義**
  「部長」「課長」といった役職（ポスト）の（階層）数

- **……何がわかるか**
  意思決定の速さや企業風土

　企業によって呼称や定義は異なるが、「部長」「課長」などの役職（ポスト）がどのように設けられているかによって、その企業の文化や体質を推測することができる。

　役職数が多い場合は一般に、意思決定スピードが遅く、保守的な風土になりやすい。組織構造も、トップのマネジメント層から末端の従業員までに何人もの中間管理職が置かれ、何階層ものピラミッド構造になることが多い。こうした組織は安定的で確実な業務遂行を重視する場合に適していると言われる。しかし、階層が多いぶん、報告や了解の取り付けなどの根回しが必要となり、迅速な意思決定が行いにくくなる。とくに、役職は程度の差はあれ、社内での個人のステータスを明確に示すものなので、細分化されていればいるほど上下関係が発生し、ピラミッド構造を強化する方向に働きやすい。多くの日本の大企業ではかつて、階層の多い組織構造と年功序列が組み合わされた形をとっていたため、年次の下の人が上の人を追い越すいわゆる「逆転人事」に対する気遣いが必要になるケースが多く、人事が硬直化しやすいという弊害が生じていた。

　これに対して役職数が少ない場合は一般に、階層数が少なく、いわゆるフラットな組織になることが多い。上下関係が少ないぶん報告経路がシンプルで、権限の委譲や責任の明確化も促進され、スピーディな意思決定が行われやすくなることから、フラットな組織はスピードや変化への対応力を重視する企業に適していると言われる。風通しのよい企業風土も生まれやすくなるが、その一方で、権限委譲でマネジメントの業務量が増えたり、フラット化で部下の数が増えることにより、密接なコミュニケーションや部下育成が十分に行き届かないなどの問題が生じる場合もある。

　最近は昇進の概念も変化しており、経営一般に関わるゼネラリストと専門分野を極めるスペシャリストなど、複線型のキャリアパスを用意する企業も多くなっている。事業特性や業務遂行上重視される要件、経営戦略との整合性などを考慮しながら、役職や組織、報酬体系などを整備していく必要がある。

- **……データの入手先**
  基本的に社内データ。

4. 人事・労務

Span of Control

◉……定義
1人のマネジャーが直接管理している部下の人数、業務の領域

◉……何がわかるか
人員配置や業務区分など資源配分を考える際の視点となる

　会社の組織が大きくなり、従業員の人数が増えると、1人のマネジャーがすべてを管理することが難しくなる。そうなると、ある程度役割分担をして、複数のマネジャーを置くことが必要となる。そのときに問題になるのが、マネジャーの管理範囲、つまり、1人のマネジャーが効果的に管理できる部下の人数は何人かということである。これは、学校で1クラスの生徒は何人が最適かという議論に似ている。部下の数が多すぎれば、管理者の目が行き届かず、サポートや情報提供などが不十分になるおそれがある。逆に、部下の数が少なすぎれば、管理者が多いぶんコストがかさみ、管理過剰で従業員の自主性が育たない、従業員間での刺激や競争が促進されないなどの問題が出てくる。

　適正な管理範囲を一義的に定義することが難しい理由はほかにもある。たとえば、A部門とB部門の構成員数は同じだが、管理者数がA部門のほうが多かったとする。このとき、管理者の少ないB部門のほうが効率的で優れていると判断するのは早計である。それは、業務内容や業務のやり方、アウトプットの質や量、管理者や部下の能力などの違いを考慮すべきだからだ。さらに、ITの導入やネットワーク化などの影響も無視できない。実際に、社員1人にパソコン1台が割り当てられ、組織のフラット化が進んでいることにより、Span of Controlの範囲は広がりつつある。グループウエアの普及などによって、口頭や文書で行われていた頃に比べて、業務に必要な情報のやりとりが飛躍的に容易になってきたことが大きい。ただし、情報の共有や整理が容易になったからといって、マネジャーの管理能力には限界があるので、管理可能な人数が無限に広がるわけではない。

　Span of Controlの範囲を広げていくために、マネジャーには、新しい状況に柔軟な対応し、戦略的な方向性を部下に共有させながら、各人の自律性を高めていくマネジメント能力を身につけることが求められている。企業は、ITの利用環境を整備するだけでなく、マネジャー向けの研修など能力開発の機会を与える必要がある。

◉……データの入手先
一般に入手できるデータはほとんどない。個別に企業の組織・人員配置図等からおおよその数値を推定することは可能。

1人当たりのパソコン台数

ほんの数年のうちに、企業におけるビジネスツールが様変わりしている。経済産業省が2000年に行った企業調査（9500社を対象。回答数は4683社、うち中小企業は24.1％）によると、2000年度の従業員1人当たりのパソコン所有台数は0.84台、LANの導入率は94％であった。また、メールアドレスも、パソコン1台につきほぼ1つのIDが与えられており、社内外のコミュニケーション方法だけでなく仕事のやり方も大きく様変わりしていることがうかがわれる。従業員1人当たりの生産性を高めるためには、IT導入などハード面の環境整備以上に、いかにITを有効なツールとして使いこなせるか、とりわけ必要な情報だけを素早く効率的に入手・活用できるかという、従業員個々の**情報リテラシー**が鍵となってきている。

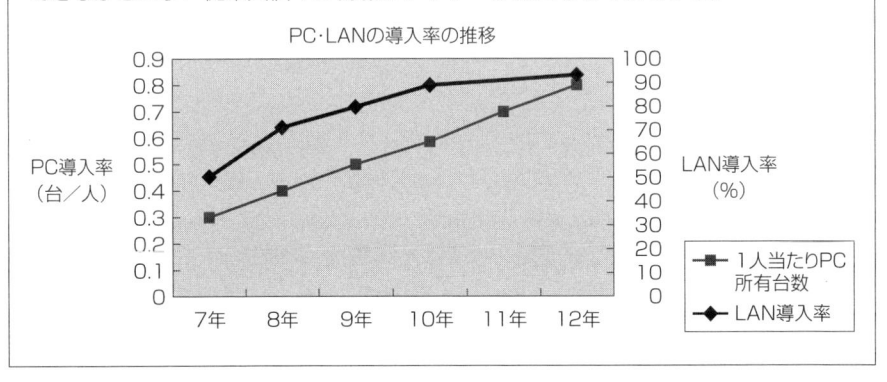

PC・LANの導入率の推移

5. 財務／経理

EVA®

- ……定義
  EVA＝NOPAT－（加重平均資本コスト×投下資本）

- ……何がわかるか
  投下資本に対して企業が創造した価値。企業全体や部門別の業績評価に役立つ

　EVA®（Economic Value Added：経済付加価値、以下®省略）は、アメリカのコンサルティング会社であるスターン・スチュワート社の登録商標であり、株主価値やキャッシュフローを重視する流れを踏まえながら、業績評価に利用できるようにと考案されたものだ。具体的には、事業から得た利益である**NOPAT**（Net Operating Profit After Tax：単年度の税引後利益）から、その事業を行うために使用した資本コストの実額（加重平均資本コスト＊×投下資本）を差し引くことにより、「投下資本に対してどれだけの価値が創造されたか」を把握し、それをもとに目標の設定や成果の測定に用いる。

　EVAの主な特徴として、キャッシュフロー・ベースであること、資本コストを考慮していること、部門別に把握できることが挙げられる。株主価値を計算する場合、企業全体の価値は株価から把握できるが、部門別の数値はとらえられない。これに対して、EVAは企業全体だけでなく、事業別、部門別、プロジェクト別など、その企業の実情に合わせながら、各レベルの活動がどれだけ株主価値に貢献しているかを把握できる。

　EVAは数値が大きいほど、企業活動によって創造された価値が大きいことを意味する。計算式からもわかるように、EVAを高めるには、①NOPATを増やす、②投下資本を減らす、③資本コストを上回るプロジェクトに投資する、④資本コストを下げる、という方向で考える必要がある。たとえば、①はマーケティング施策を変更して売上げを増加させたり、サプライチェーン全体の見直しや製造方法の変更、品質改善によりコストを削減することが考えられる。②は需要予測精度を上げて不量在庫を減らす、遊休設備を売却・廃棄するなどして資産を減らせばよい。③は効率のよい設備に投資すること、④は資金調達方法を変えて、加重平均資本コストを下げることなどが考えられる。

＊**加重平均資本コスト**（WACC：Weighted Average Cost of Capital）。負債と株主資本の構成比率を加味した資本コスト。150ページ参照

- ……**データの入手先**
  スターン・スチュワート社のホームページ　http://www.sternstewart.co.jp/　(2003年4月時点)
  1999〜2002年の日本企業のEVAのデータは、「週刊東洋経済」誌上でも発表されている。
- ……**代表的な数値**
  日本企業のEVA上位5社（2001年度）

順位		単位:億円
1	トヨタ自動車	2362
2	ホンダ	2219
3	武田薬品工業	1750
4	日産自動車	1453
5	任天堂	760

資料：「週刊東洋経済」2002/11/02

日本でも、花王、旭化成、キリンビールなどが導入しているほか、EVAと同様の発想に基づく独自の指標を導入する企業も出てきている。

日本企業のMVA上位5社（2001年度）

順位		単位:億円
1	トヨタ自動車	4兆4795
2	武田薬品工業	3兆1957
3	キヤノン	2兆0009
4	ホンダ	1兆9487
5	ソニー	1兆7165

資料：「週刊東洋経済」2002/11/02

MVA

EVAは単年度の業績指標だが、長期的な業績評価には**MVA**（Market Value Added）が使われる。MVAは市場価値（株式時価総額に負債の時価を加えたもの）から投下資本（負債および株主資本の簿価）を差し引いたものであり、企業に投下された資金を超えてどれだけの価値が創造されたかがわかる。MVAは実質的に毎年度のEVAの現在価値を合計したものなので、EVAを長期的に向上させることでMVAを高めることができる。したがって、長期目標としてMVAを掲げ、それを達成するためにEVAを高める取り組みを行う企業が多い。EVAやMVAを導入している企業は一般に、株主価値向上に対する意識が高く、内部管理においても株主価値を反映させていると考えることができる。

資本コスト

● ……**定義**
(加重平均)資本コスト＝負債コスト×(1−実効税率)×$\dfrac{負債}{負債＋株主資本}$＋株主資本コスト×$\dfrac{株主資本}{負債＋株主資本}$

● ……**何がわかるか**
企業が達成すべき投資利回りの基準になる。企業買収の際の企業評価、企業価値の算定、投資案件や事業部などの経済的価値を評価するときに用いられる

　資本コスト（ここでいう「資本」は、貸借対照表上の株主資本ではなく、企業活動に必要な資金全体を意味する）とは、企業が市場から資金を調達するときにかかるコストのことで、負債にかかる負債コストと、株式にかかる株主資本コストから構成される。

　投資家や金融機関が企業に資金を提供する場合は、負債（社債の購入、融資）あるいは株主資本（株式への投資）という形をとる。そして、資金提供の見返りとして、負債に対して「利息」を、株主資本に対して「配当とキャピタルゲイン（値上がり益）」を期待する。これらは企業から見ると、資金調達に伴う「コスト」となる。企業は資金を提供してもらった以上、投資家の期待に応えなくてはならないからだ。したがって、利息を支払うことができない企業は倒産に追い込まれる可能性があるし、株主が期待する配当とキャピタルゲインを達成できない企業の経営者は、経営責任を問われることになる。

　資本コストは「コスト」である以上、企業にとっては低いほうが好ましいという見方もありうる。社債を新規で発行する際に利回りを低く抑えたり、金融機関から低い利率で借り入れることができれば、企業の返済負担は軽減するからだ。しかし、資本構成やビジネスの実態などによっても資本コストは変わるので、資本コストの大小で一概に企業の良し悪しを判断することはできない。たとえば、事業構成と資産規模が同じA社とB社があった場合、負債比率が高いA社のほうが、株主資本比率が高いB社よりも、資本コストは低くなる。それは、負債コストのほうが株主資本コストよりも低いコストであるからだ。しかし、負債の構成を高めるほど、企業にとって好ましい状態になるというわけではない。株主資本を減らしそのぶん負債を増やすことによって、ある程度まで資本コストを低く抑えることができるが、負債が多くなりすぎると、財務破綻リスクが高まるので、負債コストそのものが上昇する。

　なお、事業ごとにリスクが異なるので、企業の事業構成によって資本コストは異なったものになる。したがって、その事業は資本コストを上回る収益を上げているか、資本コストが高かったり低かったりする要因は何か、などの視点で考えてみることも大切だ。

● ……**データの入手先**
各社の有価証券報告書（負債総額、発行済み株式数など）や、証券会社や経済情報紙・媒体などのホームページの公開データ（株価情報、β値、国債レートなど）を利用して資本コストを算出することができる。

● ……**代表的な数値**
EVAとMVA（148、149ページ参照）ランキングを公表しているスターン・スチュワートは、併せて資本コストも算出し、公開している。2000年時点の日本のMVA上位5社の資本コストは次のとおりである。

順位		資本コスト
1	トヨタ自動車	4.38%
2	日本電信電話	4.48%
3	ソニー	6.23%
4	武田薬品工業	3.81%
5	キヤノン	5.17%

資料：「週刊東洋経済」2001/10/20

負債コストと株主資本コスト

負債コストは貸借対照表上のすべての負債のコストではなく、長期負債のコストを用いる。これは、「キャッシュの源泉となる資産を生み出すのは、あくまで長期負債と株主資本である」という考え方に基づく。自社の場合には、長期借入や社債のコストを把握するのは比較的容易だが、外部から他社の負債コストを算出するのは難しい。一般には、財務諸表の支払利息を有利子負債総額で割った値で代用することが多い。なお、左ページの式で負債コストに（1－実効税率）を掛けるのは、支払った利息のぶんだけ税金負担が減るからである。

株主資本コストは、CAPMと呼ばれる考え方を用い、以下の式で求める。

株主資本コスト＝$r_f + \beta \{E(r_M) - r_f\}$

r_f：**リスクフリーレート**。通常は国債の利回り

β：**ベータ**。株式市場が1％変化したときに、その会社のリターンが何％変化するかを示す感応度

$E(r_M) - r_f$：**マーケットリスク・プレミアム**

株主コストは通常、負債コストよりも高いとされる。資金提供者から見ると、借入金や債券などの負債であれば通常は決められた額の利息が手に入るが、株式の場合は利回りが不確定で儲かることもあれば損をすることもある。配当も一定ではない。したがって、ハイリスク・ハイリターンの原則により、リスクの高い株式は要求されるリターンも高くなるので、株主コストは負債コストを上回るのである。

5. 財務／経理

NPVとIRR

● ……定義
NPV＝投資が生み出すキャッシュフローの現在価値－初期投資額
IRR：NPVがゼロとなる割引率

● ……何がわかるか
保有資産や、検討している投資案件の価値。保有資産の買収・売却、新規投資の可否や優先順位などの判断に活用できる

　NPV（Net Present Value：正味現在価値）とIRR（Internal Rate of Return：内部収益率）はともに、キャッシュフローの現在価値を算出する**DCF法**（Discounted Cash Flow Method：割引キャッシュフロー法）をベースとした投資評価手法である。とくに、初期投資額、投資により得られる価値の大きさ、その創出時期などが異なる複数の投資案件を比較したい場合、金銭の時間的価値やリスクなどを考慮したDCF法をはじめとするファイナンス理論に基づいた評価手法が役立つ。

　NPV法では、投資により生み出されるキャッシュフローの現在価値が初期投資額を上回っていれば、その投資は価値を創出していることになる。そのため、NPVがプラスなら投資し、マイナスなら投資しないという判断を行う。複数の投資案件を比較する場合は、NPVが大きいほど投資から得られる価値が大きく、より有利な案件だと考えればよい。

　IRR法では、まずNPVがゼロとなる割引率（その投資によって得られることが見込まれる利回り）であるIRRを算出する。そして、投資により本来得られるべきリターン（ハードル・レート）と比べて、IRRがハードル・レートを上回れば投資し、下回れば投資をしないという判断になる。

　IRR法で注意しなくてはならないのは、規模の異なる投資案件の判断がしにくい点である。たとえば、初期投資が20億円、その後5年間に5億円ずつキャッシュを生み出す案件A（IRRは7.9％）と初期投資が10億円でその後5年間に3億円ずつキャッシュを創出する案件B（IRRは15.2％）があり、両方ともハードル・レートを上回っている場合は、いずれの投資案件を優先すべきかを決めるのは難しい。さらに、投資によって生み出されるキャッシュフローが途中でプラスからマイナスへ（あるいはマイナスからプラスへ）転じたり、一定額のキャッシュフローが永久に続く場合は、IRRが算出不能になったり、複数解が存在するなどして、誤った投資評価を導くおそれがある。

● ……データの入手先
基本的に社内情報。

5. 財務／経理

ペイバック（回収期間）法

● ……定義
　　投資金額が回収される年数

● ……何がわかるか
　　投資のために調達した資金が何年で返済できるか。資金調達面でのリスクが把握でき、投資判断に活用できる

　ペイバック法は、投資金額の回収期間の長さによって、投資を評価する手法である。通常は、「この期間内に回収すべき」とする基準期間を設け、その投資の回収期間と比較する。たとえば、初期投資が100億円で毎年17億円の利益が得られる場合、回収期間は5.9年（＝100÷17）となる。基準期間が7年であれば、回収期間のほうが短いので投資すべき、基準期間が4年であれば、投資をすべきではないという判断になる。

　回収期間は一般に、短ければ短いほどよいとされる。遠い将来になるほど不確実性が高まり、不慮の出来事により当初の予定どおり回収できなくなるおそれがあるからだ。たとえば、投資に必要な資金を借入金で調達した場合、返済までの期間が短いほうが、通常はリスクが小さいとみなされる。

　ペイバック法は計算が簡単で直感的に理解しやすいので、実務において広く活用されている。しかし、ファイナンスの考え方から見ると問題点もある。たとえば、回収期間の初めにリターンが集中する投資案件と後半にリターンが集中する投資案件とがあり、回収期間が同じだった場合、金銭の時間的価値が考慮されていないので、どちらが有利なのかが判断できない。また、回収期間以降のキャッシュフローの価値が考慮されていないので、それ以後のリターンの大小は投資判断には含まれず、プロジェクト全体としてのリスクやリターンの大きさが考慮されない。さらに、基準期間の設定方法も曖昧である。したがって、ペイバック法は、NPVやIRRと併用しながら、補助的に使うことが望ましい。

　ただし、これらの短所がさほど問題にならないケースもある。たとえば、技術進化が激しいハイテク業界などでは、製品の陳腐化が早く、投資回収が可能な期間も限られている。そのため、投資回収後のキャッシュフローが発生しなかったり、無視してもかまわない程度の大きさであったりする。基準期間の設定においても、製品や技術のサイクルを基準にすれば合理性が得られる。したがって、事業特性なども考慮しながら、どの投資評価手法が有効であるかを検討することが大切だ。

● ……データの入手先
　　基本的に社内情報。

5. 財務／経理

配当性向

- ……定義

  $$配当性向(\%) = \frac{期中に支払った配当金額}{税引後当期純利益} \times 100$$

- ……何がわかるか

  処分可能な利益のうち、どの程度を株主に還元する配当金にまわしたか。将来の投資のためにどの程度の利益を社内に留保しているか。企業や既存株主の意向を推測する際に役立つ

　配当性向は、株主に支払った配当金（中間配当と期末配当の合計）が最終利益に占める割合を示す。企業は通常、税引後当期純利益を配当金、役員賞与、内部留保に配分する（利益準備金を積み立てなくてはならない場合もある）。その配分は、経営陣が利益処分案として株主総会に提出し、株主がそれを決議するという手続きで決まる。株主から見ると、受け取る配当金額が大きいほど望ましいと言えそうだ。しかし、内部留保を用いた再投資や役員賞与をインセンティブとした経営陣の働きによって、長期的に会社が発展して企業価値が増大すれば、株主にとってもプラスになる。

　この指標の数値は高すぎても低すぎてもよくない。配当性向が高すぎると、社外流出が大きく今後の成長に向けて十分な投資ができないおそれがあり、低すぎると株主を軽視していることになるからだ。したがって、経営者は自社の成長戦略を念頭に置きながら、配当性向の適正水準を考えていく必要がある。一般に、急成長期にある企業は、内部留保して再投資したほうが成長の助けとなるとの考えから、配当性向は低くなる傾向がある。逆に、成熟期にある会社は、再投資先が少なく、過去の実績から相応の配当を求められるので、配当性向が高くなる傾向がある。

　日本の株主はこれまで、毎期毎期、継続的・安定的に配当金が入ってくる「安定配当」を求める傾向が強く、それ以上の経営判断には踏み込まないことが多かった。業績が好調なときにも低い配当性向が続く一方、不調に陥っても配当金額が高水準のまま維持され、当期利益額以上の配当（配当性向は100％以上）をしたり、赤字でも配当を維持することも珍しくはなかった。しかし近年、株の持ち合い構造が崩れ、機関投資家のように配当金に敏感な株主の比重が増していることから、経営陣や既存株主の意志を反映する指標として配当性向が注目されるようになってきている。ただし、伝統的に定額配当を守っている企業も多いので、分析の際には配当方針を確認したほうがよいだろう。

- ……データの入手先

  各社の有価証券報告書など。

- ……代表的な数値

  主要国の配当性向比較（単位：％）

	日本	アメリカ	イギリス	ドイツ
配当性向	74.74	36.27	50.4	51.36

資料：全国証券取引所協議会「平成12年度企業業績及び配当の状況」より加工作成

5. 財務／経理

安全余裕度

● ……**定義**
安全余裕度(%) = $\dfrac{\text{実際の売上高} - \text{損益分岐点売上高}}{\text{実際の売上高}} \times 100$

● ……**何がわかるか**
経営の安定度がどの程度強いかを示す指標。損益分岐点売上高をベースとすることで、営業利益の改善や向上を図る方策を検討する際に役立つ

　安全余裕度は、**限界利益**でちょうど固定費額全額を回収できる売上高（**損益分岐点売上高**）を、実際の売上高がどの程度上回っているかを示す指標である。数値が高いほど、損益分岐点売上高を大きく上回る売上高を達成しているので、経営の安定性は高くなる。逆に、この指標がマイナスの場合、現在のコスト構造や売上高水準では利益を上げることができないことを意味している。

　安全余裕度を高くするには、分母の売上高を拡大するか、分子の損益分岐点売上高を小さくする必要がある。景気が全般的に停滞している局面では、売上高を増やすことは難しいので、後者の方法を考える必要がある。具体的にはまず、ここ数年の売上高と総費用を参考にして総費用線と売上高線を引き、その交点となる売上高をここ数年間の損益分岐点売上高とする。次年度にこの点を超える売上高が期待できないのであれば、マネジメントは総費用線を下方向へ動かし、損益分岐点を下げる方策を考えなければならない。

　このとき、損益分岐点売上高をどのくらいの水準に下げるべきかという、ターゲット数値を明確に示しておくことも重要だ。ターゲットから逆算して、目標達成には固定費をどのくらい下げるべきか、変動費率を何％下げるべきかを考えていくと、コスト削減に必要な金額が具体的になる。リストラが求められる経営環境であっても、やみくもにコスト削減を叫ぶだけではなく、損益分岐点売上高をこの水準にもってきたいので人件費をどれだけ下げなければならないというように、数字に基づく議論を展開したい。

● ……**データの入手先**
　　「中小企業の原価指標」（中小企業庁編）など。

● ……**代表的な数値**：安全余裕度（健全企業平均）

	固定費額(万円)	限界利益率	安全余裕率	損益分岐点比率
製造業総平均	6億6780	57.6%	9.0%	91.0%
化学工業	9億0360	39.7%	10.5%	89.5%
電気機械器具製造業	7億2132	40.5%	7.9%	92.1%
輸送用機械器具製造業	8億0909	34.0%	7.8%	92.2%
小売業総平均	1億0801	30.1%	7.6%	92.4%

資料：中小企業庁編『中小企業の原価指標（平成14年度調査）』中小企業診断協会

第4章 ● 外部環境に関する指標
事業機会の素早い見極めが競合を制する

●

　企業が生き残って成長を続けるためには、いかに外部環境を見極め、これに的確に「対応できるか」、あるいはさらに踏み込んで「利用できるか」が重要になる。企業の成功は、外部環境の中に事業機会を発見する能力次第と言い換えてもよいだろう。

　外部環境分析には大きく「マクロ環境分析」「市場分析」「競合分析」などがある。マクロ環境は、政治・規制、経済、社会・文化、科学技術、環境、人口動態などビジネスを行ううえでの前提となる環境である。また、技術進化や国内市場の成熟とともに国境の概念が希薄化し、ビジネスの中心はグローバルな舞台へと移っている。グローバルな観点から、その国が参入市場や生産拠点として魅力的かどうかなどを考えることも、事業機会を発見するために不可欠である。

　市場や競合の理解も、その市場への参入判断やマーケティング戦略を策定する際に鍵となる。企業の経営資源は限られているため、「顧客としてだれを選ぶのか」を定めた後に、「相手にしようとしている顧客の特徴」を把握して戦略に合致させることが、成長性や収益性を維持するうえで不可欠であるからだ。さらに、顧客選定や事業機会の検討においては、地域や商圏を絞り込んで事業性を判断していくことも大切である。

　本章では、外部環境を把握するときに役立つ指標のいくつかを、「マクロ環境」「グローバル環境」「商圏の様子」という3つの視点から紹介していくことにする。

■マクロ環境を把握する指標

　事業運営の前提となる大きなトレンドを示す指標をいくつか挙げている。例として、種々の景気判断指数や出生率などがある。これらを理解することで、経営環境に合致した戦略を策定したり、想定される将来から逆算して現在行うべきことを特定できる。たとえば、人口動態や出生率などから少子高齢化のトレンドを読み取れば、菓子メーカーであれば幼児向けの菓子の比率を下げ、年配向けの新商品の開発に力を注ぐ、玩具メー

カーは団塊世代が孫を持つ時期をにらんで商品開発を急ぐ、といったアクションが考えられるだろう。

マクロ環境を一企業の力で変えることはできないが、だからといって、マクロ環境に積極的に働きかける可能性を最初から捨てる必要はない。たとえば、環境ビジネスに力を入れたい企業は、マスメディアに働きかけて、いま以上に社会の環境問題に対する関心を喚起するといった方法もある。

■グローバル環境を把握する指標

各国のビジネス環境を大まかにとらえるときには、その国の経済力などをダイレクトに表す指標（為替レートや購買力平価など）だけでなく、その国の情勢を代理変数的に示す指標（教育水準やインターネット普及率など）にも注目する必要がある。これらを理解することで、その国の経済力や発展段階をとらえることができ、ビジネスチャンスの発見やローカライズの必要性の見極めなどに活用できる。

■商圏の様子を把握する指標

エリアの特性をつかむときに役立つ指標を紹介する。例として、可処分所得、オフィス・店舗賃貸料などが挙げられる。商圏の様子を把握することで、ビジネスチャンスを発見する可能性を高めたり、経営資源の有効活用を図ることができる。たとえば、比較的裕福な個人を顧客にしようとする金融機関であれば、当然そうした人間が多数住む地域、東京で言えば港区や千代田区などに店舗を開くことが考えられるだろう。

1. マクロ環境を把握する

マネーサプライ

- **……定義**
  金融機関を除く民間（企業や地方公共団体、個人など）が保有している通貨量の残高

- **……何がわかるか**
  経済全体に出回っている通貨量の動向。景気動向やインフレの傾向が把握できる

　マネーサプライは、経済全体でどのくらいの量の通貨が出回っているかを示す指標だ。マネーサプライに含める対象通貨のとらえ方は、国や時代によって異なる。日本では現在、M1、M2＋CD、M3＋CD、広義流動性の4指標を用いている。このうち代表的なのが、現金、預金（普通預金、当座預金）、定期預金、譲渡性預金（CD：企業向けに発行されている譲渡可能な預金）を合計したM2＋CDである。M2＋CDの平均残高は、他の指標に比べて実際の経済活動との相関が強いと言われ、利用される頻度も高い。

　マネーサプライの動向を見ることにより、景気動向をある程度予測することが可能になる。一般的に、好景気で企業や個人の経済活動が活発なときには取引が増加するので、その受け払いに必要な資金需要も高まる傾向がある。マネーサプライは需要側・供給側のさまざまな要因によって変動するが、増加するときはおおむね次のようなケースが考えられる。①対象外の金融資産から対象通貨に預け替えたとき（たとえば、投資信託から定期預金に替えたとき）、②金融負債が増えたとき（企業が資金を借りたとき）、③金融資産全体が増えたとき（輸出の拡大などで企業の金融資産が増えたので、定期預金にしたとき）、である。

　銀行による「貸し渋り」が起こっているときは、銀行部門の信用創造（預金と貸出しを繰り返すことで、金を増やすこと）の働きが弱まっていることを意味し、民間経済へのマネーサプライの供給は低下し、景気も停滞傾向にあることが考えられる。逆に、実物経済の成長を超えてマネーサプライが過大に供給されると、インフレーションが進み、ハイパーインフレのように好ましくない状況も出てくる。このような事態を防ぐため、日本銀行は金融政策によってマネーサプライをコントロールし、景気の安定を図っている。

- **……データの入手先**
  日本銀行ホームページで見ることができる。

マネーサプライ指標

M1	現金＋預金
M2＋CD	M1＋準通貨（定期性預金）＋CD
M3＋CD	M2＋CD＋郵便貯金＋その他金融機関預貯金＋金銭信託
広義流動性	M3＋CD＋債権現先＋金融債＋投資信託＋国債＋外債＋金銭信託以外の金銭の信託

1. マクロ環境を把握する

公定歩合

- ……定義
  中央銀行（日本銀行）が民間金融機関に貸出しを行う際に適用する基準金利

- ……何がわかるか
  日本銀行の金融政策の方向性と、市中の金利や株価に及ぼす影響を予測できる

　公定歩合を変更して通貨供給量を操作することは、中央銀行が行う金融政策の1つである。たとえば、過度のインフレの場合、中央銀行は公定歩合を引き上げることにより民間金融機関の貸出金利の上昇を促し、資金需要の抑制を図る。これはつまり、金利が上がると、一般企業は金融機関からの借入れを控え、設備投資などの投資活動も消極的になるので、景気は減速に向かうというわけだ。反対に金利が下がれば、一般企業は資金を借りやすくなり、投資や消費が促進されて景気を刺激することになる。

　公定歩合の変化から民間金融機関の金利や株価に対する影響が予測できるので、企業はそれが自社の財務活動や投資活動にどう影響するかを推測し、対応を検討することができる。とくにグローバルに展開している企業は、各国の公定歩合（または、それに類する金利）の動きから、景気の過熱感や停滞感に対する当局の見方や対応を把握できるので、各国の市況をとらえたり、今後の予測をするうえで役立つ。アメリカでは**連邦準備制度理事会**（FRB）が、EUでは**欧州中央銀行**（ECB）が金融政策を担っている。

　最近は、日本経済において公定歩合の変動による直接的な影響が小さくなっている。1990年代半ばまで公定歩合を最低基準金利とし、それに**スプレッド**（利ざや）を上乗せする形で各種の金利が決められてきたが、1995年に公定歩合が過去最低の0.5%になって以降は、公定歩合に代わって「**無担保コール翌日物金利**」が金融政策運営の中心に据えられてきたからだ。

　無担保コール翌日物金利とは、民間の金融機関同士が資金を貸し借りする市場（**コール市場**）における金利を言う。コール市場の金利は現在、公定歩合より低くなっているので、日本の金融機関は資金を調達するときに、日本銀行から公定歩合で借りるのではなく、他の金融機関から無担保コール翌日物金利で借りるケースがほとんどである。したがって、日本経済の動向を予測するには、公定歩合だけでなく、コール市場の金利動向などにも注意を向ける必要がある。

- ……データの入手先
  日本銀行のホームページで見ることができる。
- ……代表的な数値
  1970年代には公定歩合が9%という時期もあったが、2003年6月末時点で0.10%になっている。

1. マクロ環境を把握する

GDP（国内総生産）

- **……定義**
  国内で1年間に生産されたすべての財・サービスの産出額から、原材料や部品など中間段階の額を差し引いた付加価値の合計額。国内総支出額（GDE）と一致する

- **……何がわかるか**
  国の経済規模。GDP成長率の推移は景気や金融・株式市場、経済政策などにも影響を与え、経営環境の把握にも役立つ

　GDPは景気の良し悪しの判断に使われる最も重要な指標である。その国の経済の現状を分析する際によく用いられる。たとえば、各国の経済成長率は1年間にGDPがどれだけ増えたかによって示される。GDP成長率は国家の経済政策（財政・金融政策など）を判断するときの基準にもなる。GDP成長率の動向は、株価、金利、為替などの変動要因となることもあるので、企業は注意する必要がある。

　GDPには、速報性に優る四半期GDPと、より精度の高い年次GDPがある。四半期GDPは、需要側統計を用い、前年1年間のGDPのパターンに基づいて延長推計を行い、1年間のGDPを推計する。需要側統計はサンプル調査に基づく場合が多く、包括的な供給側統計に比べると精度が落ちるという欠点がある。しかし、供給側統計の算出には時間がかかるため、速報性を要する四半期GDPには需要側統計が用いられる。

　GDPを国別に比較することにより、その国のおおよその経済規模が把握できる。アメリカや日本などGDPが大きい国家は当然、マーケットの規模も大きく魅力的と言える。さらに、GDP成長率の推移から今後の経済政策を、1人当たりGDPからその国における国民の生活水準を推測することが可能である。グローバル展開を行う企業にとっては、その国を生産拠点として位置づけるべきか、消費マーケットとしてとらえるべきかなどを検討するときの最初のステップになる。

　2000年にGDP統計が改定され、それまでは中間消費とみなされていたソフトウエアの購入費を設備投資に含めることになり、GDPの値は若干押し上げられたので、時系列でGDPを比較していく場合には、この点に考慮する必要がある。

- **……データの入手先**
  内閣府の経済社会総合研究所が調査、発表する。経済社会総合研究所のホームページで見ることができる。

●……代表的な数値

日本のGDPは約500兆円程度である。バブル崩壊後の1990年代には、日本のGDPはほとんど増えなかった。

実質年度成長率（単位：％）

年度	国内総支出	民間最終消費支出	民間住宅	民間企業設備	民間在庫品増加	政府最終消費支出	公的固定資本形成	公的在庫品増加	財貨・サービス		
									純輸出	輸出	輸入
1998年度	-0.7	1.1	-10.7	-5.3	-119.9	2.9	2.2	-101	8.8	-3.6	-6.6
1999年度	1	0.6	3.7	0.7	-195.4	4.2	-1.4	3709.8	3.2	5.5	6.2
2000年度	3.2	1.1	-0.2	10	154	4.8	-7.4	58.1	10.8	9.5	9.1
2001年度	-1.2	1.5	-8	-3.6	-322	2.2	-4.9	-147.8	-21.9	-7.2	-3.2
2002年度	1.5	1.4	-2.9	-0.7	62.5	2	-6.5	132.5	41.4	11.9	5.3

資料：内閣府経済社会総合研究所　SNA（国民経済計算）

GDP、GNP、NI

　GDP成長率を計算するとき、物価上昇分を差し引くと「**実質成長率**」、そのままの数字を使うと「**名目成長率**」となる。豊かさの指標として使われる「**国民所得（NI）**」はGNPから機械の減価償却や間接税分を引き、補助金を含めるといった計算を行う。かつては国の経済基盤を表す代表的指標として、GDPではなくGNP（国民総生産）が使われていた。しかし、日本企業の海外生産の増加でGNPとGDPとの差が開いたこともあり、1993年の国民所得統計速報（QE）の発表から、欧米各国にならってGDPが用いられるようになった。

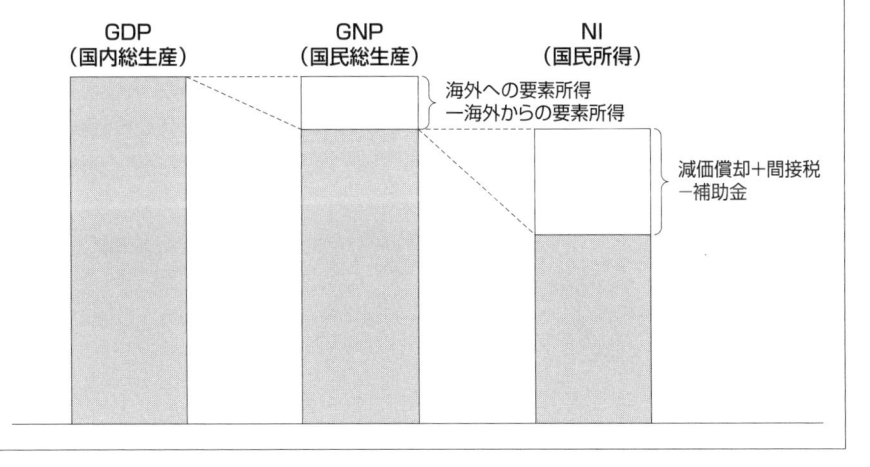

GDP（国内総生産）　GNP（国民総生産）　NI（国民所得）

海外への要素所得
－海外からの要素所得

減価償却＋間接税
－補助金

1. マクロ環境を把握する

平均株価

◉……**定義**
　売買が活発な主要企業の株価を平均したもの。日本では、日経平均株価を指すことが多い

◉……**何がわかるか**
　日本経済の景気動向や企業業績の動向が読み取れる

　平均株価の値動きは、経済動向をつかむ際に役立つ。一般に、平均株価が上昇すると景気は上向き、下降すると景気は低迷に向かうと考えられる。つまり、企業の株価は企業の価値（収益期待や成長期待など）を反映するので、相対的に多くの企業の株価が上昇している場合、すなわち平均株価が上がっている場合には、景気全体も上昇傾向にあると考えることができる。逆に、マクロ経済の見通しがよくないときは、設備投資や個人消費も悲観的になるケースが多い。その結果、企業の収益や成長にも影響があるとみなされ、多くの企業の株価が下落し、平均株価も下がることが多い。

　日々の株価変動は、海外の株式市場や金利、為替相場の動向、特殊要因などにも影響されるので、株価水準の動きはあくまでもトレンドとしてとらえたほうがよい。最近では海外市場との連動性が高まっており、とくにニューヨーク市場の影響を受けることが多い。

　日本の代表的な株価指標として、**日経平均株価**が挙げられる。これは、東京証券取引所第1部上場銘柄（約1400銘柄）のうち、日本経済新聞社が選んだ主要225銘柄を平均したものである。基本的には225銘柄の単純平均だが、銘柄入れ替え時に統計値の連続性を保つための調整を行ったり、企業ごとに違う株式の額面をそろえるために50円額面で換算するなどの修正が加えられている。日経平均は1分ごとに計算され、公表されている。

　その他の株価指標として、東京証券取引所の株価指数である**東証株価指数**（TOPIX、トピックス）などがある。TOPIXは第1部上場の全銘柄1327種を対象にして加重平均で算出される株価平均である。日経平均は225種の単純平均型指数なので、一部の品薄株や値の高い銘柄の騰落に指標全体が左右されやすく、市場実勢を反映していないとの批判もあるため、最近では日経平均だけでなくTOPIXも併せて報道されることが増えている。

◉……**データの入手先**
　日本経済新聞社が発表。

●……代表的な数値
2003年2月〜2003年5月の日経平均株価

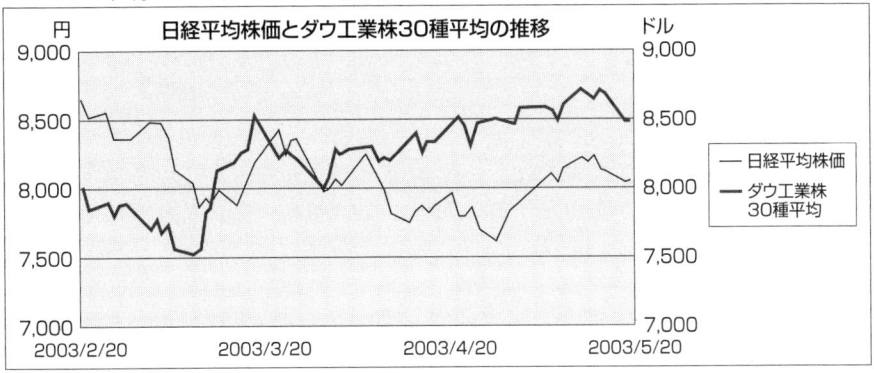

日経平均株価とダウ工業株30種平均の推移

（グラフ：2003/2/20〜2003/5/20の日経平均株価とダウ工業株30種平均の推移）

海外の代表的な株価指標

◆**ダウ工業株30種平均**：ニューヨーク証券取引所に上場している主要企業30銘柄の平均株価。ダウ・ジョーンズ社が作成・公表している。

◆**S&P500種**：ニューヨーク証券取引所に上場している主要企業500銘柄の時価総額をベースとする。スタンダード＆プアーズ社が公表している。

◆**ナスダック総合指数**：ナスダック市場に上場している米国内外の全普通株式（約5000銘柄）の時価総額を加重平均して算出する。1971年2月8日の株価を基準値100とする。

◆**ハンセン指数**：香港証券取引所に上場している主要企業33銘柄の平均株価を加重平均して算出。ハンセン指数サービス社が公表している。1964年7月31日を基準とする。

◆**DAX指数**：ドイツ8カ所の証券取引所に上場している銘柄のうち、30銘柄の優良株式の時価総額を加重平均して算出する。1987年12月31日の株価を基準値1000とする。ドイツの代表的な株価指数として、ほかにも「**コメルツ指数**」「**FAZ指数**」などがある。

◆**FT100指数**：ロンドン証券取引所に上場している企業のうち、時価総額が最も大きい100銘柄の時価総額を加重平均して算出する。ロンドン証券取引所とFT（フィナンシャル・タイムズ）社が作成している。1983年12月31日の株価を基準値1000とする。

1. マクロ環境を把握する

失業率

● ……定義
$$完全失業率(\%) = \frac{完全失業者}{労働力人口} \times 100$$

● ……何がわかるか
現在の雇用動向。当面の個人消費や景気動向などの推測に役立つ

　総務省が毎月下旬、全国の約4万世帯、約10万人を対象に実施している労働力調査から推計する指標である。労働力人口（満15歳以上で働く意志を持つ人）は、就業者と完全失業者に分けられる。このうち完全失業者は、①調査期間である月末の1週間に収入を得る仕事をしていない人（まったく仕事をしていないか、1週間に1時間未満の仕事をしている人）、②調査期間中に求職活動をしていたり、過去の求職活動の結果を待っている人、③仕事があればすぐそれに就く人を指す。つまり、1週間に1時間以上仕事をしている人や、仕事はしていないが求職活動もしていない人は、完全失業者とはみなされない。

　失業率は一般に、景気拡大時に低下し、景気後退時に上昇する。失業率の動向は個人消費をはじめ景気全体に影響を及ぼすので、政治的にも重視されることが多い。日本の失業率はこれまで世界でも最低水準と言われてきたが、バブル崩壊以降は、長引く不況によって悪化し続けている。かつてアメリカの失業率は日本を常に上回っていたが、最近では逆転することもある。現在の日本では求人数の低下だけでなく、IT関連の人材や、語学力と専門スキルを兼ね備えた人材がいないなど、求人側が必要としている人材が労働市場に十分に存在しない「雇用のミスマッチ」の問題が顕在化している。失業率を低下させるために、失業者に対する教育・訓練の充実などが課題になっている。

　なお、人材流動化の時代においては、失業率はゼロになりにくい。転職者が次の職場に移るまでに無職の期間が生じることがあるからだ。次の職場で活躍するために、意図的に充電期間や準備期間を設ける人も多い。したがって、失業率がゼロになることが必ずしも望ましい状態であるとは限らない点に留意したい。

● ……データの入手先
総務省が調査、発表している。

● ……代表的な数値
主要国の失業率（単位%）

	日本	韓国	アメリカ	カナダ	イギリス	ドイツ	フランス
1998年	4.1	7.0	4.5	8.3	4.6	11.1	11.5
1999年	4.7	6.3	4.2	7.6	4.2	10.5	10.8
2000年	4.7	4.1	4.0	6.8	3.6	9.7	9.5
2001年	5.0	3.8	4.8	7.2	3.2	9.4	8.7
2002年	5.4	3.1	5.8	7.6	3.1	9.8	9.0

資料：総務庁統計局「労働力調査報告（速報）平成15年6月結果の概要」より

1. マクロ環境を把握する

消費者物価指数

● ……定義
　全国の消費者世帯が購入する製品とサービスの物価(消費者物価)の動きを示す指数

● ……何がわかるか
　景気動向。インフレーション、デフレーションの物差しとなる

　消費者物価指数(CPI)は、ある時点の世帯の消費構造を基準にして、それと同等の商品(財やサービス)を購入した場合に要する費用がどのように変化するかを示したもので、総務省統計局が調査・発表している。具体的には、消費者が購入する商品を596品目に区分し、品目ごとに支出額に基づくウエート(消費支出に占める割合)を計算し、各品目の価格を調査している。このときの基準価格には、全国167市町村のうち、総務省が設定した約700の価格調査地区で実際に販売されている平常の小売価格が用いられる。基準年の指数を100として変動を表し、5年ごとに基準時点が改定される。

　消費者物価指数が急激に上昇する場合はインフレーションと呼ばれ、消費者が商品の買いだめに走ったり、売り手が売り惜しみをするなどの混乱状況を招きやすい。1970年代前半に起こったオイルショックがこれに近い状態であった。これに対して、物価が急落するデフレーションは、通常は起こりにくいとされている。しかし、バブル崩壊以降、日本では物価が緩やかに下落しており、デフレ状態にあると見られている。とくに、多くの企業が過剰債務を抱えるなかでこうした状態が続いているため、担保価値が下落し、金融部門の不良債権が増加するという悪循環に陥っている。さらに物価下落が加速し、それが消費の冷え込みや企業投資の落ち込みを誘発した場合、悪循環を繰り返しながら不況が深刻化するデフレスパイラルが懸念される。

　同様に物価指数を示す指標として、**卸売物価指数**(WPI)がある。これは、企業間で取引される商品の価格水準を示す指標で、日本銀行から毎月発表される。卸売物価指数は国内卸売物価指数、輸出物価指数、輸入物価指数の3指数と、これらを合成した総合卸売物価指数で構成される。総合卸売物価指数は他の3指数を平均しただけであり、さほど重視されていない。

● ……データの入手先
　消費者物価指数は総務省のホームページで閲覧可能。卸売物価指数は日本銀行のホームページでも見ることができる。

1. マクロ環境を把握する

輸出入額

- ……**定義**
  通関時の価格による輸出入の金額（貿易統計）

- ……**何がわかるか**
  その国の貿易構造。為替レートの変動の影響、企業の海外生産、外国企業の対内投資などの大まかな傾向がつかめる

　物品を輸出入する場合には、全国の税関に品目や金額、数量、輸出入先の国を申告する義務がある。この申告に基づいて輸出入の金額などを集計したものが貿易統計である。財務省が「貿易統計」として毎月調査・発表している。

　輸出額から輸入額を差し引いた数字がプラスであれば貿易黒字、マイナスの場合は貿易赤字となる。貿易収支そのものは、国境をまたぐ取引の結果を表しているにすぎない。したがって、企業の決算とは異なり、黒字が良く、赤字が悪いという性質のものではない。しかし、日米間の貿易摩擦のように、特定国との間で貿易の不均衡が生じる場合には、政治問題に発展するケースも少なくない。黒字の拡大は国内生産の増加を、赤字は国内生産の減少を意味する場合が多いことから、黒字国によって赤字国の雇用が奪われていると主張する向きもある。最近では、わが国の貿易黒字は減少傾向にあり、鉄鋼など一部の業種を除いて、貿易摩擦は沈静化に向かっている。

　輸出入額の動向は、為替レートの変動や企業の海外生産、外国企業の対内投資などを反映して変化していく。そのため、貿易構造の変化のトレンドを統計からある程度読み取ることもできる。たとえば、日本企業がアジア地域での現地生産を増加させて、その製品を日本に逆輸入するケースでは、日本の貿易黒字は減少する。逆に、外国企業が携帯電話用の半導体チップの製造工場を日本に新設し、日本市場への製品供給を直接行うケースでは、日本の輸入は減少し、貿易黒字が拡大すると考えられる。

　日本は基本的に輸出超過の貿易構造であるが、近年は貿易黒字が縮小傾向にある。円安にもかかわらず、輸出が減少し、輸入が増加しているからだ。最近は、製造コストの安いアジアを中心とした海外工場で生産を行い、完成品を日本に逆輸入する企業も増えており、このことが日本の貿易黒字縮小の一因となっている。

- ……**データの入手先**
  財務省のホームページで見ることができる。
- ……**代表的な数値**
  平成14年度の日本の輸出は約52兆円、輸入が42兆円である。

（単位:億円）

	平成10年度	平成11年度	平成12年度	平成13年度	平成14年度
輸出額	50兆6450	47兆5475	51兆6542	48兆9792	52兆1090
輸入額	36兆6536	35兆2680	40兆9384	42兆4155	42兆2275
貿易バランス	13兆9914	12兆2795	10兆7158	6兆5637	9兆8815

第4章 外部環境に関する指標

1. マクロ環境を把握する

設備投資動向（法人企業統計季報）

● ……定義
　企業の機械類の購入や工場の建設といった有形固定資産への投資水準を示す指標

● ……何がわかるか
　企業が需要動向をどのように判断し、生産設備の増強を計画・実行しようとしているかが読み取れる

　この指標は、法人の企業活動の実態を明らかにするために財務省が調査・発表しており、法人企業統計季報の1項目となっている。金融保険業を除く資本金1000万円以上の中小企業までを調査対象としている。GDPを推計する際の基礎統計としても用いられており、注目度は高いが、調査対象企業数や統計の精度を問題視する声もある。

　設備投資にはとくに適正水準というものはないが、積極的に設備投資が行われている場合には一般に、景気は上向いていると言える。設備投資は、それ自体が需要項目としてGDPの約15％を占めているだけでなく、生産能力の拡大を通じて新たな需要を生み出す力を持っている。つまり、機械の購入や工場の建設といった有形固定資産への投資だけにとどまらず、その生産設備をつくるための関連機械や付帯設備、備品の需要、さらには雇用に至るまで波及効果が及ぶので、景気に与える影響は非常に大きくなる。

　企業が設備投資を行う場合、計画から意思決定、実際の設備の稼動までのリードタイムが比較的長いので、景気動向をはじめとした経営環境を幅広く検討しつつ、機動的な意思決定ができる態勢を整えておく必要がある。とくに、ひとたび決定した設備投資であっても、環境変化に応じて柔軟に計画を変更できるようにしておかなければ、過剰設備を抱えることになりかねない。

　なお、2000年からGDPにおいて設備投資に含まれるようになったソフトウエア投資は、法人企業統計では設備投資に含まれていない（2002年現在）ことに注意する必要がある。

● ……データの入手先
　財務省のホームページで見ることができる。
● ……代表的な数値
　平成13年度の設備投資は約36兆円（前年度に比べ6.2％の減少）。

（単位：億円）

	平成9年度	平成10年度	平成11年度	平成12年度	平成13年度
設備投資額	46兆2763	39兆3057	35兆8296	38兆8962	36兆5023
前年比	1.5％	－15.1％	－8.8％	8.6％	－6.2％

資料：財務省のホームページのデータより

1. マクロ環境を把握する

新車販売台数

- **……定義**
  乗用車（普通車、小型4輪車）の陸運局への登録届出台数と、軽4輪乗用車の販売台数の合計

- **……何がわかるか**
  個人消費や景気動向を把握するための代理指標

　日本自動車販売協会連合会が毎月調査・発表しているデータである。新車登録の受付日数は月によって異なるため、その影響を受けて増減することもあるが、モノの販売動向をとらえる統計としては最も速報性があり、消費者心理の変化や個人消費のトレンドの節目をいち早く察知したいときなどに参考となる。同様に、**住宅着工戸数**なども、消費や景気動向を把握するための代理指標としてよく使われる。

　新車は商品そのものの単価が高く、消費者は自分の懐具合を見ながら、十分に情報収集したうえで慎重に購買を決定する。また、メーカー側も、新車の投入にあたって、広告などのプロモーション活動に多額の投資を行い、積極的に消費者に働きかける。そのため、販売台数を予測販売台数などと比較することによって、消費者心理や購買姿勢の変化、嗜好のトレンドなどを読み取ることが可能である。とくに、新車販売台数の趨勢的な増加傾向が見られるような場合には、消費者が高額製品への消費意欲を高めていると考えることができる。同時に、それを裏づける購買力を持ちつつあることも予想されるので、メーカーによる設備投資の増加など経済全体への波及効果の高い投資が増えていくと考えられることから、景気回復には力強い支えとなると言える。

　ただし、新車の発表スケジュールや重点車種の投入などは基本的に各自動車メーカーの販売戦略に依拠しており、この指標の短期的な動きに注目しすぎると、全体の動向を見誤る危険もあるので、注意が必要である。とくに、市場に投入された車種の商品力によって、大きな影響を受けることがある。そのため、各メーカーの重点車種の投入時期や数年の長期トレンドなどと併せて見たほうがよい。

- **……データの入手先**
  日本自動車販売協会連合会のホームページで見ることができる。
- **……代表的な数値**
  新車登録・検査（販売）台数

西暦	乗用車 普通	乗用車 小型	トラック 普通	トラック 小型	バス 普・小	登録車 合計	軽自動車 乗用	軽自動車 トラック	軽自動車 計	総合計
1998	756,117	2,389,671	93,818	1,081,571	14,141	4,335,318	947,360	596,747	1,544,107	5,879,425
1999	723,999	2,193,920	85,091	970,243	14,478	3,987,731	1,236,165	637,320	1,873,485	5,861,216
2000	770,220	2,208,387	84,626	1,015,313	16,571	4,095,117	1,281,181	586,615	1,867,796	5,962,913
2001	741,489	2,274,996	83,038	943,591	15,932	4,059,046	1,273,197	574,226	1,847,423	5,906,469
2002	674,094	2,460,103	76,035	739,502	16,359	3,966,093	1,307,156	518,844	1,826,000	5,792,093

注：1）自販連及び全国軽自動車協会連合会調べ。2）大型特殊車、被けん引車、二輪車を除く。　資料：日本自動車販売協会連合会のホームページ「車種別新車販売台数（年別）」

第4章 外部環境に関する指標

1. マクロ環境を把握する

百貨店・スーパーの売上高

● ……定義
日本百貨店協会加盟各社の売上高の総計（百貨店売上高）、日本チェーンストア協会加盟各社の売上高の総計（スーパー売上高）

● ……何がわかるか
百貨店、スーパー業界の業績動向。日本全体および地域別・商品別の消費動向

　百貨店やスーパーは、消費者が買い物のために頻繁に利用する場所だ。日本百貨店協会には全国に店舗を持つ大手百貨店のほとんどが、日本チェーンストア協会には総合スーパーのほとんどが加盟している。したがって、これらの指標を見ることにより、百貨店やスーパーの業績動向はもちろんのこと、日本全体の消費動向を探ることができる。たとえば、消費税の導入前には、駆け込み需要によって両指標の数値が前年同期比で大きく伸び、導入後には大きく落ち込んだ。さらに近年では、百貨店売上高が何カ月も連続で前年同期比マイナスになったが、これは景気の低迷が消費者心理や購買意欲に影響を及ぼしたものと見られる。このような消費動向は、消費者向け最終製品をつくっているメーカーや小売店、外食産業など、消費者を顧客としている企業の業績に直接影響を及ぼす。そのため、これらの企業は、消費動向に合わせて、商品構成や広告宣伝などのマーケティング施策を変更するなどの対応が必要になる。

　日本百貨店協会と日本チェーンストア協会は、商品別・地域別の統計も併せて発表しているので、どのような商品が売れているか（たとえば、高級品か日用品か）、どのような地域が伸びているかなどの状況も把握できる。ただし、全体的な消費動向を見る場合は、売上構成の影響などにも考慮する必要がある。とくに、大型店舗の売上構成を見ると衣料品の割合が高く、衣料品の販売状況が全体の売上高に影響を与える傾向がある。さらに最近では、各種専門店や郊外店、コンビニエンス・ストアなどの業態が増えており、店舗数も売上高の占める割合も増加している。

● ……データの入手先
日本百貨店協会、日本チェーンストア協会が毎月発行するレポート。通常、日本経済新聞等で報道される。専門店やコンビニエンス・ストアなどの業態については、日経MJ（日経流通新聞）が年1回統計調査している専門店ランキングや、商業界「コンビニ」（資料：MCR統計）を参考にすると、その動向を把握できる。

● ……代表的な数値
百貨店売上高前年比(全国)〜日本百貨店協会

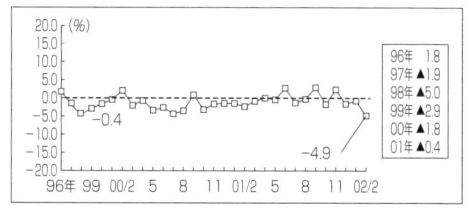

96年	1.8
97年	▲1.9
98年	▲5.0
99年	▲1.8
00年	▲1.8
01年	▲0.4

2. グローバル環境を把握する

国民1人当たりのGDP

- ……定義
  国内総生産（GDP）を人口で割った値

- ……何がわかるか
  その国の消費者の購買能力と進出タイミングなど

　海外市場への進出に先立ってその国の市場を調査するときは、大きく購買人口・購買能力・購買意欲を把握しておく必要がある。東南アジアなどの発展途上国では、とくに購買能力、すなわち「ある商品を買うだけの資金力が消費者にあるかどうか」が鍵になる。この購買能力を探る指標になるのが、国民1人当たりのGDPだ。通常は、商品ごとに「この指標の数値が○○ドルを超えると、その商品が売れ始める」という経験則が存在する。オートバイの場合、1人当たりGDPが1000ドルを超えると普及に火がつくと言われる。使い捨て商品の生理用品は1000ドル、紙おむつは3000ドルと言われる。

　こうした経験則を使うと、購買意欲を十分に持った多くの人々の購買能力がその商品を買える水準に達したかどうかを判断したり、進出時期を検討するときの参考になる。たとえば、1人当たりGDPが1000ドルを大きく下回る場合は、オートバイの市場投入は遅らせるべきだし、1000ドルを超える時期に近づいていたら、販売に向けての準備を始めればよい。自社商品に同様の経験則がない場合は、その商品カテゴリーの市場が急成長しはじめた時期の国民1人当たりのGDPを十数カ国程度調査すれば、どの水準で需要が拡大するかという大まかな傾向をつかむことができる。

　ただし、この数値はあくまでも国全体の平均値である。1人当たりGDPが850ドルの場合、国民全員が850ドル相当の経済力があるわけではなく、1500ドルの人もいれば300ドルの人もいる。したがって、都市部だけに限れば、1人当たりGDPが1000ドルを超えているケースもありうる。こうした差異を見逃してしまうと、進出が遅れたり、ビジネスチャンスを逃したりするおそれがある。とくに、中国など人口の多い国では、都市レベルにまで分析単位を細かくしたほうがよい。

- ……データの入手先
  総務庁統計局・統計センターのホームページ。各国大使館のホームページなどでも、少なくともGDPと人口は入手可能。
- ……代表的な数値
  1人当たり国内総生産（米ドル）

	日本	韓国	中国	香港	シンガポール	アメリカ合衆国	イギリス	フランス	ドイツ	ロシア
1995	42,231	10,851	574	22,601	23,623	28,135	19,229	26,736	30,104	2,281
1998	31,372	6,829	768	24,480	21,116	32,489	23,813	24,668	26,219	1,896
1999	35,664	8,666	782	23,556	21,226	34,102	24,232	24,333	25,728	1,268
2000	37,556	9,673	854	23,915	22,948	35,403	23,822	21,987	22,829	1,726

資料：内閣府経済社会総合研究所「国民経済計算年報－平成7年基準－」（平成14年版）

2. グローバル環境を把握する

為替レート

- ……**定義**
  貨幣の価値を比較したもの

- ……**何がわかるか**
  その国の経済力（信用）。また、為替レートの変化を見ることで、企業の業績への短期的な影響を推測することができる

　一般に為替レートが高く維持されていれば、その国の貨幣の信用力が高く、その国家の経済力も強いと考えることができる。輸出入やグローバル展開を行う企業にとって、為替レートは取引に使用する通貨を選択する際の判断材料の1つとなる。

　輸出入時の競争力を考えるときにも、為替レートは重要な要素となる。短期的な為替レートの変動は、輸出入を行っている企業の直近の業績に大きな影響を与える。たとえば、輸出比率の高い企業にとっては、円高になると製品価格が相手国通貨換算では割高になるので、価格競争で不利な立場に追い込まれ、輸出量が減少するおそれがある。相手国通貨をベースにした取引を行っている場合、受け取る対価の円建ての価値も減少する。また、海外法人からの配当も円建てでは目減りし、その海外法人が連結対象であれば連結決算に直接影響する。円建てで資産計上している場合、海外法人への出資金が目減りし、含み損を抱えることになる。その一方で、輸入原料や部品は安価に調達できるので、それらを利用している製造業者はコスト低減が可能になる。また、国内の輸入業者や消費者にとっても、輸入品が安く手に入ることを意味し、円高は好ましい状態となりうる。このように、為替レートが円安や円高に振れることで、不利な状況に陥る企業もあれば、販売機会の拡大につながる企業もある。したがって、為替レートを評価する際には、自社のビジネスや顧客にどのようなインパクトを与えるかという視点で考える必要がある。

　為替レートは変動が大きく、現時点で円安傾向にあるからといって、それが明日以降も継続される保証はない。専門的に為替予測を行っている銀行などでも見誤ることが多く、動向の予測は総じて困難である。そのため、生産拠点の海外移転のような長期的戦略を検討する場合は、短期的な為替レートの動向ではなく、長期的な為替レートのトレンドから判断すべきであり、購買力平価なども利用するとよいだろう（172ページ参照）。

- ……**データの入手先**
  その日のレートを知るには、日本経済新聞の発表が手軽である。長期的トレンドを知るには、大手銀行のレポートが参考になる。インターネット上でも見ることができる。

2. グローバル環境を把握する

購買力平価

- ……定義
  購買力平価 = $\dfrac{\text{基準時点の為替レート} \times \text{A国の物価指数}}{\text{B国の物価指数}}$

- ……何がわかるか
  長期的な為替レートの動向。海外でのコスト競争力の分析などにも役立つ

購買力平価とは、A国において一定価格で購買できる財が、B国ではいくらで購買できるかを示す交換率のことだ。基準時点において1ドル120円、基準時点と比較した日本の物価上昇率が0％、アメリカの物価上昇率が10％と仮定すると、日本の購買力平価は120×(100÷110)＝109.09円となる。このとき、実勢為替レートが1ドル125円であれば、日本の為替レートは実際の購買力に比べて過小評価されているということになる。

購買力平価は商品価格を基準にするため、投機などによって大きく変動する為替レートよりも安定しており、生活の実感に近い値が求められるので、各国の経済規模や賃金水準などを比較する際にわかりやすい。また、長期的に見ると為替レートが購買力平価から一方的に乖離することはないので、為替レートの長期動向を予測する場合にも有効である。実際に対ドルレートをさかのぼってみると、購買力平価は為替の実勢レートのトレンドをよく表している。したがって、自社が生産拠点の海外移転などを考えており、人件費や部品・原材料の調達コストなどを分析し、コスト競争力を持続可能かどうかを検討する場合などに、購買力平価を用いるとよい。また、並行輸入など内外価格差（購買力平価を為替実勢レートで割って求める）を用いたビジネスを行っている場合、実勢レートと購買力平価との差が起きている原因を分析し、為替レートの長期的なトレンドを押さえておくと、内外価格差が縮小したときの対策をあらかじめ準備しておくことができる。

なお、消費者物価指数や卸売物価指数など、どのような物価指数を用い、基準時点をいつに定めるかによって、購買力平価が異なってくる点に注意しなくてはならない。

- ……データの入手先
  経済白書などに、日米など2国間のデータが記載されている。
- ……代表的な数値
  購買力平価で見ると、中国の通過である人民元は過小評価されている（元／ドル）

	1996年	1997年	1998年	1999年	2000年
人民元の対ドル相場	8.2982	8.2798	8.2789	8.2795	8.2774
購買力平価	6.7045	6.6062	6.4536	6.2273	6.0490

（注）購買力平価は1986年を基準年として両国の消費者物価を用いて計算
資料：日本国在華大使館ホームページ

1物1価の法則とビッグマック指数

購買力平価(PPP：Purchasing Power Parity)の背景にあるのは、「同じ商品はどこでも同じ価格になる」という「1物1価の法則」である。この考え方に立つと、2国間の為替レートは、同じ商品を同じ価格にするように動くことになる。なぜなら、国ごとに異なる価格がついていれば、必ず安い国で買って高い国で売る人が現われるので、結果的に均等化していくと考えられるからだ。

購買力平価の有名な例として、イギリスの経済誌「エコノミスト」がマクドナルドのビッグマックの値段を使って、為替レートが実際の通貨価値とどれだけかけ離れているかを示した「ビッグマック指数」が挙げられる。マクドナルドのビッグマックは全世界ほぼ共通のレシピで作られている。そこで、アメリカドルを基準にして、各国のビッグマック1個の価格が同じになるように計算してみれば、購買力平価の代わりになるのではないかと考えたエコノミスト誌が、冗談半分で発表してみたところ、実感に近いと好意的に受け入れられ、メディアはもちろんのこと、学者なども真剣に取り上げるようになったという。

実際には、ビッグマックのサイズや量には地域差があり、最近日本で見られるように曜日によって価格が変わる例もあるので、厳密には「世界中どこでも同じ条件」とはいかないようだ。

		ビッグマック価格		ビッグマック指数 PPP *1	実際の対ドル為替レート (2002年4月23日)	対ドル 過小(−)・過大(+) 評価度(%)
		現地通貨建て	ドル建て			
アメリカ *2	$	2.49	2.49	—	—	—
オーストラリア	A$	3.00	1.62	1.20	1.86	−35
イギリス	£	1.99	2.88	1.25 *3	1.45 *3	+16
ロシア	Rouble	39.00	1.25	15.70	31.20	−50
ユーロ圏	Euro	2.67	2.37	0.93 *4	0.89 *4	−5
日本	Yen	262.00	2.01	105.00	130.00	−19
中国	人民元	10.50	1.27	4.22	8.28	−49
韓国	Won	3,100.00	2.36	1,245.00	1,304.00	−5
香港	HK$	11.20	1.40	4.50	7.80	−42
台湾	NT$	70.00	2.01	28.10	34.80	−19
シンガポール	S$	3.30	1.81	1.33	1.82	−27
インドネシア	Rupiah	16,000.00	1.71	6,426.00	9,430.00	−32

*1 現地での価格÷アメリカでの価格
*2 ニューヨーク、シカゴ、サンフランシスコ、アトランタの平均価格
*3 1ポンド当たりドルレート
*4 1ユーロ当たりドルレート

資料：エコノミスト誌2002年4月27日号よりデータを抜粋

税制

- ……定義
  関税・法人税など企業活動上重要な意味を持つ税率

- ……何がわかるか
  その国の輸出入のしやすさ、その国の外資企業誘致の積極度

輸出や海外進出先を検討する際、相手国の税制に注意する必要がある。たとえば、輸出業者などは、国内産業を保護することを主な目的として輸入品にかけられる関税を見る必要がある。関税分を最終価格に反映させれば、国内企業との価格競争において不利になるし、すべてを転嫁しなければ収益性が低下する。したがって、関税比率が高いほど輸出しにくくなり、輸出対象国として魅力的ではなくなる。

海外進出を考えている企業が注意しなくてはならないのが、その国が外資の誘致に積極的かどうかである。それを判断するには、外国資本の法人に適用される、所得にかかる外国企業法人税率を見るとよい。数値が低いほど、その国は外国企業の誘致に積極的だと言える。とくに、合弁会社や完全子会社などの形で現地に法人を持つ場合、その国の法律・規制や当局の意向などの影響を強く受けることになる。ただし、いくら税制をはじめとする法制度が整備されていても、運用上は異なる措置がとられるなど当局の意向に振り回されることもあるので、ビジネスを進めるうえではその国の慣行などに注意しなくてはならない。

外国企業法人税に加えて優遇措置の有無も、海外進出を考える際には重要である。優遇措置が多いほど、外資に対して好意的と言える。優遇措置がある場合は、それを加味した後の実効税率を国ごとに比較してみるとよい。なお、外資誘致に積極的と見えても、誘致水準がある程度まで達すると突然、優遇措置が廃止されたり、政治的な理由により外資に対する積極姿勢を一転させる場合がある。そのため、その国の事情に精通するまでの数年間は極力、政局が安定し、積極姿勢を保つ可能性が高い国を選ぶほうがよいだろう。

- ……データの入手先
  法人税率の国際比較は、財務省などが調査を行っている。しかし、優遇措置は加味していないので、各国個別に投資案内で調査する必要がある。
  法人税以外にも、付加税、地方税などが課せられることも多い。

● ……代表的な数値

法人所得課税の税率（基本税率）の国際比較

	国税	地方税
日本	法人税　30% 　　11年度改正前　34.5% 　　10年度改正前　37.5%	事業税　9.6% 　　11年度改正前　11% 　　10年度改正前　12% 道府県民税　法人税額の5% 市町村民税　法人税額の12.3%
アメリカ	法人税　35%	州法人税※　8.84%
イギリス	法人税　30%	―
ドイツ	法人税　25% 付加税　法人税額の5.5%	営業税　19.65%
フランス	法人税　33 1/3% 付加税　法人税額の6%	―

※アメリカの「地方税」は、カリフォルニア州の例である。
資料：財務省「法人税など（法人課税）に関する資料」（平成14年4月）

G7およびアジア諸国の法人税および付加価値税等の表面税率および負担率（国税）

(単位：%、2003年1月現在の税制)

国名	法人税率	国名	法人税率
日本	30.0	韓国	27.0
アメリカ	35.0	台湾	25.0
イギリス	30.0	香港	16.0
ドイツ	26.5	シンガポール	22.0
フランス	33.33	マレーシア	28.0
イタリア	34.0	インドネシア	30.0
カナダ	23.0	タイ	30.0
中国	33.0	フィリピン	32.0

資料：財務省「法人税など（法人課税）に関する資料」（平成14年4月）

中国における海外企業の法人税は30%。ただし、各種優遇措置を利用すると、設立から3年間は0%になる場合が多い。これに対して、インドネシアは10～30%の累進税率で、海外企業向けの優遇措置はない。

2. グローバル環境を把握する

就学率・進学率

- ……定義
  就業率は該当学齢人口のうち就学者の占める割合（％）
  進学率は卒業者のうち進学者の占める割合（％）

- ……何がわかるか
  その国の人々の教育レベル、市場の発展スピード

　企業が海外に拠点を持ったり、工場を設置する場合、その国の人々を雇用する必要が生じることが多い。そのときに問題になるのが、労働者の質である。一般に、教育レベルが高い労働者には、より高度な内容の業務を任せることができる。そのため、現地労働者の教育レベルを踏まえながら、それぞれに合った業務の割り振りや指示の出し方、業務管理方法などを考えなくてはならない。

　その国の教育レベルを知る際に参考になるのが、中等・高等教育の進学率である。就学率や進学率は初等教育、中等教育、高等教育の各段階で把握できるが、初等教育就学率は100％前後の国が多く、中等・高等教育へと進むにつれて国ごとのばらつきが大きくなるからだ。かつては**識字率**も教育レベルを測る指標としてよく使われていたが、現在では初等教育と同様に全世界的に識字率が向上し、国ごとの差があまり見られなくなっている。

　高等教育進学率は一般に、先進国で高くなっている。これは、国民の所得が増えて生活水準が高くなるほど、子供に対し十分な教育を受けさせる余裕が生まれるからだ。その結果、教育に投じる金額が増え、子供の教育期間が長くなる一方で、就労年齢は総じて高くなる。その意味では、この指標は市場の成熟度を見るときの1つの参考になる。ただし、アジアは総じて教育熱心な国が多いと言われるように、教育に対する考え方や優先順位のつけ方は国や文化によって違いがあるので、留意する必要がある。

　就学率や進学率の推移を時系列でたどると、その国の発展スピードを推測することができる。たとえば、数値が著しく向上している国は急発展を遂げており、市場も魅力的である可能性が高い。一方、低い数値で推移している国は発展から取り残され、市場も停滞していると考えられる。さらに、東南アジア諸国など発展途上国では、就学率や進学率は所得水準や社会階層、職業などと密接な関係を持つので、これらの変数の代理指標としても利用できる。

- ……データの入手先
  世界銀行が発行するWorld Development Indicatorsに各国の就学率や進学率が掲載されている。日本のデータは「文部科学白書」などから入手できる。

第4章 外部環境に関する指標

2. グローバル環境を把握する

インターネット普及率

- ●……定義
  総人口におけるインターネット使用経験者の割合（%）

- ●……何がわかるか
  その国の通信インフラの整備状況、国民のITリテラシー

　一般に、この指標の数値が高いほど、ビジネスを行うのに不可欠な通信インフラが整備されていることを意味し、その国への進出をサポートする条件の1つとなる。総務省の調査によると、日本におけるパソコンによるインターネット普及率は、2002年末時点で50%を超えた。ブロードバンドの普及の遅れや通信料金の高さなどから他の先進国に後れをとったが、iモードに代表されるような携帯電話からのインターネット利用では他国に先んじている。一方韓国では、至るところにPC房（バン）と呼ばれる韓国版インターネット・カフェがあり、自宅や会社以外の場所でインターネットを気軽に使える環境が整っている。このように、経営環境を考える際には、その国固有の事情についても考慮する必要がある。

　さらに、この指標の数値が高い国は低い国に比べて、情報へのアクセスが容易であり、人々のITリテラシー（情報活用能力）が高いことが推測される。情報アクセスが容易であれば、その国でビジネスを展開していく可能性が広がる。たとえば、インターネットは従来の情報伝達手段とは異なり、豊富な情報を広い範囲の人たちに同時に伝達することができる。テレビ広告でイメージ訴求を行うのと同時にホームページのアドレスを提示して、詳細情報はホームページで入手できるようにするなど、従来のコミュニケーション手段とインターネットとを組み合わせることで、より効果的なコミュニケーション活動が可能になる。さらに、問い合わせを受けたり、受発注の窓口として使うことも可能だ。現地労働力の活用という面でも、従業員の業務内容の幅が広がったり、情報技術を使いこなす能力を身につけさせるための教育負担が減るなどのメリットがある。

- ●……データの入手先
  各国ごとに調査機関が異なるが、NUA社がそれらをまとめて、ホームページで公表している。
- ●……代表的な数値
  インターネット普及率50%以上の国および地域

  資料：総務省「平成14年通信利用動向調査」、NUA社調べ（2002年度末の同社ホームページ上での数値）等により作成

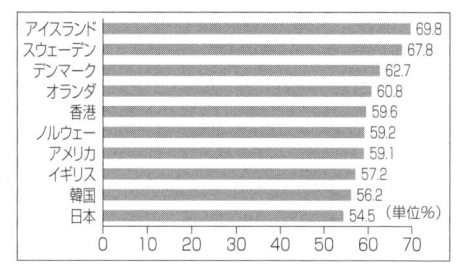

国・地域	普及率(%)
アイスランド	69.8
スウェーデン	67.8
デンマーク	62.7
オランダ	60.8
香港	59.6
ノルウェー	59.2
アメリカ	59.1
イギリス	57.2
韓国	56.2
日本	54.5

3. 商圏の様子を把握する

駅の乗降者数

- ●……定義
  1日当たりの、各駅における乗車人数と降車人数の合計

- ●……何がわかるか
  1日にどのくらいの人がその駅を利用しているか。駅周辺エリアの繁栄状況を推測することができる

　この指標は、各都道府県や政令指定都市などが鉄道・バス運輸各社の調査をもとに発表している。マーケティング戦略や出店計画を策定する際などに、エリアの特徴をつかむために利用する。一般に、駅の乗降者数が多いほど、その駅を中心に行動している人が多いと考えられる。つまり、それだけ自社商品の購買対象者数が多く、商圏としての魅力度が高いわけだ。逆に、駅の利用人口が少ない場合は、その駅の周辺に宅地やオフィス街、ショッピングセンターなどが少ないことが推測できる。当然ながら、ビジネスの対象となる顧客規模も小さく、商圏としての魅力度は低下する。

　一般に、電車の路線数が増えるほど乗降者数も多くなるので、他の路線の有無を考慮したほうがよい。また、乗り換えるだけで素通りする人々も数に含まれる点にも注意が必要だ。同様に、バスやタクシーが運行する駅でも乗降者数が多くなるが、駅周辺で買い物などをせず、ただ通過するだけの人も含まれるため、乗降者数の多さがビジネスチャンスにつながらない可能性がある。

　そのほか、駅の内部や周辺の構造などにも気をつけたい。たとえば、駅の南口は栄えているが、北口は閑散としているというように、駅口によって利用者の集中度合いが異なる場合がある。また、駅の近辺にあるのが住宅地か、オフィス街かなどによって、購買対象者のニーズや購買行動に差が生じる。実際に新規出店や既存店の統廃合を決める場合は、この指標を用いて絞り込んだり、ある程度の当たりをつけておいた後に実地調査を行って、駅の構造や周辺状況を把握しなくてはならない。

　乗降者数が少ない地域でも、大規模なショッピングセンター、映画館や遊園地などのアミューズメント施設などが建設されることによって、人の流れが大きく変わることもあるので、周辺の地域開発動向も注意しておくとよい。

- ●……データの入手先
  東京大都市圏・京阪神圏：駅別乗降者数総覧（株式会社エース総合研究所）、各都道府県・区市町村の公表資料などから入手可能。

- ●……代表的な数値
  1999年1日当たり平均乗降者数：
  新宿駅　325万9982人
  池袋駅　273万6855人
  梅田駅　250万5739人
  渋谷駅　201万9011人
  横浜駅　192万7593人
  資料：株式会社エース総合研究所の公表データより

3. 商圏の様子を把握する

世帯数

● ……定義
国内全体、都道府県、生活圏（都市圏エリア）等における世帯の数

● ……何がわかるか
ビジネスチャンスの有無の判断や、有望なターゲット顧客の選定の際に参考になる

　世帯数は主に公的機関が調査・発表している情報で、国勢調査や住民基本台帳などで見ることができる。世帯とは、単身世帯、2人以上世帯など、生活を営む単位のことを言う。ここ数年の全体的なトレンドを見ると、世帯数は増加しており、2001年度の総世帯数は約4800万世帯を超えている（1991年は約4180万世帯）。一方、1世帯当たりの世帯構成人数は減少傾向にあり、1990年に3人を下回って以来、2人台が続いている。つまり、単身世帯や2人世帯など小家族が増えた結果、世帯数が増加していることがわかる。

　世帯数の推移を見ることで、ターゲット顧客の選定やビジネスチャンスの有効性、展開エリアの選定、優先順位づけなどに役立つ。その場合、世帯数をとらえる範囲（国内全体・都道府県・生活圏など）や世帯属性（世帯人員数・所得階層など）を目的に応じて変えながら、世帯数データを抽出するとよい。たとえば、就学前の子供をターゲットとしたある玩具を発売したい場合、特定エリアの就学前の子供を有する世帯数やその推移を見ることにより、大まかな市場規模や成長性を推測でき、市場の魅力度の検討や市場導入の意思決定に役立てることができる。また、他のエリアと比べて、そのエリアのターゲット層の規模が小さく、年々減少傾向にあることがわかった場合、ターゲット層を就学後まで広げる、エリアを変更してターゲット層が多い地域で事業を展開する、商品設計やチャネル戦略を修正するなど、戦略変更を検討しなくてはならない。

　世帯数はそのエリアにおけるターゲット顧客の数の把握に役立つかもしれないが、それだけでエリア進出を決めるのは早計である。競合の数やシェア、類似商品などの認知率など、他の指標と併用して、ビジネスチャンスがありそうか、どのようなマーケティング活動を行うべきか、といったことを考えていく必要がある。

● ……データの入手先
　　国勢調査、住民基本台帳などに掲載されている。
● ……代表的な数値
　　「住民基本台帳」によると、2002年度の世帯数は4806万3789世帯（世帯当たり人数2.6人）。

3. 商圏の様子を把握する

昼夜間人口比

- ……定義
  昼夜間人口比(%) = $\frac{昼間の人口}{夜間の人口} \times 100$

- ……何がわかるか
  昼夜間の人口の動き。商圏特性や各商圏周辺への寄与・依存関係などを把握し、出店計画やマーケティング計画などに活用できる

　夜間人口に対して昼間人口の割合がどの程度かを表す指標で、公的機関等が調査・公表している。「常住人口比」と呼ばれることもある。昼間人口は当該エリアに昼間に居住・従業・通学している人の総数を指し、A市の常住人口から、A市から他市町村にある会社や学校に行く人数（流出人口）を引き、逆に他市町村からA市にある会社や学校に来る人数（流入人口）を加えて求めることができる。

　一般に、この指標の比率の高いエリアは、東京都や大阪府などのビジネスの中心地が多く、比率の低いエリアはその近隣地区で、ベッドタウン的な商圏特性を持っている。たとえば、平成12年度の総務庁の統計データによると、東京都内では千代田区、中央区、港区など6区で200%を超えている。一方、これらをとりまく練馬区、江戸川区、葛飾区などでは100%を下回っている。

　この指標から、自社商品を流通・販売させる商圏における人口の流れを把握することにより、出店計画や店舗における商品計画などに役立てることができる。たとえば、オフィス用文具の小売業者が新規出店を考えている場合、昼夜間人口比は、ターゲットとなる会社員の多寡を推測したり、出店エリアの絞り込みや優先順位の検討を行うときの参考指標となる。また、飲食店チェーンを展開している場合、昼夜間人口比が高いエリアではランチメニューを充実させ、低いエリアでは朝夕のメニューを充実させるというように、商品構成を考えるときなどにも役立つ。

- ……データの入手先
  国勢調査などに掲載されている。

- ……代表的な数値
  昼夜間人口比の市区町村順位－常住人口5000人以上（平成12年）

上位10市区町村	昼間人口(人)	平成7年～12年の増減率(%)	昼夜間人口比(%)
1 東京都千代田区	855,172	-10.0	2,374.4
2 大阪市中央区	523,897	-9.3	947.3
3 東京都中央区	648,366	-7.5	897.6
4 名古屋市中区	331,186	-3.9	557.5
5 東京都港区	837,658	-1.4	525.7
6 大阪市北区	433,923	-4.1	473.5
7 大阪市西区	177,789	-9.0	281.2
8 東京都渋谷区	549,715	2.4	280.0
9 東京都新宿区	798,611	-0.9	279.1
10 神戸市中央区	280,227	-1.4	259.7

下位10市区町村	昼間人口(人)	平成7年～12年の増減率(%)	昼夜間人口比(%)
1 岡山県清音村	3,407	4.5	60.3
2 茨城県利根町	11,594	-4.5	60.9
3 大阪府豊能町	16,310	1.3	63.5
4 京都府加茂町	10,225	-5.5	63.9
5 奈良県平群町	13,302	6.4	64.9
6 島根県八雲村	4,445	-0.3	64.9
7 千葉県栄町	16,657	-1.7	65.4
8 宮城県七ヶ浜町	14,042	-0.2	66.5
9 岡山県灘崎町	10,606	2.2	67.0
10 青森県階上町	10,507	6.7	67.3

資料：総務省統計局統計センター　国勢調査より

3. 商圏の様子を把握する

商店数

● ……定義
国内で経営している卸売業、小売業、飲食業などの店舗件数

● ……何がわかるか
そのエリアにおける店舗構成や店舗数のトレンドなど。参入市場の流通構造を理解したり、出店計画やチャネル戦略を策定する際に参考となる

　商店数は、公的機関が発表している商業統計や商業動態統計調査から把握できる。これらの統計では、法人組織の商店、個人経営の商店、飲食店と幅広くカバーしており、商店数はもとより、従業者数、販売金額などを都道府県レベルで入手できる。

　商業統計によれば、平成11年度の小売業商店数は約14万店舗で、前回調査（平成9年）と比べて7.5ポイント減少しており、この傾向は昭和57年から続いている。直近の状況を業態別に見ると、専門店やコンビニエンス・ストアが拡大し、百貨店やGMS（量販スーパーマーケット）などの落ち込みが見受けられる。また、卸売業も小売業と同じ傾向にあり、小売業や卸売業にとって競争環境が厳しくなっていることを意味している。

　業態別の商店数の推移から流通構造の変化をとらえることにより、出店エリアを決めたり、チャネル構築を考えるときなどに役立つ。たとえば、ある製造業で、自社製品のチャネルを構成する卸売業や小売業の数が年々減少し、他業態の進捗が顕著であることを把握したとする。伸びている業態が自社製品に適合する場合は、チャネル選定の見直しを行い、効率的な販売チャネルを形成したほうがよい。

　この指標は世帯数と合わせて見ると、より多くの示唆が得られる。たとえば、あるメーカーが自社製品を取扱う業態の商店数が多いエリアを中心にチャネル戦略を検討しているとしよう。しかし、そのエリアで自社のターゲット顧客の世帯数が減少していたとすれば、「店舗はあっても顧客がいない」状況が発生してしまう。その場合、そのエリアを中心に据えたチャネル戦略は見送るほうが妥当であろう。

　公的統計のデータからは、個々の商店が持っている集客力までは推測できない。同一エリア内の複数の店舗について優先順位をつけて、重点的にカバーすべき店舗を選び出したい場合には、来店客調査や店舗売上データなどと併用するとよいだろう。

● ……データの入手先
商業統計、商業動態統計調査などに掲載されている。
● ……参考
事業所数や商店数以外にも、学校数、病院数、医師数などさまざまなものが、そのエリアでのビジネス展開を考える際にヒントとなる。たとえば、大学があるエリアでは、学生向けの事業や商品構成などを試しやすい。自社の事業特性を考慮しながら、少し視野を広げてヒントとなる指標を探してみるとよいだろう。

3. 商圏の様子を把握する

可処分所得

● ……定義
実収入（税込収入）から税金、社会保険料などの非消費支出を差し引いた金額

● ……何がわかるか
消費者が月内収入からどの程度、家計に金額をまわすことができるか。経済動向を把握したり、市場規模の動向を推測するための参考指標として活用できる

　可処分所得は、家計調査に代表されるように、総務省などの公的機関が調査・発表している情報である。その内容は、消費者の実収入（税込収入）から、所得税や地方税などの税金と社会保険料などの非消費支出（消費者の自由にならない支出）とを差し引いた額で、いわゆる手取りの収入に当たる。ちなみに、**消費支出**とは自由になる生活費のことで、日常の生活に必要な商品を購入して実際に支払った金額を言う。可処分所得は消費支出とおおむね連動している。

　時系列で可処分所得の増減を見ることにより、景気動向や消費マインドの変化などが推測できる。家計調査では消費支出の内訳が詳細に分けられているので、「家計に占める通信費の経年変化と可処分所得の推移を見ながら、携帯電話市場全体の規模の動向を推測する」というように、可処分所得単独ではなく、他の指標も参考にするとよい。

　ただし、可処分所得の動きだけでは、消費マインドをとらえきれない場合がある。可処分所得が増加傾向にあっても、税金や保険料などの負担額が同時に増えれば、消費支出は減少に向かう可能性があるからだ。また、全体的に景気が低迷している状況では、可処分所得が増加しても、消費者の購買意欲が喚起されるとは限らない。将来への不安感が強くなると、貯蓄性向が高まる傾向があるからだ。加えて、可処分所得が同額であっても、顧客の価値観の違いなどによって消費傾向が異なっていたり、中高生向け商品などのようにターゲット顧客が必ずしも所得者ではない場合があることにも注意が必要である。

● ……データの入手先
家計調査などに掲載されている。
● ……代表的な数値
可処分所得と消費支出の対前年度実質増加率
（勤労者世帯）

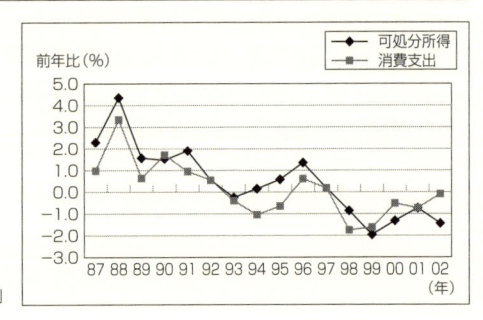

資料：総務省 平成14年度「家計調査年報」

3. 商圏の様子を把握する

オフィス・店舗賃貸料

- ●……定義
  オフィスや店舗スペースを賃借するために、賃貸人に対して支払う対価

- ●……何がわかるか
  複数地域あるいは同一地域内の実質賃貸料を比較することにより、そのエリアの繁栄状況や人の流れが予測できる

　オフィスや店舗用のスペースを借りる場合には、賃貸料のほかに、管理費（共益費とも言う）や敷金・保証金なども徴収されるので、スペース間で比較するときにはこれらも加味した実質賃貸料（＝賃貸料＋管理費＋｛(敷金＋保証金)×金利÷12カ月｝）を利用することが多い。

　賃貸料は一般に、部屋の大きさだけでなく、立地条件や交通の便、階数などによって異なる。とくに、外食産業など店舗を基盤として行うビジネスでは、ロケーションの良し悪しや1階のフロアを確保できるかによって、売上げや収益性に大きな影響が出ることが多い。それによって店舗前面を通る人や車の交通量が変わるからだ。業態や戦略などによって違いがあるが、一般に交通量が多いほど、店舗に立ち寄る可能性のある人数も多くなる。たとえば、銀座の店舗賃貸料が高いのは、単に銀座という名前から連想されるイメージが良いという理由だけではなく、買い物客などが多く通行する場所であることも大きい。

　平均的な賃貸料を地域別（たとえば、県庁所在都市の駅前別）に比較することによって、その地域が賑わっているかどうかを相対的に評価することができる。賃貸料が高いところほど人が集まる場所であり、オフィスや店舗などの集中度も高いことが推測できる。また、その地域内で地図上に賃貸料を記入して、賃貸料の高低で人の集まり度合いを推測することで最も賑わう地区を視覚的につかんだり、人の流れを予測することができる。

　賃貸料はスペースの需給状況によっても影響を受けるので、**オフィス空室率**などの指標を併用して見ていくとよいだろう。また、実際に立地を選定する際には、大まかな予測をしたうえで、現地調査を行う必要がある。

- ●……データの入手先
  東京都内の店舗賃貸料は、株式会社スペーストラストのホームページが便利である。地方都市は、地元の不動産仲介業者より聴取可能。
- ●……代表的な数値
  渋谷・道玄坂エリアの実質賃貸料は2万7000〜4万1000円／月・坪中心であるのに対し、早稲田・神楽坂エリアでは1万5000〜2万3000円／月・坪前後（2003年4月時点）。

第5章●財務的な成果の指標
企業の最終的な成績を見極める

●

　企業の成績は、最終的には財務諸表と呼ばれる、正式なルールに則って作成される公的な書類に表れる。ある種の「人気指数」である株価も、短期的には株式に対する需要と供給の関係で上下するものの、長期的に見れば財務諸表に表れる財務成績と密接にリンクしながら推移していく。わが国では、長らく株式市場の非効率性が指摘されてきたが、近年では持ち合いの解消もあって、徐々にアメリカ型に近づきつつある。

　それでは、企業の成績を的確に判断できなければ、どのような不都合が生じるだろうか。たとえば、ある会社が倒産寸前の状態であったとしよう。その会社が活動を停止するだけなら害も少ないのだが、多くの場合、その企業と関係を持っていた取引先は、売掛金を回収できない、自社の製品開発や製造が進まなくなるなど、さまざまな形で損害を被ることになる。そのあおりを受けた企業の業績が悪化し、周辺の関係企業の従業員までもが職を失って路頭に迷うことにもなりかねない。

　こうした状況を避けるためには、最低でも、情報量の多い財務諸表の中の「これだけ見ておけば、ある程度の経営状態がわかる数字」を知っておく必要がある。関係企業の経営状態をつかんでいれば、自社に対する影響を予測し、事前に対策を考えておくこともできる。

　本章ではこうした指標の中でも代表的なものを紹介していく。これらは、大きく「キャッシュ創出マシーンとしての企業の能力を測る」「経営者や事業責任者をコントロールする」という2つの用途に役立つものである。

■キャッシュ創出マシーンとしての企業の能力を測る指標

　とくに企業外の人々にとっては、売上高利益率、ＲＯＥなどの財務成績を見ることで、企業の経済的な能力を測ることができる。個人投資家やベンチャー・キャピタリストであれば、投資判断に使うことができる。銀行や取引先であれば、融資の判断や融資条件

の設定などに用いたり、商品の売買など取引関係を構築するときに参考となる。たとえば、指標分析によって安全性の低い会社であることが判明すれば、掛売りの比率を下げて現金決済にする、あるいは取引額の枠を少なめに設定するなど、取引条件や方法を変更することができる。

■経営者や事業責任者をコントロールする指標

　企業の成績は、経営者や事業責任者にとってのＫＰＩと読み替えることができる。取締役会、あるいは株主や金融機関などの資金提供者は、これらの指標をＫＰＩとして利用することで、経営者や事業責任者の行動をコントロールし、予算や経営目標に近づけることができる。また、経営者や事業責任者の評価項目として活用し、場合によっては人員の入れ替えを行うことも可能である。近年では、社外取締役も含めた報酬決定委員会において、こうしたＫＰＩを用いながら経営者の報酬を決定するケースも増えている。

財務的な成果を見る

格付け

- ●……定義
  社債などの信用度を第三者（専門の格付け会社）が評価して、アルファベットや数字などの記号を用いて表したもの

- ●……何がわかるか
  その企業の信用力。投資家にとっては、社債などの信用リスクの参考情報となる。企業は、資金調達がしやすいか、競合他社の財務戦略は柔軟性があるかなどを推測できる

　格付け（Rating）は、預金や債券に投じた資金がどれくらい確実に返済されるかを示す指標である。その企業の成長性や収益性、財務の安全性、経営陣の質、さらにはその企業が属する業界全体の成長性や競争環境などを総合的に判断しながら、専門の格付け会社によって付与される。債券、銀行預金、保険金の支払能力、投資信託、デリバティブ、ローンなど金融商品だけでなく、企業や国、国際機関などの債務の返済能力も格付けの対象となる。

　格付けが高ければ信用力が高いことを意味するので、高格付け企業のほうが市場から資金を調達しやすくなり、金融機関からの借入金や社債の金利も低く設定することができる。一方、格付けがあまりにも低ければ、信用リスクを嫌う投資家は投資を避けるので、市場で調達できる資金が少なくなり、最悪の場合は社債が発行できなくなることもある。

　格付けは、格付け会社が独自の判断基準で決定するので、会社によって評価が異なり、精密さには欠ける。しかし、シンプルでわかりやすく、他との比較もしやすいので、投資家は信用リスクを確認したり、利回り水準の妥当性を検討する際などに参照する。企業側も格付けを知ることにより、市場が自社をどのように評価しているかが把握できる。とくに、社債発行のために格付けの付与を依頼するプロセスにおいて、市場から求められている業績水準などが明らかになる。ほかにも、取引先や競合他社の信用力、財務戦略の柔軟性を分析するうえで格付けは参考になる。また、格付け会社から格上げや格下げに関する発表があった場合、その企業の信用力に重要な変化が生じた兆候としてとらえるとよい。

　格付けを改善するために即効性のある手段はないので、企業は地道に利益やキャッシュフローを生み出し、財務体質を改善するほかない。ただし、透明性のある情報をタイムリーに開示しているか、経営環境の変化を的確に把握し、そこから意味のある解釈を引き出して提示できるか、将来の経営計画は説得力を持っているかなど、いわゆるＩＲ活動の巧拙が、格付け会社の評価や市場からの評価につながることもあるので、留意すべきである。

第5章 財務的な成果の指標　　187

- ……データの入手先
  グローバルでは、**スタンダード&プアーズ**（以下S&P）、**ムーディーズ**、フィッチ、日本では格付投資情報センター、日本格付研究所、三國事務所などが、ホームページ上で格付けの考え方や格付け情報を一部提供している。
- ……代表的な数値
  通常、S&PのトリプルB以上（ムーディーズのBaa3以上）を「投資適格」とみなす機関投資家が多い。長期債格付けでは、ソニーはS&PがA＋、ムーディーズがA1であり、トヨタ自動車はS&PがAAA、ムーディーズがAaaである（S&Pは2003年7月31日現在、ムーディーズは2003年8月5日現在）。

格付け（長期債券）の定義

スタンダード&プアーズ		ムーディーズ	
AAA	予定期日に当該債務を履行する能力がきわめて高い。	Aaa	きわめて優れていると判断された債券。投資リスクは最小限、利払いは大きな非常に安定した利益によって余裕を持って保護されており債券の元本が予定どおり支払われる確実性が最も高い。
AA	当該債務を履行する能力は非常に高く、最上位の格付け（「AAA」）との差は小さい。	Aa	総合的に優れていると判断された債券。Aaa格の債券との相対的比較から元利払いの安全性の余裕度が小さく、債務履行の確実性に関する要素に変動幅があり、もしくは長期的なリスクに影響を及ぼすような要因が存在しうる債券。
A	当該債務を履行する能力は高いが、上位2つの格付けに比べ、状況の変化や経済環境の悪化からより影響を受けやすい。	A	投資対象として数多くの好材料が認められ、中位の上位と判断された債券。元利払いの確実性が認められるが将来のある時点において債券の安全性を低下させるような事柄が出現する可能性がある。
BBB	キャッシュフロー指標は十分であるが、経済環境の悪化や状況の変化などにより、上位の格付けに比べ債務履行能力が低下する可能性がより強い。	Baa	中級と判断された債券。元利払いの確実性が極端に高くなく、また低くない。現時点では元利払いの確実性が認められる。しかし長期的観点から見ると、特定の要素について確実性が低いか、信頼性の低いものがある。このような債券は投資適格を満たす顕著な特性が不足しており、事実、投機的な要素を持っている。
BB	他の「投機的」格付けに比べ、近い将来に債務が不履行になる可能性は低いが、事業状況、財務状況、経済状況が悪化した場合に、当該債務を期日どおりに履行する能力が不十分となる可能性をもたらす、大きな不確定要素やリスクにさらされている。	Ba	投機的な要素を含むと判断された債券。将来の安全性に不確実性がある。元利払いの安全性は中位で長期的には情勢によっては安全性が維持されない場合もありうる。不確実性という言葉で特徴づけられる債券。
B	現在は債務履行能力を有しているが、「BB」の格付けよりも、当該債務が不履行となる可能性はより高い。事業、財務、経済状況の悪化により債務履行能力や意欲は損なわれやすい。	B	好ましい投資対象としての適性さに欠けると判断された債券。長期的観点から見ると元利払いおよび契約条項の遵守の確実性は低い。
CCC	債務不履行となる可能性があり、債務履行能力は良好な事業状況や財務、経済状況に依存している。事業状況、財務状況、経済状況が悪化した場合に、当該債務を期日どおりに履行する能力がなくなる可能性がある。	Caa	安全性が低いと判断された債券。債務不履行に陥っているか、あるいは元利支払いを困難にする要素が認められる。
CC	当該債務が不履行となる可能性が非常に高い。	Ca	非常に投機的であると判断された債券。債務不履行の状態にあるか、または重大な危険性が認められる。
C	現在、破産法に基づく申請を行っているが、当該債務は引き続き履行されている場合に用いられることがある。	C	最も低い格付け。有効な投資対象となる見込みはきわめて薄い。
D	債務不履行に陥っている、利払いや元本の返済が期日どおり行われない場合に用いられる。また、破産法に基づく申請が行われ、なおかつ元利払いが危ぶまれる場合にも用いられる。		注：付加記号の1は、債券債務が格付けのカテゴリーで上位に位置し、2は中位、3は下位にあることを示す。

資料：スタンダード&プアーズとムーディーズジャパンのホームページ上の「格付け定義」をもとに作成　（2003年時点）

財務的な成果を見る

フリー・キャッシュフロー

- **……定義**
  FCF＝営業利益×(1－税率)＋減価償却費－増加運転資本－投資

- **……何がわかるか**
  企業が継続的に発展していくための十分なキャッシュフローを生み出しているか。
  投資家は、投資を検討している企業の現在の経営状況を把握したり、将来性を占う際の参考とする

フリー・キャッシュフロー（Free Cash Flow、以下FCF）は、企業が生み出したキャッシュフローのうち、経営者が使い道を自由に意思決定できるものを言う。負債の返済や配当金の支払い、事業拡張のための設備投資などに必要なキャッシュフローの源泉となる。FCFは数値が大きいほど、より多くの経済的価値を創出したことになる。その場合、資金提供者に還元したり、企業の成長を維持・拡大するために再投資するなど、キャッシュの使い道の自由度が高くなるほか、財務破綻のリスクが低下し、企業の信用度が高まる。

FCFを増やすには、営業活動からのキャッシュフローを増やし、投資活動によるキャッシュフローのマイナスを抑える必要がある。つまり、①営業利益を増やす（売上げを増やす、費用を減らす）、②運転資本を抑制する（在庫や売掛金などを抑える）、③設備などへの投資を適正な水準にコントロールする、という方向で改善策を考えていくとよい。たとえば、マーケティング施策の改善により売上げを伸ばす（①）、調達方法や生産方法の改善により費用を減らす（①）、販売予測や生産方法の改善により在庫を減らす（②）、複数部門で重複して行っている無駄な投資をなくす（③）などの方法が考えられる。

ただし、FCFは数値が大きければよいというものでもない。FCFが多すぎる場合、将来の成長につながる投資をしていないとみなされる場合があるからだ。アメリカでは1980年代に、成熟産業でFCFが潤沢な企業は資金を有効に活用していないとして株価が低迷し、買収の標的にされる傾向があった。したがって、経営者はFCFを増やすと同時に、株主や債権者に報いるためにそれを活用する方法も考えなくてはならない。また、将来の売上げや利益を生み出すために必要な運転資本や投資を削った場合、短期的にFCFは増えるが、将来のFCFは期待できない。

- **……データの入手先**
  各社IR資料（有価証券報告書、決算短信、アニュアル・レポート、決算説明資料）。
  一部、ホームページ上のIR情報のコーナーでFCFの金額を公表している企業もある。

- **……代表的な数値**
  2003年度3月期財務諸表（連結）によると、ソニーのFCFは1473億円、NECは2359億円、富士通は534億円、キヤノンは2187億円、リコーは875億円。

財務的な成果を見る
EBITとEBITDA

- **……定義**
  EBIT＝営業利益＋受取配当金・利息
  EBITDA＝EBIT＋有形・無形固定資産償却費（ただし、統一された定義はない）

- **……何がわかるか**
  企業がどのくらいキャッシュを創出するかを見る関連指標。キャッシュフローと近似した概念として用いられる

　EBIT（Earnings Before Interest & Tax：支払金利前税引前利益）とは、借入金や社債の支払利息と税金を差し引く前の利益のことで、実質的には本業で儲けた営業利益とほぼ同じ利益を意味する。債権者や株主に配分されうる企業の収益は、債権者に支払利息、税務当局に法人税等を支払う前の数値で近似できるという考え方に基づく概念だ。

　一方、EBITDA（Earnings Before Interest & Tax, Depreciation, Amortization）は、EBITに設備など有形固定資産に対する減価償却費（Depreciation）と、特許権や営業権など無形固定資産に対する償却費（Amortization）を加えたものである。これらの費用は利益を計算するときには売上げから差し引かれるが、実際には費用が発生したときにキャッシュの支払いが行われているわけではない。そのため、これらをEBITに足し戻すことによって、フリー・キャッシュフローベースに置き直している。したがって、EBITDAはフリー・キャッシュフローをベースにした本業からの儲けを意味しており、より正確に債権者や株主に配分されうる企業の収益を表していると言える。

　経営の数値目標が、売上高から利益へ、利益からキャッシュフロー（**フリー・キャッシュフロー**）や企業価値へと変わってくるにつれ、利益の概念も財務会計上の定義から離れ、企業価値や株主重視の観点からの意味が検討されている。EBITやEBITDAも利益指標というよりは、簡便に見たキャッシュフローという概念に近く、企業評価などの局面で広く活用され始めている。たとえば、企業買収などで被買収企業の企業価値を算定する際に、最終価値をEBITまたはEBITDAの乗数倍で見積もることがある（**EBIT倍率**、**EBITDA倍率**と呼ぶ）。企業の成長が安定期に達すれば、ほぼ毎年同じ額の利益が創出され、利益とキャッシュフローとのずれもさほどないと考えられることから、安定期の企業価値を出す場合にEBITまたはEBITDAの乗数倍を用いることは妥当だとされているのだ。

- **……データの入手先**
  各企業の財務諸表より算出できる。
- **……代表的な数値**
  2003年度3月期財務諸表（連結）によると、ソニーのEBITは1999億円、EBITDAは5518億円、トヨタ自動車のEBITは1兆4170億円、EBITDAは2兆2686億円、武田薬品工業のEBITは3208億円、EBITDAは3508億円。

財務的な成果を見る

売上高総利益率

● ……定義
売上高総利益率(%) = $\dfrac{売上総利益}{売上高} \times 100$

● ……何がわかるか
一定の売上げに対していくらの売上総利益があるか。収益性の高さ

売上総利益は売上高から売上原価を差し引いたもので、粗利と呼ばれることもある。企業の根源的な収益力を示す利益指標であることから、部門別、商品別、販売地域別に売上高総利益率（Gross Profit to Net Sales Ratio）を算出し、目標の設定やコスト削減の検討、予算や人員など経営資源の配分決定に役立てている企業も多い。

売上高総利益率は概して高いほうが好ましいが、その水準は業種ごとに異なる。同業他社や業種平均と比べて売上高総利益率が著しく低い場合は、コスト競争力が劣っており、競争上不利な状況に立たされる危険性がある。また、自社の過去の実績と比較して、この数値が大きく変動している場合にも注意が必要だ。商品仕入値・原材料費など原価の上昇、市況の悪化による販売単価の下落、販売数量の減少、利幅の大きい商品の売上構成比の低下などによっても、この数値は悪化する可能性があるからだ。

この指標の数値を改善するには、まず売上原価の構成要素を検討する必要がある。たとえば、仕入原価の構成要素である商品の仕入価格、製造原価の構成要素として原材料費（価格、使用量、歩留まりなど）、労務費（人員、賃金、1人当たり生産量など）、製造経費（外注依存度など）を細かく見直すことで、どのような要因が原価変動に大きく影響しているかを明らかにする。もし原材料費の影響が大きいことがわかったら、調達先を変更して仕入価格を低減したり、歩留まりを改善するなど、適切な対策をとらなくてはならない。

ほかにも利益率を表す指標として、**売上高営業利益率**、**売上高経常利益率**、**売上高当期利益率**などがある。これらの指標では、分子に営業活動や財務活動などの成果である利益が用いられており、企業活動ごとに利益への貢献度合いをとらえることができる。

● ……データの入手先
各企業の財務諸表から算出可能。
● ……代表的な数値
売上高総利益率の全産業平均（上場企業、2001年）は20.0%、製造業平均では24.0%（出所：日本政策投資銀行「産業別財務データハンドブック」2002年度版）。
2003年度三月期財務諸表（連結）によると、ソニーの売上高総利益率は33.4%、トヨタ自動車は24.3%、武田薬品工業は71.3%。

財務的な成果を見る
当座比率

● ……**定義**
   当座比率(%) = $\dfrac{当座資産}{流動負債} \times 100$

● ……**何がわかるか**
   企業の短期的な支払能力

　当座資産とは、現金、預金、受取手形、売掛金、有価証券など、比較的短期に換金可能な流動資産のことである。当座比率（Acid Test Ratio、Quick Ratio）は通常、100％以上あることが望ましいとされる。1年以内に返済しなくてはならない借入金などで構成される流動負債を上回る額の当座資産があれば、十分な支払能力があるとみなされるからだ。しかし、当座比率が100％を超える日本企業は少なく、現状では75％以上あれば平均以上と見てよいだろう。また、業種によっても差があるので、同業他社と比較してみると参考になるだろう。

　当座比率が高ければそれで安心というわけではなく、当座資産の内容を吟味する必要がある。たとえば、売上債権の中に不良債権や回収が長期化しているものが含まれている場合、流動性が高いとは言えない。また、当座資産は基本的に収益を生み出さないので、当座比率の高さは収益面でのマイナス要因となることもある。たとえば、当座比率が高く、短期的な経営の安全性には問題のない企業でも、収益増につながるような投資先を見つけられず、多額の当座資産を死蔵していれば、いくら安全性が高くても評価されない。したがって、当座比率の評価は収益性と併せて行う必要がある。さらに、当座比率では日々の資金繰りを把握できないことにも注意が必要である。たとえば、当座比率は高くても、売掛債権が多ければ、回収期日にならないと手元にキャッシュが入ってこないので、資金繰表やキャッシュフローにも留意しなくてはならない。

　支払能力を見る指標として、**流動比率**（＝流動資産÷流動負債）もある。この指標は棚卸資産を含む流動資産をベースに算出するが、棚卸資産の中には流動性の低いもの（たとえば、陳腐化して商品としての価値が一部または全部失われているもの、あるいは換金の自由度がきわめて低いものなど）が含まれている場合が多いので、短期的な支払能力を把握したいときには必ずしも適していないことに気をつけたい。

● ……**データの入手先**
　　各企業の財務諸表から算出可能。
● ……**代表的な数値**
　　法人企業統計（財務省）の全企業の平均当座比率は70.9％（出所：平成13年度法人企業統計調査）。
　　2003年3月期財務諸表（連結）によると、ソニーの当座比率は80.7％、トヨタ自動車は49.2％、武田薬品工業は397.0％。

財務的な成果を見る

自己資本比率

● ……**定義**
$$自己資本比率(\%) = \frac{自己資本}{総資本} \times 100$$

● ……**何がわかるか**
資金的側面から見て安全性の高い企業体質を持っているかどうか

　自己資本は資本金と利益留保額（法定準備金、剰余金）で構成される企業の純財産である。とくに、過去の利益の蓄積である利益留保額は、資本金と違って配当を行う必要がなく、機会費用以外のコストのかからない資金なので、企業の安定性を見るポイントとなる。たとえば、剰余金が多ければ、これまで順調に利益を積み上げており、経営方針が堅実な企業だと考えることができる。自己資本は株主資本とイコールの関係にあるので、**株主資本比率**と呼ばれることもある。

　一般に、自己資本比率（Capital Asset Ratio、Capital Adequacy Ratio）が高い企業は、収益面で有利である、資本投下の自由度が高い、不況抵抗力が強い、借入余力が大きいなどの強みがある。自己資本比率は一般的に50％以上が望ましいとされているが、日本企業の自己資本比率は総じて低く、全産業平均で30％を下回っている。

　この指標の過去からの推移に着目すると、企業の経営状況を推測する際に役立つ。たとえば、継続して自己資本の厚みが増している企業は、経営環境も経営方針も安定していると考えてよいだろうし、逆に自己資本の増減が激しい企業は、収益を生み出す体質・モデルが確立されておらず、経営的に安定していないと見ることができる。

　なお、業種や規模によっても自己資本比率の水準が異なってくる点に考慮する必要がある。とくに中小企業では、配当金や役員賞与の形で企業の利益を大株主である経営者個人の資産形成にまわし、自己資本比率が低くなっているケースがある。そのため、金融機関などがこれらの企業へ融資を行う際には、オーナー経営者の個人資産を見合い（あるいは担保）にして資金を貸し出すことが一般的だ。ただし、個人資産は企業の財務諸表のように会計的に正確に把握できるものではなく、法的にはあくまでも個人の資産なので、過度に重きを置くことは禁物であろう。

● ……**データの入手先**
　各企業の財務諸表から算出可能。
● ……**代表的な数値**
　自己資本比率の全産業平均（上場企業、2001年）は29.0％、製造業平均では34.3％（出所：日本政策投資銀行「産業別財務データハンドブック」2002年度版）。
　2003年度3月期財務諸表（連結）によると、ソニーの自己資本比率は27.2％、トヨタ自動車は36.0％、武田薬品工業は76.1％。

第5章 財務的な成果の指標

財務的な成果を見る
インタレスト・カバレッジ・レシオ

● ……定義
インタレスト・カバレッジ・レシオ(倍) = $\dfrac{\text{営業利益} + \text{金融収益}}{\text{支払利息}}$

● ……何がわかるか
借入金の利払い負担能力

　インタレスト・カバレッジ・レシオ（Interest Coverage Ratio）は、企業の通常の活動から生み出された利益（営業利益と金融収益）が、借入金の利息などの金融費用をどの程度上回っているかを見るための指標である。利息は本来、本業の儲け（営業利益）から支払われるべきだが、運用資産から安定的な収益を得ている企業も多いので、営業利益に金融収益（受取利息・配当金）を加えた計算式になっている。

　インタレスト・カバレッジ・レシオが高いほど、金融費用の支払能力において余裕があることを意味する。無借金経営方針をとる企業の場合は何十倍にもなる。これに対して、数値（倍率）が低い企業は利息の支払能力が低いとみなされ、金融機関からの融資を受けにくくなる。また、**格付け**などにも反映されるため、資本市場からの資金調達にも支障が出るおそれがある。とくに、数値が1倍を下回っていたり、時系列で比較したときに低下傾向が続いている場合は、早急に改善を図る必要がある。

　この指標の数値を高めるには、計算式からもわかるように、有利子負債を減らす、売上増加やコスト削減などにより営業利益を増やす、投資活動により受取利息や配当金を増やすなどの方法がある。

　なお、計算式の分母にくる支払利息は、借入金総額と借入金利によって定まり、現在のわが国のような低金利の環境下では、貸借対照表上は借入過多に見える企業でも、本業や資金運用などによる収益基盤が安定していれば、インタレスト・カバレッジ・レシオの倍率は高めに維持される。しかし、こうした企業は、金利上昇局面に転じたとたんに、支払能力に問題が出てくるおそれがある。そのため、安全性を分析するときには、インタレスト・カバレッジ・レシオだけでなく、借入金総額と金利にも注意しなくてはならない。

● ……データの入手先
　各企業の財務諸表から算出可能。
● ……代表的な数値
　インタレスト・カバレッジ・レシオの全産業平均（上場企業、2001年）は4.0倍、製造業平均では5.2倍（出所：日本政策投資銀行「産業別財務データハンドブック」2002年度版）。
　2003年度3月期財務諸表（連結）によると、ソニーのインタレスト・カバレッジ・レシオは7.3倍、トヨタ自動車は48.0倍、武田薬品工業は763.8倍。

財務的な成果を見る
総資産回転率

> ●……定義
> 　　総資産回転率（回）＝ 売上高 / 総資産
>
> ●……何がわかるか
> 　　総資産がどれだけ効率的に売上げに結びついたか

　総資産回転率（Total Asset Turnover Ratio）は、1年間に総資産が売上高に対して何回転したかを測るものである。総資産は総資本とイコールの関係にあるので、「総資本回転率」と呼ばれることもある。

　この指標の数値が高いほど、効率よく総資産を使って、より多くの売上げを生み出したことを意味する。経営資源が有効に活用できているかどうかをチェックする際には、時系列でこの指標を見ていくとよい。たとえば、数値が低下傾向にある場合は、効果的な活用ができていない経営資源を見つける必要がある。その場合、固定資産や棚卸資産など、資産を構成する各項目の回転率を分析するとよい。固定資産回転率が低ければ、生産設備を増強したのに売上げに寄与していない可能性があるし、棚卸資産回転率が低ければ、商品の滞貨が生じている可能性がある。問題点が特定できれば、遊休設備の処分や販売方法の工夫を行ったり、需給予測の精度を上げて在庫の削減を図るなど、適切な方法で総資産を圧縮し、資産回転率を改善することができる。ただし、製造業などでは、設備投資のタイミングとその投資効果が売上げに結びつくまでの間にタイムラグが生じることが多いので、長期的な視点で考えることも大切だ。

　この指標は企業のビジネスモデルをとらえるうえでも役立つ。たとえば、薄利多売のビジネスは、売上高利益率は低くても、商品の回転を高めることによって利益の総額を上げようとするモデルであり、総資産回転率が高くなる傾向にある。このような企業ではマーケットニーズの予測、利益管理、物流など多くの要素を全体最適に組み合わせる能力、あるいはそれを臨機応変に組み替える適応力が、競争優位の源泉となることが多い。逆に、総資産回転率が相対的に低い業種では、採算性の高い商品を開発・販売することによって、資本効率の低さをカバーすることが重要になる。たとえば、高級百貨店ではスーパーよりも一般に資本や棚卸資産の回転率は低いが、利幅の多い商品を販売することで利益率を高めて、利益の総額を上げることが可能になる。

●……データの入手先
　　各企業の財務諸表から算出できる。
●……代表的な数値
　　2003年度3月期財務諸表（連結）によると、ソニーの総資産回転率は0.90回、トヨタ自動車は0.79回、武田薬品工業は0.52回。

第5章 財務的な成果の指標

財務的な成果を見る
売上高成長率

● ……定義
  売上高成長率(%) = $\dfrac{当期売上高 - 前期売上高}{前期売上高} \times 100$

● ……何がわかるか
  企業の成長性・発展性を見ることができる

　売上高成長率（Sales Growth Ratio）は前年よりも売上高がどれだけ伸びたかを示す指標であり、数値が高いほど、前年を大きく上回る成長を遂げたことを意味する。ただし、数値の評価を行う際には、業界全体の成長率や同業他社の成長率、経済成長率などと比較してみる必要がある。たとえば、自社の売上高成長率が10％であったとする。業界全体がほとんど成長していない状況下であれば、自社の活動は賞賛に値するが、業界全体が年率50％以上成長していれば、10％という数値は自社の競争力の弱さを示していることになる。一方、ベンチャーなど新規参入企業は2桁以上の伸びを示すこともあるが、あまりにも急成長しすぎると、人員などのリソースが追いつかず、サービスや品質の低下を招き、顧客離れを引き起こすことがある。そのため、成長スピードをコントロールするという視点も必要になってくる。

　売上高をさらに成長させるためには、なぜ売上げが上昇あるいは下降したのかという要因を分析するとよい。戦略商品の新規発売やマーケティング戦略の変更など、成長に結びついた自社の戦略や施策を特定することができれば、今後の戦略の参考にしたり、自社の他商品に同様の手法を適用できるかもしれない。逆に、競合他社がマーケットから撤退したことや、天候などの特殊要因によって自社の売上げが伸びた場合には、自社にだけ有利な外的要因が継続するわけではないことを念頭に置きながら、今後の成長戦略を考えていく必要がある。

　企業の発展性を的確にとらえるには、売上高成長率と併せて**利益成長率**も見るとよい。とくに、企業の総合的な収益力を表す経常利益の伸び率は、企業の実力が上向いているかどうかを端的に示す。時系列で数値の変化を追ったり、同業他社や業界平均と比較しながら、その結果に至った要因を分析することで、企業の経営課題が明らかになることもある。

● ……データの入手先
  各企業の財務諸表より算出できる。
● ……代表的な数値
  2003年度3月期財務諸表（連結）によると、ソニーの売上高成長率は－1.4％、トヨタ自動車は6.3％、武田薬品工業は4.1％。

財務的な成果を見る

ROEとROA

● ……定義
$$ROE(\%) = \frac{当期利益}{株主資本} \times 100 \quad ROA(\%) = \frac{利益}{総資本} \times 100$$

● ……何がわかるか
株主や債権者から拠出を受けた資本をいかに効率的に用い、収益に結びつけたか（資本の経営効率）。投資家は、投下した資金がどれだけのリターンをもたらすかという利回り（ROE）を把握することができる。経営者や債権者にとっては、総合的な経営効率性の良し悪しを判断する際の参考となる（ROE、ROA両方）

　ROE（Return on Equity：株主資本利益率）、ROA（Return on Asset：総資産利益率）はともに、企業の収益性を表す代表的な経営指標である。いずれも資本がどれだけ有効に活用されているかを見るために使うが、ROEは資金提供者のうち株主のみの立場からとらえているのに対し、ROAは債権者なども含めた資金提供者すべての立場でとらえている点が異なっている。
　上記の計算式で分子に用いられている利益が異なるのは、こうした立場の違いを反映している。ROEで当期利益を用いるのは、最後に利益分配を受ける権利のある資金提供者である株主が、債権者に利息を、税務当局に法人税等を支払った後に残る利益（**当期利益**）に注目することが多いからである。一方、ROAでは事業利益が用いられる（日本では**経常利益**がよく用いられる）。全資金提供者から集められた資本はさまざまな資産として活用されるが、その中には、営業活動に直結する機械・設備などの固定資産だけではなく、有価証券などの金融資産も含まれる。したがって、営業活動からの利益である営業利益に、金融資産の運用成果である受取利息と配当金を加えた事業利益を分子としている。
　ROEとROAはともに数値が高いほうが、資金提供者からの資金を有効に活用して収益を上げていることになるので、望ましい状態と言える。ただし、業種や個別企業ごとに生産方式やビジネスモデルが異なるので、ROEやROAの水準も業種や個別企業ごとに差が出る。したがって、同業他社との比較などベンチマークがあってはじめて、これらの指標の数値は意味を持つ。
　棚卸資産の計上方法や資産の価値評価方法によって、利益額や株主資本、総資産の値は変化する可能性があり、ROEやROAに影響を与えることがある。そのため、厳密な算定や評価を行う場合は、貸借対照表上の資産額の計上方法の違いを考慮しなくてはならない。
　ROEを改善するには、ROEの式を「**売上高当期利益率**」と「**総資産回転率**」と「**財務レバレッジ**」に分解し、それぞれの要素を高める方策を考えるとよい。たとえば、売

上高当期利益率を高めるには、収益性の高い新製品を開発する、サプライチェーンを改善して資産を減らすとともにコストを削減する、債務を返済して支払利息を削減するなどの方策が考えられる。しかし、債務を返済した結果、支払利息が下がって売上高当期利益率は上がるが、財務レバレッジは低下するというように、各要素は相互に依存関係にあるので、ROEに与える効果は総合的に検討しなくてはならない。

◉……データの入手先
　各企業の財務諸表より算出できる。
◉……代表的な数値
　日本の全法人企業（金融・保険業は除く）のROE、ROAの平均値の推移

	平成9年	平成10年	平成11年	平成12年	平成13年
ROE	3.2%	−0.2%	0.8%	2.4%	−0.1%
ROA	2.1%	1.6%	2.1%	2.7%	2.3%

財務総合政策研究所「法人企業統計年報特集」（平成13年度）より加工・作成

2003年度3月期財務諸表（連結）によると、ソニーROE 5.0%、ROA 3.0%、トヨタ自動車ROE 12.8%、ROA 7.0%、武田薬品工業ROE 18.2%、ROA 20.1%である。

ROE、ROAともに欧米企業と比較し、多くの日本企業は低い値にとどまっている。持ち合いなどによる収益を生み出さない株式等の金融資産の保有、バブル期の大量の新株発行による株主資本の増加のほか、長引く景気低迷による収益性の低下などがその要因であるが、最近の株主重視経営の流れから、従来の経常利益や利益率などから、ROE、ROAの向上を目標に据える企業が増えつつあり、ROE、ROAの向上が期待される。

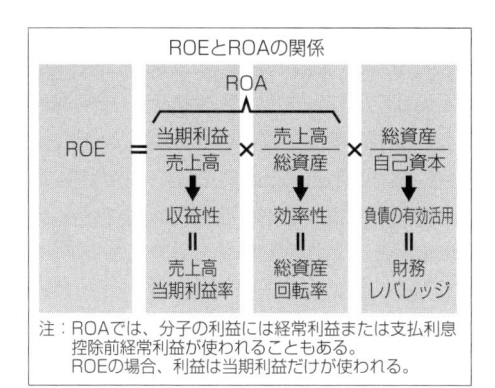

```
                    ROEとROAの関係
                         ┌─── ROA ───┐
                         当期利益   売上高      総資産
            ROE   =    ─────── × ─────── × ───────
                         売上高    総資産      自己資本
                           ↓         ↓          ↓
                         収益性    効率性     負債の有効活用
                           ‖         ‖          ‖
                         売上高    総資産       財務
                         当期利益率 回転率     レバレッジ

    注：ROAでは、分子の利益には経常利益または支払利息
        控除前経常利益が使われることもある。
        ROEの場合、利益は当期利益だけが使われる。
```

財務的な成果を見る

PERとPBR

◉……定義

$$PER = \frac{株価}{EPS（1株当たり利益）} = \frac{株式時価総額}{税引後当期利益}$$

$$PBR = \frac{株価}{1株当たり純資産} = \frac{株式時価総額}{株主資本（簿価）}$$

◉……何がわかるか
同業他社に対する成長性や安全性などを推測するときに役立つ

　PER（Price Earnings Ratio：株価収益率）とPBR（Price Book-value Ratio：株価純資産倍率）はともに、業績と株価水準を相対的に比較する指標であり、投資家が株式購入を考える際の判断材料となるものだ。

　PERは直近の利益額（正確には、最も近い将来の予測利益額）を何年続けて創出する能力があるかという意味合いがある。たとえば、PERが10倍であれば、10年にわたり現水準の利益を継続して創出する能力があるとみなすことができる。

　PERを見るときには、同業他社や業界平均などと比較するとよい。一般に、PERが業界水準よりも高ければ、自社の株価は利益に対して割高、低ければ割安だと言える。PERは業界ごとに平均水準が異なっており、たとえば、繊維、食品など飽和状態にある業種ではPERは低く、情報通信、バイオなど成長機会が期待できる業種では高くなる傾向がある。

　ただし、発行株式数や自社の戦略の違いによってPERの水準も異なってくるので、単にPERの高低のみで企業の良し悪しを議論することは避けなくてはならない。たとえば、発行株式数が少ない企業では1株当たり利益が高くなるので、PERは低くなりやすい。一方、発行株式数が多くても、浮動株（実際に市場で取引されている株式）が少なければ株価は高くなり、PERも高くなることがある。将来に備えて多額の投資をして、短期的な予想利益が少なくなったために、本来の実力に比べてPERが割高になることもある。

　PBRは株式の持つ資産価値に注目した投資尺度であり、株主資本時価が簿価の何倍で評価されているかということを示す。この指標は、業界平均などと比較するよりも、1を下回っていないかどうかが関心事となる。株主資本は会社が解散したときに株主に配分されるものであり、解散価値とも言われる。PBRが1である企業の株式を購入すると、1株に対する投資金額と1株当たりの解散価値が一致するので、仮にその会社が解散すれば、投資金額はそのまま戻ってくると解釈できる。PBRが低い企業の株価は割安と見ることができるが、1を下回る場合は、現在の株主に対するリターンに比較して解散価値のほうが大きいことを示し、企業の存続可能性が疑問視されはじめたということになる。

　PBRもまた、その高低のみを議論するべきではない。たとえば、ノウハウ、ブランド、

特許のような貸借対照表には表れない資産を多く保有し、株式市場もそれらの価値を評価している企業では、PBRは高くなる傾向にある。しかし、現在の日本の企業会計では、貸借対照表上の資産や負債が正確に時価で計上されていないため、時価と簿価の乖離が大きい企業が多く、PBRの構成要素である純資産の計算根拠の信頼性が低い。したがって、企業のビジネスの内容やビジネスモデル、資産内容やその計上額と併せて総合的に考える必要がある。

- ……データの入手先
  個々の企業の情報は会社四季報、会社情報から入手できる。また、Yahoo!ファイナンスのチャートにも、株価収益率、1株利益、純資産倍率の欄などが設けられている。
- ……代表的な数値
  東証1部上場企業の平均PERは50倍程度と言われる。これはPER平均値が20倍台であるアメリカ企業よりも高い数値であるが、バブルの後遺症で株価に見合った利益を出していないために、1株当たり利益が少なくなっている企業が多いことが原因と考えられる。

EPS（税引後利益÷発行済株数）

投資家がある企業の株式を買うかどうかを決める場合にさまざまな要素を勘案するが、その中でもとくに重視するのが企業の業績である。一般に、業績が好調の企業の株式は、今後も株価上昇を期待することができるので、現在の株価が低めに設定されていれば買い得だと考えることができる（ただし、いくら好業績の企業でも、投資後も株価が上昇し続ける保証はないし、業績低迷の企業でも、株価が過去かつてないほど低水準にあれば、株価が反転して上昇することもある）。

EPS（Earnings Per Share：1株当たり利益）は最終利益を1株当たりに換算したものである。最終利益は株主に支払われる配当金の源泉となるので、EPSに連動して株価も増減するというのが基本的な考え方である。EPSを前期の数値と比較したり、同業他社と比較することにより、業績の好不調、優位性、株主への配分の高低レベルが見えてくる。EPSを高めるためには、分子の税引後当期利益を高めるのはもちろんのこと、自社株買いによる株式消却などによって、発行済株数を少なくする方策もある。

なお、リストラ関連費用や退職給付会計変更時の差異の計上など特別損益が多い場合は、当期利益が大きく変動することから、EPSが大きく変わる可能性がある。したがって、時系列で見たときにEPSが大きく変化している場合は、財務内容を確認し、特別損益からの影響を考慮してみるとよいだろう。

財務的な成果を見る

株式時価総額

- ……定義
  株式時価総額＝株価×発行済株式数

- ……何がわかるか
  株式市場における企業の評価額

　株式時価総額（Total Market Value）とは、その企業の全株式を取得するのに必要な金額を指す。株式市場が判断した会社全体の価格とも考えられ、企業買収時に買収価格の算定指標として利用されることが多い。これに対して、ファイナンスで用いる企業価値は、企業が生み出す将来の**フリー・キャッシュフロー**を**加重平均資本コスト（WACC）**で割って算出し、株主の持ち分である株主価値と債権者の持ち分である負債価値の総和として表される。このときの株主価値が株式時価総額に相当する。株式時価総額は企業価値と密接な関係にあるので、たとえば、株価が上昇して株式時価総額が増加した場合、株式市場がその企業の全体の価値を高く評価した結果が株価に反映されたという解釈ができる。

　近年では、伝統的な株式の持ち合い解消、機関投資家の台頭など、企業をとりまく株主環境が変化している。そのため、経営者は自社が株式市場からいくらに評価されているか、常に意識せざるをえなくなっている。会計上（貸借対照表上）の株主資本と株式時価総額を比較することにより、株式市場が企業をどのように評価しているかが推測できる。たとえば、株式時価総額が株主資本簿価の10倍あれば、その企業の株主は会計上の簿価に反映されていない成長機会や土地の含み資産、のれんなどの無形資産を含めた総合的な価値は、簿価の約10倍だと評価していることになる。反対に、株式時価総額が株主資本簿価より小さければ、その企業の成長機会は乏しく、存続について株主が注意信号を送っているということになる。これを示す指標は**PBR（株価純資産倍率）**と呼ばれる（198ページ参照）。

　株式時価総額あるいは株価を高めるには、①有利子負債を削減する、②フリー・キャッシュフローを増加させる、③投資家が認識するリスクを低減する、といった方法がある。具体的には、負債を減らすことで企業が生み出す収益のうち株主の持ち分を増加させる、売上増大とコスト削減により営業キャッシュフローを増加させる、運転資本を圧縮し、投資をコントロールするとともに、IR活動などにより企業情報を積極的に開示する、などの取り組みが考えられる。

● ……**データの入手先**
　個々の企業の情報は、会社四季報、会社情報、またはYahoo!ファイナンスのチャートの時価総額欄から入手できる。

● ……**代表的な数値**
　日本の株式市場における時価総額上位15社
（2003/5/16終値ベース）

順位	社名	（億円）
1	NTTドコモ	12兆8461
2	トヨタ自動車	9兆6387
3	NTT	7兆0103
4	キヤノン	4兆1056
5	武田薬品工業	4兆0462
6	日産自動車	4兆0144
7	本田技研工業	3兆7807
8	東京電力	3兆3348
9	三菱東京FG	2兆8540
10	ソニー	2兆7055
11	松下電器産業	2兆4580
12	セブン-イレブン	2兆4275
13	野村ホールディングス	2兆3159
14	JR東日本	2兆1640
15	関西電力	1兆9225

資料：日本経済新聞社ホームページより

財務的な成果を見る

付加価値額

- ……**定義**
  付加価値額＝売上高－外部購入価値額

- ……**何がわかるか**
  企業が自らの力で生み出した付加価値の絶対値。企業の生産性を検討したり、付加価値の分配を検討する際に参考となる

企業が自らの努力で新たに生み出し、追加した価値のことを「**付加価値**」（Value added）と言う。たとえば製造業の場合、企業は原材料などを購入し、それを電力や燃料などを用いて加工して、商品として売り出す。その際の商品の価値は原材料など外部から購入したものの価値よりも高くなるが、それはこの企業が新たな価値を加えたからだ。

付加価値額が変動した場合は、その構成要素の金額の変化にも注意する必要がある。たとえば、付加価値が上昇したのは、新しい機械を導入し、高い価値の商品を低コストで生産できるようになったからという場合もあれば、単に市況の影響で一時的に材料費が下落したからという場合もある。後者のように外部要因が影響しているときは、現状に安堵せずに、付加価値増強のための抜本的な仕組みを考える必要がある。

一般に企業が成長していれば付加価値額は増大するので、付加価値額を売上高で割った「**付加価値率**」も経営指標として役立つ。生産性の高い企業のほうがより多くの付加価値を生み出すと考えられ、付加価値率は高いほうが望ましいとされる。ただし、同業他社と比較する場合などは、この指標のみから生産性を判断するのではなく、戦略方針やビジネスモデルの違いなどにも留意する必要がある。たとえば、自社生産しているA社と外注生産比率が高いB社とでは、A社の付加価値率のほうが高くなる。しかし、B社は戦略上の理由で外注生産を多くしている可能性もあり、この指標だけから、A社の生産体制がより優れていると判断することは早計である。また、グループ会社との取引が多い企業については、単体ベースの付加価値があまり意味を持たないことも多く、連結ベースで付加価値を測定するなどの工夫が必要になる。

- ……**データの入手先**
  各企業の財務諸表から算出できる。付加価値額を用いた付加価値指標（付加価値生産性、資本生産性、付加価値率等）は、「産業別財務データハンドブック」などで見ることができる。

- ……**参考：付加価値額の求め方**
  付加価値額の計算方法としては、生産面からとらえる「**控除法**」と、分配面からとらえる「**加算法**」がある。控除法では、総生産価値（売上高）から、原材料費、外注費など外部から購入し消費した費用を差し引くことで付加価値額を算出する。加算法では、付加価値構成要素を定めて、各要素の金額を合計したものを付加価値額とする。どちらがより適切かという統一見解はないので、分析する際に利用しやすい方法を用いればよい。

第3部

ケーススタディ

第6章 ● 定量分析を意思決定に活用する

1 ● 新規ビジネスを思い立つ

　阿部は、ある化粧品製造販売会社に勤める若手社員だ。彼の会社で先日、「社内ベンチャー制度」が創設された。それは、以前から起業に関する腹案をあたためてきた阿部にとって、待ち焦がれていた瞬間であった。
　阿部の実家は北関東のＸ市で美容院を経営しているが、そこで働く五島は阿部と年齢が近く、旧知の間柄のうえに、幾多のコンクールで実績を上げた有望なヘア・デザイナーだ。その五島を迎えて、ユニークなサービスの美容院を首都圏に開き、将来的にはチェーン展開をしたいと阿部は考えていた。もともと阿部は、両親の影響もあり、自分自身で商売を切り盛りすることにあこがれていた。加えて、入社以来ずっと営業マンとして走り回っているうちに、仕事や家事・育児に忙しい都会の女性たちにおしゃれと安らぎを提供したい、という気持ちが膨らんでいた。もちろん、化粧品会社の社員として働くことでも、そうした希望はかなえられなくもないが、実際に自分の手でビジネスを立ち上げ、ダイレクトな手応えを味わってみたかった。五島も東京進出となるこの話には大いに乗り気で、「会社の制度ができるのを待っていないで、俺たちだけで早くやろう」と言うほどだった。
　提供したい新サービスについては、以前からあたためていた構想があった。それは、ヘア・サロンにエステティック・サロンを併設するというものだ。「美と安らぎを提供する」という理念に立てば、頭髪に限定せず全身を対象とするのは当然のことである。ヘア・サロンとエステ・サロンを統一したコンセプトでプロデュースすることは、挑戦的だが大いに魅力的だった。そのうえ、エステは化粧品会社で得た商品知識を活用する場面が多く、社内ベンチャーとして会社の理解を得やすいという利点もある。エステティシャンの有資格者としては、五島の友人で、現在は大手エステ・チェーンで店長をし

ている吉崎が参加を表明していた。

3人は何度も集まっては、店舗のコンセプトについて相談をした。店名はビューティ・サロン『マタン』、ターゲット顧客は30〜50代の女性にするつもりであった。また、1号店の出店は首都圏近郊のY市と決めていた。Y市は、阿部が新人時代に配属された営業所があった場所で、何年も戸別訪問を行っていたので土地鑑があった。阿部の記憶によると、この地域には外に仕事を持つ持たないを問わず、30〜50代の比較的リッチな主婦が多かった。専業主婦なら時間もお金もある程度の余裕があるし、勤めに出ている人もおしゃれに気を遣うケースが多い。そのため、高級感のある美容院とエステ・サロンに対するニーズは高いと考えたのだ。五島と吉崎もおおむねこの意見に賛成だった。3人はターゲット顧客の嗜好を考えながら、ヘアケアやスキンケアに関するきめ細かいアドバイスや、待合スペースを思い切って広く取り、談笑を楽しむことができる優雅なサロン風の雰囲気を持った店内設計など、具体的なアイデアを次々と出し合った。

阿部は実家にいたときの経験から、開店までにどのような準備が必要で、通常業務にはどのような資源が必要かについても、だいたい把握していた。「社内ベンチャー制度」に応募するためのビジネスプランは、すぐにでも書けそうだった。

図表6−1 Y市周辺図

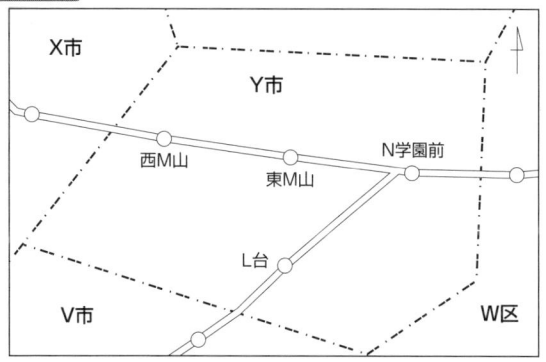

Y市周辺図

2● ビジネスプランを作成する

ところが、プラン作成に着手したとたんに、阿部は行き詰まってしまった。資金需要や収益予測を検討するためのベースとなる売上予測を立てる段階で、自信が持てなくなったのだ。とりあえず、必要なコストと、将来の新規出店に必要なキャッシュフローを仮定し、そこから「成長していくために必要な利益を出せる売上高」を算出することは

できた。しかし、その売上高が実際に達成可能だという具体的な根拠を示すことができなかった。

　困り果てた阿部は、職場の先輩である山口を訪ねて、ビジネスプランの作成方法について質問することにした。「社内ベンチャー制度」では、知識や経験が豊富な中堅社員にアドバイスを求めたり、企画をチェックしてもらうことが許されていた。山口は快く相談に乗ってくれた。

山口「なかなか面白そうなサービスを考えているね。出店場所はＹ市を考えているのか」
阿部「ええ、新人の頃に培った土地鑑があるし、あの辺は人口も多いですから」
山口「そうか。それ以外の理由は？」
阿部「え？　それ以外の理由ですか……」
山口「いま挙げたような漠然とした理由しか浮かんでこないのでは、売上予測が立たないのも無理はないな。たとえば、人口が多いと一口に言ってしまっているが、実際にデータは集めてみたのか」
阿部「いいえ。でも、住人が多いことは確かです。それに、データを集めたところで、それ以上の情報が得られるものでしょうか。第一、Ｙ市に住む人の何割が『マタン』に来るかなんて、店を出して営業を始めてみないとわからないし……」
山口「『やってみないとわからない』というのはたしかに一面の真実だが、それで済ませてしまってはだめだ。これから自分が主体になってビジネスを立ち上げていくのなら、集められるデータはきちんと集め、数字の裏づけに基づいた比較・分析を行って、少しでも正しい意思決定をしようとしつこく追求する姿勢が大切だと思うよ」
阿部「わかりました。データ収集を始めてみます」
山口「ちょっと待った。本当にわかっているのか、一応確認しておこう。まず、具体的にどんなデータが欲しいんだ？」
阿部「そうですね……。Ｙ市とその周辺の詳細な人口分布です」
山口「うむ、それは何のためだ？」
阿部「それは、決まってますよ。店に来てくれそうな女性客の数をつかむためです」
山口「それを知るのに、人口分布だけを見ればいいのか」
阿部「えっ、人口分布だけでは駄目ですか」
山口「そもそも潜在市場をつかむのは何のためだろうか。大きさが数字でわかればいいのかな？」
阿部「もちろん、売上予測の手がかりとなるので、数字は重要です」
山口「たしかにそのとおりだが、その前にもっと考えなくてはならないことがあると思

うよ。人口を見るのがいけないと言っているわけじゃないんだ。問題は人口だけでいいのか、ということさ。ビジネスプランの審査のときには、なぜＹ市に出店するかについて必ず聞かれるはずだ。それには、他の市に比べてＹ市の良い点を説明しなくてはならない。人口が多いという理由だけでは、もっと都心で出店すればいいということになるだろう？」

阿部「なるほど。1号店の候補地をＹ市中心に定めていい、ということを裏づけるデータをもっと集める必要があるということですね」

山口「そうだ。たとえば、どんなデータがあるかな？」

阿部「そうですね。ターゲットの顧客が多いかどうかについては、年齢層別の分布だけでなく、平均所得などもわかるといいですね。あとは、競合店がどの程度あるかとか……」

山口「その調子でやってみて、困ったことがあったら、また相談に来てくれ。そうだ、役に立つ本をいくつか紹介しておこう」

＊＊＊＊＊

　阿部は、Ｙ市には『マタン』のターゲット層である30〜50代の女性が比較的多い、という仮説が正しいかどうかを検証することにした。そのために、まず市町村別の年齢別性別人口分布を入手して、Ｙ市と近隣の市を比べてみた。

図表6-2　Ｙ市の人口ピラミッド

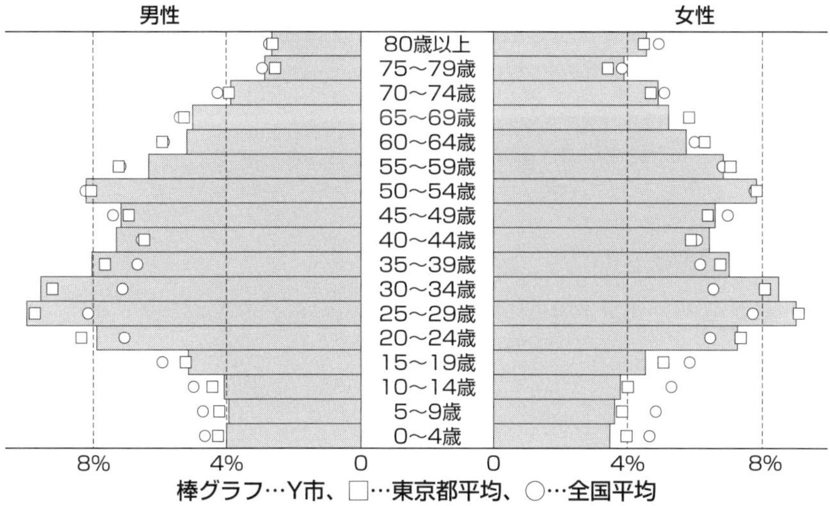

棒グラフ…Ｙ市、□…東京都平均、○…全国平均

図表6-3　Y市の世帯人数別世帯数

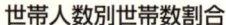

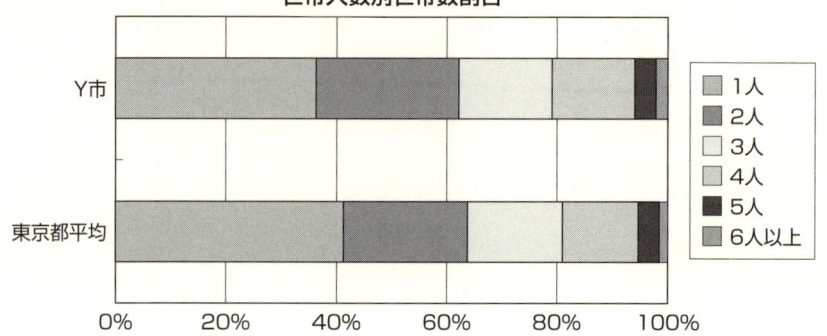

世帯人数別世帯数割合

（グラフ：Y市、東京都平均の1人／2人／3人／4人／5人／6人以上の割合を示す横棒グラフ）

「30代、40代女性の比率は、東京都平均と比べても高い。50代は東京都平均より若干低いが、ターゲットとなる年齢層は多いほうだと言えそうだ。20代人口が多いのも、将来のことを考えると心強いのかな。それから、世帯人数別世帯数の分布を見ると、東京都平均と比べて、家族の同居している世帯の割合が多い。この点も『マイホームを構えた既婚世帯が多い』という営業マン時代の印象と矛盾しないし、ここまでは仮説どおりと言えそうだ。だけど、山口さんも言っていたように、これで終わりではないんだよな。所得水準のデータも見てみよう。そのものずばり、年間所得別人口分布のようなデータはないな。代わりに使えそうなデータは……」

図表6-4　所得格差（全国=100）

Y市	160
V市	126
W区	155
X市	144

図表6-5　1人当たり小売業商店年間販売額

	年間販売額（億円）	人口（千人）	1人当たり販売額（万円）
Y市	1300	131	99.2
V市	1370	170	80.6
W区	4500	368	122.3
X市	840	107	78.5

「ふむ、Y市は平均として近隣市の中では豊かなエリアに入るようだ。リッチな30〜50代の女性が多そうだという当初の仮説に、ここまでは当てはまっているぞ」

いくつかデータを当たっていくうち、阿部はだんだんとコツをつかんできた。まず、自分の知りたいこと、確かめたいことをイメージし、それが事実としてどんな表れ方をするかについて仮説を立てる。そして、入手可能なデータを見て、その仮説が正しいかどうかを確かめる、という手順を踏めばよいのだ。

「市場環境はある程度見たとして、次は競合状況も見ないといけないな。美容院の数も入れて、美容院1軒当たり人口も比較してみよう」

図表6-6　美容院1軒当たり人口

	美容院数（軒）	1軒当たり人口（人）
Y市	160	819
V市	212	802
W区	364	1011
X市	133	805
東京都	16,222	745

「W区を除いて大きな差はないか……。これだけ見ると、W区が比較的競争が少ないということになるが。いや、待てよ。厳密に言えば、1軒の大きさにはばらつきがあるから、1軒当たり人口では正確には比べられないんだ。1軒当たりの椅子の数がわかって椅子1脚当たり人口が出れば理想的だが、そこまでのデータはないし……。とりあえず、この表から何が言えるか考えてみよう。まず、競争状況は同程度なので、具体的な競争相手を見たときに、Y市だけに極端に大型美容店が出ているという事実がない限り、『Y市は超激戦区だからやめておいたほうがいい』と結論づけるほどの強い理由はない、ということかな。──現時点ではここまでわかれば、プランを書き進めるにはひとまず十分だろう。そうそう、Y市内のどの駅の周辺が出店場所として最も適しているかも見ておこう」

「単純に駅乗降者数がいちばん多いのは、N学園前駅か。町別の人口分布で見てもN学園前がいちばん多い。その次が、西M山駅だ。とりあえず、N学園前を第1候補とすべきか、現段階ではまだ絞り込むべきではないのか、難しいな……」

結局、阿部はデータだけからでは判断できないと考え、Y市内の具体的出店候補地については言及しないことにした。それは、今回の社内ベンチャー制度に応募する段階のプランでは、そこまで求められていないと判断したからだ。

阿部は次いで、市場規模の概算に移ることにした。

図表6-7　Y市内地図

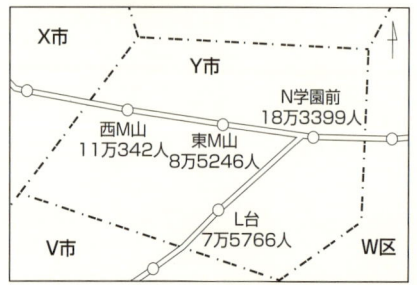

駅乗降客（1日平均）
- X市
- Y市
- N学園前　18万3399人
- 西M山　11万342人
- 東M山　8万5246人
- L台　7万5766人
- V市
- W区

Y市内　町別人口および世帯数
- X市
- Y市
- 北M山　1万4000人　5900世帯
- H町　1万3000人　5200世帯
- 西M山 2万人　9100世帯
- G堤　6000人　2700世帯
- 東M山　1万6000人　7900世帯
- J町　1万4000人　6200世帯
- L台　1万5000人　8200世帯
- N学園前　2万4000人　1万3400世帯
- K寺　9000人　4000世帯
- V市
- W区

図表6-8　理美容サービス・1世帯当たり年平均1カ月間の支出金額

（単位：円）

	全世帯	勤労者世帯
東京都区部	2980	2682
京浜葉地区	2682	3414

「平均的な2人以上の勤労者世帯でおよそ月3400円か。仮にN学園前に出店するとして、商圏はどのくらいだろうか。1つの町内として見ると、1万3400世帯だから4556万円。ヘア部門の当初目標の月商200万円をクリアするには、理髪店も含めて町内で4.4％のシェアを取る必要がある、というイメージになるかな。待てよ。美容院代が1世帯で月3400円って本当だろうか？　30～50代のリッチな主婦という設定なら、パーマなどを含めて1人で1回に1万円くらいは使うはずだ。結婚して美容院に行く回数が減ったとしても、2カ月に1度くらいは通うのではないかな。世帯の中には男性も含まれているから、月3400円という数字は実態よりも低めに出ていると考えられそうだな。とすると、月商200万円確保のために必要なシェアはもっと低くなる。周辺の競合店について後でチェックしてみる必要はあるが、4.4％以下のシェアなら、頑張れば達成できそうだな」

　阿部はようやく手応えを感じ始めていた。利益計画を立てて見通しを説明すれば、社内ベンチャー制度の審査官をきっと説得できるだろう。
「さて、売上予測には何とかめどがついたから、あとは費用か……。まず家賃水準を調べてみよう。N学園前の駅近くで……坪1万円といったところだ。さっそく、損益分岐点を見てみよう」

試算の前提条件
- 店舗　賃貸で25坪＝家賃月25万円
- 人件費　社長（阿部）＋ヘア2名（五島、他1名）＋エステ1名（吉崎）各400万円
　　　　　アシスタント（ヘア2名、エステ1名）各200万円
- 広告費　100万円
- 開業費　450万円（3年で回収）
- 設備投資関連　設備、什器備品計1000万円　5年定額償却
　　　　　　　　建物内装、入居保証金等計750万円　30年定額償却
- 変動費　400万円（項目上はすべて「その他経費」）、残りは固定費
　売上高と人件費、変動費は毎年5％増

図表6-9　予想損益計算書、損益分岐点グラフ

収益	第1期	第2期	第3期
売上高	3600	3780	3969
ヘア	2400	2520	2646
エステ	1200	1260	1323
費用	3375	3505	3642
人件費	2200	2310	2426
広告宣伝費	100	100	100
家賃	300	300	300
減価償却費	225	225	225
開業費	150	150	150
その他経費	400	420	441
営業利益	225	275	327
支払利息	30	30	30
経常利益	195	245	297

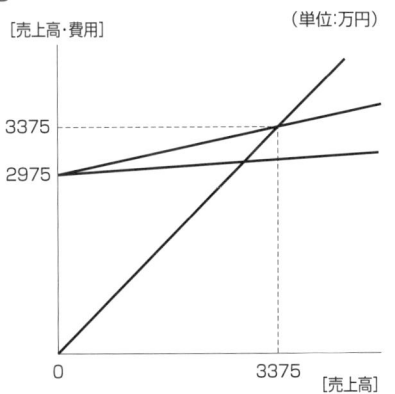

（単位：万円）

「損益分岐点売上高は、3375万円か。仮にヘアとエステの売上げが2対1として、その比率をそのまま当てはめれば、ヘアが2250万円。想定客単価7000円とすると、月当たり268人の来店があれば達成できる。コスト構造を見たときに変動費率が小さいから、家賃や設備等の固定費を抑えるか、売上げをある程度保つことができれば、収益面ではかなり有望だと言えそうだ。しかし、家賃はともかく、店舗のコンセプトから言って内装や設備をケチりたくない。やはり、売上げを確保すべく、最終的な立地選定にはとくに気をつけないといけないな。そうだ、キャッシュフローはどうだろう？　新しい企業はキャッシュフローの点で苦労することが多いと聞くからな。ただし、このビジネスは巨額の設備投資がいるわけでもないし、掛売りもしない。設立資金を会社から借りることができて、店が回り出せば、資金繰りはそれほど問題ないのかな……」

3● 出店場所を決める

阿部「山口さん、先日はアドバイスをありがとうございました。何とか売上予測についても資料をまとめてビジネスプランを提出し、昨日結果が通知されました。条件付きではあるのですが、とりあえず出店予定地の選定まで着手してよいということになりました。不動産情報については、本社ルートで紹介してくれるそうです。今日、さっそく担当者から物件情報をもらってきました」

山口「そうか、まずは1歩前進だな。おや、なんだか浮かぬ顔だな。気がかりなことでもあるのか？」

阿部「実は、いろいろデータを集めてわかることも多かったのですが、結局は、Y市ならY市の中で、どの町のどの物件にするかが非常に重要だということに気づきました。私に、その辺を見る目があるかどうか……」

山口「どれどれ、いまのところ第一の候補は、N学園前駅周辺か西M山町かなんだね。そこまで絞れているなら、実際に現地に行ってみるといいよ。たとえば、この統計は何年のものだい？」

阿部「えっ？……ちょっと待ってください。ちょうど1年半前のデータです」

山口「そうか、1年半も経てば、付近に新しく大きなマンションが建っているかもしれない。競合が好立地に出店しているかもしれない。いくらデータを集めても、それが現実を反映していなければ何にもならないし、最新情報はやはり現地に行かないとわからないものだ」

阿部「そうですね。実際に物件を見に行くのは、当然やるつもりでした。でも、個人でわかることって限界があるじゃないですか。たしかに町内に競争相手となりそうな美容院がいくつ出ているか、人通りは多いか少ないかくらいはわかりますが、ある店が月商いくらで、どのくらい利益が出ているのかとか、1つのマンションに裕福な世帯がいくつあるかとか、いちばん気になる部分はつかめません。そこが不安なんですよ」

山口「いいか。そもそも知りたい情報がすべてそろったデータベースなどあるはずがないし、たとえあったとしてもだれもが使うだろうから、それで競争に勝てるわけではない。結局、足りない情報は、自分なりに観察した事象から仮説を立ててみるしかない。そして、その仮説をデータに照らしながら検証する。ビジネスは、こうした仮説がいかに的確か、また的確な仮説をいかに多く出せるかの競争であるとも言える。たとえば、Y市に世帯数も家屋の大きさも同程度の1戸建ての住宅地が2つあるとしよう。このうち、どちらの住人がより裕福そうか、どちらにターゲットの

年齢層の女性が多く住んでいるかを見分けなくてはならない場合、何に着目すればいいだろうか」

阿部「そうですね。大きさは同じでも、門構えとか庭とかがいかにもリッチな家ってありますよね。そういう外観でしょうか」

山口「それだけかな？　ビジネスの成功がかかっているんだ。もっとヒントはあるはずだぞ」

阿部「ええと、そうですね。……そうだ、車なんかどうでしょう。車のクラスなら、家計の裕福さとの相関は高いかもしれません。それから、朝、住宅地から歩いてくる通勤者の様子を見てもいいかもしれません。服装や持ち物だけでは収入までわからないと思いますが、住人の年齢層は推定できるはずです。いや、待てよ。朝チェックするなら、子供の通学風景というのも参考になるかな。制服を見れば、親の年収を多少は推定できるかもしれない」

山口「そんな調子だ。まず目的を押さえて、それに沿ってとにかく仮説を立てる。そして、現地に行って自分の目で見て検証していくといい」

図表6-10　物件地図

物件1　N学園前

85m²
月270,000円
5階建て2階
駅歩3分

物件2　西M山町

73m²（P2台分別）　P込み月200,000円
3階建て1階　駅歩14分
一戸建て住宅地
一戸建て住宅地

　阿部は、まずN学園前駅近くの物件に行ってみた。駅から3分と近く、道路の幅も狭くはなかったが、周囲には見るからに流行っていそうにない喫茶店や、うらぶれた食堂などがあり、あまり好ましい印象ではなかった。

「駅の乗降客数は西M山よりN学園前駅のほうが多いけど、この駅はどうやらあまり栄えていないようだな。たしかに学校は駅の反対側にあるので、こちら側には人の流れが少ないみたいだ。しかし、通行人には、男性や学生などターゲット外の人たちも含まれるから、第一印象だけで決めるべきではないかもしれない。もう少し周りを見てみよう」

　データによれば、N学園前は近年、人口が増加傾向にあり、特に20～30代の人口が増えていた。

「最近できたばかりの建物は豪華なマンションというよりは、もう少し庶民的なアパートのようなものが多いな。それに、ここを歩いている間、ベビーカーを押す母親を何人も見かけた。どうも、美容院だけでなくエステにも通うような、ちょっとリッチな主婦というイメージからは遠いかもしれない」

阿部は観察結果について思いをめぐらせながら、競合となるエステ・サロンや美容院がないかどうか周辺を見回した。

「駅前に行くと、急に美容院が増えるな。しかも、いかにも若者向けといった様子だ。逆に、この物件から見て駅と反対方向にはまったく店がない。これは競合がなくてチャンスと考えるか、商圏として不適当だから出店していないと見るべきか……」

阿部は次に西M山町の物件を見ることにした。ここは駅から少し離れているが、駐車場用地がついていた。入手したデータによると、西M山町の人口は近年横ばいで、年代別の人口構成にもY市の平均値と比べて目立った特徴がなかった。阿部はめぼしい解釈を見出せないまま、現地調査に来ていた。

「20年前に分譲された1戸建て住宅地の外れか。道はけっこう広いし、見通しもいいので、車で来る人にもまずまず便は良さそうだ。問題は周辺の住民だな」

住宅地を歩いてみると、最近2世帯型に改築された家が目立った。総じて庭の手入れは行き届いており、2台分の駐車場がある家も多かった。

「少なくとも、N学園町の物件と比べれば、『マタン』の雰囲気に合っているかな。美容院はこの住宅地の周りに2軒。いずれも小さいが落ち着いた雰囲気で、主婦向けみたいだ。駐車場もあるから、直接の競合になるだろう。問題は、馴染んだ店からどれだけのお客様を引っ張ってこられるかだ。そうそう、この先に高層マンションが最近できたようだから、そこも見ておこう」

その後、会社の営業開発担当から数件の紹介を受けたが、阿部は最初に見た西M山町の物件に決め、いよいよ開業の準備にとりかかった。商圏人口や平均所得のデータに照らして問題なかったことも大きかったが、最後の決め手になったのは、阿部が思い描いていた『マタン』の似合う街並み、いわゆる閑静な高級住宅街の一角というイメージに最もふさわしいという点であった。

4● 軌道に乗りかけたが……

マタン1号店は大成功を収めた。思惑どおり、周辺の団地・マンションに住む主婦層

を中心に、固定客が着実に増えていった。おしゃれで贅沢な雰囲気の店で、美しくなるためのトータルサービスが受けられるというコンセプトが評価されただけでなく、やる気のある若者たちが最善のサービスを提供しようと一生懸命取り組む様子に、好感を持った顧客も多かったようだ。なかには、知り合いにマタンを紹介してくれる人もいた。

3年後、マタンはY市の近隣も含めて6店舗を展開するようになり、社員も常勤ベースで30人を擁するまでになった。1号店が好調だったため、阿部は親会社からの追加融資を受けることができた。2号店も早期に好成績を上げ、その後のチェーン展開をスムーズに進めることができた。ほとんどの店舗は、ヘア部門が正社員3名とアシスタント2名、エステ部門が正社員1～2名とアシスタント1名で構成されていた。阿部は社長として全店を統括し、親会社から出向してきた高梨が全店舗の経理・総務を担当していた。さらに、阿部や高梨のサポートや電話対応などをしてもらうために、アルバイトのスタッフを雇っていた。

そろそろ7店舗目の出店を検討してもいい頃だと思いながらも、阿部は躊躇していた。というのも、このところ、売上げや利益の成長ペースが鈍化しているように感じていたからだ。実際に、全店舗の1日当たり来店客数の平均値は数カ月前からほぼ横ばいだった。さらに、月次売上高の凸凹も目立つようになっていた。さっそく、阿部は高梨に聞いてみることにした。

阿部「高梨君。わが社もついに4年目を迎え、店舗も6店舗までになったな。だが、これだけで満足したくはない。首都圏の他地域への出店をはじめ、さらに飛躍的な成長を目指したいと思っている。しかし、このところ、以前ほどの勢いがないように感じるんだが、どうだろう」

高梨「おっしゃるとおりです。やはり長引く不況のせいでしょうか」

阿部「君も感じているなら話は早い。この停滞感はどこから来るのか。何が問題で、今後成長していくためにはどこに注力すればいいのかを考えないといけないな。早速、収益データをもとに分析してくれないか。来週、ヘア部門代表の五島とエステ部門代表の吉崎を呼んでミーティングを開くから、そこで報告してほしい」

高梨「わかりました」

高梨は、阿部のアドバイスもあり、昨年から就業後の時間を利用して夜間のビジネススクールに通っていた。6店目が開店した昨年10月にさかのぼって売上実績データを調べ、習ったばかりの分析手法を活用してみることにした。

「売上高を見ると、ヘア部門はほぼ目標売上高を達成しているが、エステ部門の売上高

はもう少し伸びてもよさそうだ。エステ部門は客単価が高いから、利益率も高いはずなんだが、実際にはヘア部門とどのくらい違うのだろうか。サービスごとの収益構造を見たほうがいいのかな。それには、部門ごとに間接費を配分しないといけないな」

高梨は間接費を右記の前提（間接費配分ルール）に基づいて配賦し、部門別の月次実績を算出してみた（**図表6－11～6－13**）。

図表6－11　月次実績　　　　　　　　　　　　　　　　　　（単位：万円）

	10月	11月	12月	1月	2月	3月	4月	5月	6月
売上高	2110	2079	2119	2096	2060	2126	2121	2124	2123
ヘア	1356	1325	1345	1373	1331	1412	1378	1391	1389
エステ	754	754	774	723	729	714	743	733	734
費用	1832	1819	1802	1799	1796	1843	1845	1846	1844
人件費	1200	1200	1200	1200	1200	1200	1200	1200	1200
広告宣伝費	80	60	40	40	40	40	40	40	40
家賃	150	150	150	150	150	150	150	150	150
減価償却費	92	110	110	110	110	110	110	110	110
その他経費	310	299	302	299	296	343	345	346	344
営業利益	278	260	317	297	264	283	276	278	279
売上高営業利益率	13.2%	12.5%	15.0%	14.2%	12.8%	13.3%	13.0%	13.1%	13.1%
支払利息	10	10	10	10	10	10	10	10	10
経常利益	268	250	307	287	254	273	266	268	269

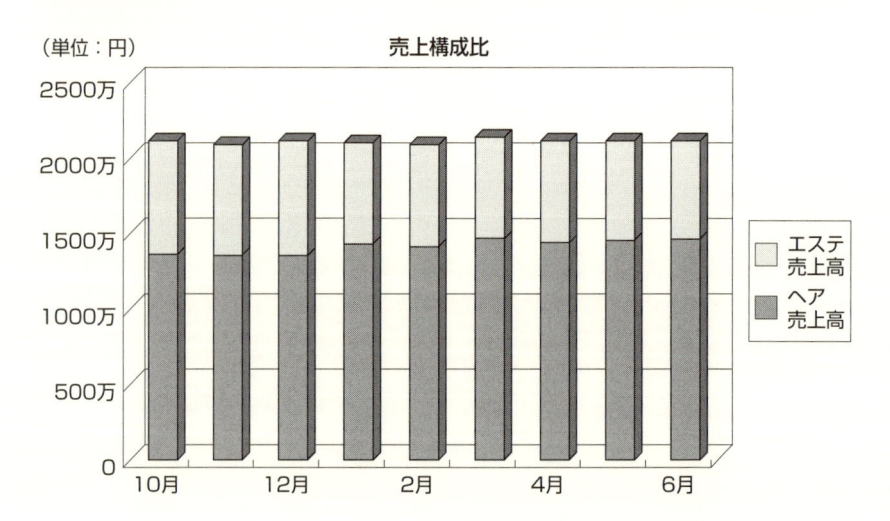

（単位：円）　　　　　　　売上構成比

○間接費配分ルール
・人件費　直接費はヘア700万円、エステ350万円。間接部門の150万円は売上比で比例配分
・広告宣伝費　売上比で比例配分
・家賃　店舗スペースで比例配分、ヘアとエステは7対3の割合
・減価償却費　実費ベースで比例配分、ヘアとエステは6対4の割合
・その他経費　光熱費は売上比で比例配分、それ以外は実費ベース
・支払利息　売上比で比例配分

図表6－12　部門別月次実績－ヘア部門　　　　　　　　　　（単位：万円）

	10月	11月	12月	1月	2月	3月	4月	5月	6月
ヘア売上	1356	1325	1345	1373	1331	1412	1378	1391	1389
費用	1174	1137	1129	1160	1131	1195	1179	1182	1185
人件費	796	796	795	798	797	800	797	798	798
広告宣伝費	51	38	25	26	26	27	26	26	26
家賃	105	105	105	105	105	105	105	105	105
減価償却費	55	66	66	66	66	66	66	66	66
その他経費	166	132	137	165	137	198	185	187	190
営業利益	182	188	216	213	200	217	199	209	204
売上高営業利益率	13.4%	14.2%	16.1%	15.5%	15.0%	15.4%	14.4%	15.0%	14.7%
前年同月	15.9%	16.6%	14.9%	15.3%	11.8%	16.7%	16.8%	15.9%	16.2%
支払利息	6.4	6.4	6.3	6.6	6.5	6.6	6.5	6.5	6.5
経常利益	176	182	210	206	194	210	192	202	197

「驚いたな。客単価が高いからといって、必ずしもエステ部門のほうがヘア部門よりも収益率がよいとは限らないのか。しかも、前年と比べると、どちらも収益性が低下している。エステ部門の落ち込みがとくに顕著なのは問題だな。費用を見ると、要素コストの比率が大きく変化したわけではない。固定費の割合が大きいビジネスだから、売上げが増えれば、収益率はおのずと高くなる。しかし、思うように売上げは伸びていないのは、なぜだろう？」

　高梨は売上げの構成要素に着目し、分解して考えてみることにした（**図表6－14**）。
「まず、客数と客単価に分けてみよう。……6号店の開店時の割引キャンペーンによる10月の異常値を除いても、ヘア部門では7000円台に乗っていた前年平均値に比べて、客単価がずいぶん下がっているな。逆に、エステ部門は、昨年度と比べて客単価は同程度だが、客数がそれほど伸びていない。6店舗になったのだから、もっと伸びてもいいはずなのに……」

　翌週、経営会議が開かれ、高梨は分析結果を報告した。

図表6-13　部門別月次実績-エステ部門　　　　　　　　　　（単位：万円）

	10月	11月	12月	1月	2月	3月	4月	5月	6月
エステ売上	754	754	774	723	729	714	743	733	734
費用	658	682	673	639	665	648	666	664	659
人件費	404	404	405	402	403	400	403	402	402
広告宣伝費	29	22	15	14	14	13	14	14	14
家賃	45	45	45	45	45	45	45	45	45
減価償却費	37	44	44	44	44	44	44	44	44
その他経費	144	167	165	134	159	145	160	159	154
営業利益	96	72	101	84	64	66	77	69	75
売上高営業利益率	12.7%	9.5%	13.0%	11.7%	8.7%	9.3%	10.4%	9.5%	10.3%
前年同月	16.1%	18.1%	14.8%	16.9%	11.5%	17.7%	14.8%	18.2%	17.5%
支払利息	3.6	3.6	3.7	3.4	3.5	3.4	3.5	3.5	3.5
経常利益	92	68	97	81	60	63	74	66	72

（前年2月の売上高営業利益率が低いのは、第5号店出店のため）

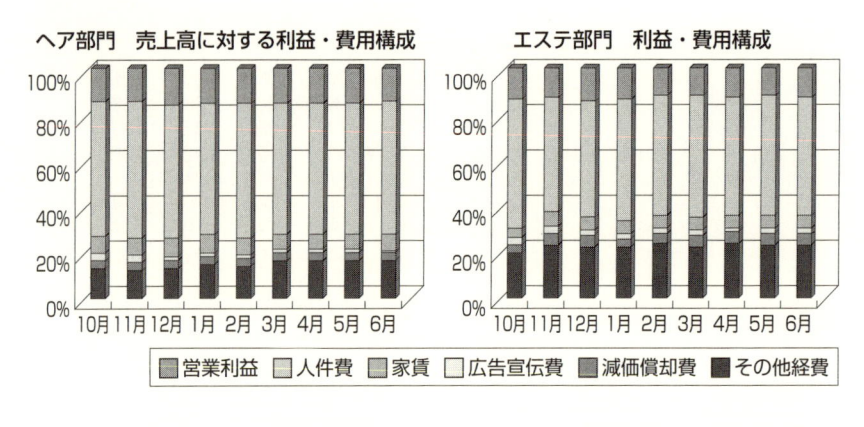

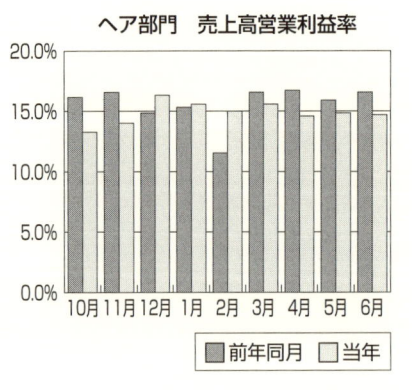

ヘア部門　売上高に対する利益・費用構成

エステ部門　利益・費用構成

■営業利益　□人件費　■家賃　□広告宣伝費　■減価償却費　■その他経費

ヘア部門　売上高営業利益率

エステ部門　売上高営業利益率

■前年同月　□当年

高梨「当社の全体の間接費を、ヘア部門とエステ部門とに割り振って、部門ごとの損益状況を出してみました。どちらの部門も利益率が低下しています。売上げが伸び悩んでいることが大きな要因だと思います。とくに、ヘア部門は昨年の平均値などと比べて明らかに客単価が落ち込んでいること、エステ部門は1店舗増えたぶんに見合うだけ、客数が増えていないことが響いています」

阿部「ヘア部門で客単価が落ちていることに、何か心当たりがあるかな？」

五島「きっと、割引制度をかなり手厚くやっているからでしょう。初めて来たお客様に次回以降の割引クーポン券を配っていますし、紹介してくれた人にも割引をしています。そういうのが効いているせいですよ。現状はとにかく固定客の数を増やすことが最優先だし、現に客数は着実に増えています。店の連中は皆、忙しそうにしているし、当面はこのままでいいんじゃないですか」

吉崎「エステ部門では、もともとエステ独自でお客様を集めるということではなく、ヘアカットをきっかけに来てくれたお客様をエステにも誘導するという方法でやってきました。いまは、ヘア部門ががんばって固定客を増やしている段階ですから、うちの部門の売上げが伸びるのもきっとこれからですよ」

図表6-14　部門別客単価推移

	10月	11月	12月	1月	2月	3月	4月	5月	6月
ヘア売上(万円)	1356	1325	1345	1373	1331	1412	1378	1391	1389
客数(人)	2285	2189	2210	2269	2209	2210	2245	2278	2291
客単価(円)	5934	6053	6086	6051	6025	6389	6138	6106	6063
エステ売上(万円)	754	754	774	723	729	714	743	733	734
客数(人)	681	682	708	654	645	651	676	665	658
客単価(円)	11072	11056	10932	11055	11302	10968	10991	11023	11155

　高梨は自分の指摘に対して思っていたよりも共感が得られないので、少し焦りながら言葉を足した。

高梨「本当に理由はそれだけでしょうか？　この傾向は、すでに数カ月続いています。深刻な問題にならないうちに、早めに手を打つ必要があると思うのですが」

五島「そう言われてもね。割引キャンペーンが集客に効果があるのは、実感として確かだよ。やはり、最近は不景気だからね。実は、そのうち割引券の有効回数をもう1回増やしてみようかと思っていたくらいなんだ」

阿部「まず、今日のところは、数字で状況をとらえたということでよしとしよう。ヘア部門とエステ部門の間接費の配分については、とくに異論はないね？　乗りかかった船で、高梨君にはヘア部門の利益率減の原因と、エステ部門の売上げが伸びない

原因について、もう少し分析してもらおう。こうなっているという結果を探すことよりも、こういう現象が起こっているのではないかという仮説を立ててそれを検証する、という姿勢でやってみるといいと思うよ」

高梨「わかりました」

5● 利益や売上げが伸びない原因は何か

会議から1週間後、高梨と五島は再度ミーティングをしていた。

高梨「単価減の原因は客層の変化にあるのではないかと思って、直近3カ月の売上データをセグメントごとに見てみました。すると、やはり目立った傾向が出ていましたよ。最近客数が増えているのは、10～20代の女性が多いのです。とくに10代は単価が低い。つまり、ここ数カ月の売上げ低迷は、10代、20代のお客様が増加したことが影響しているようなんです」

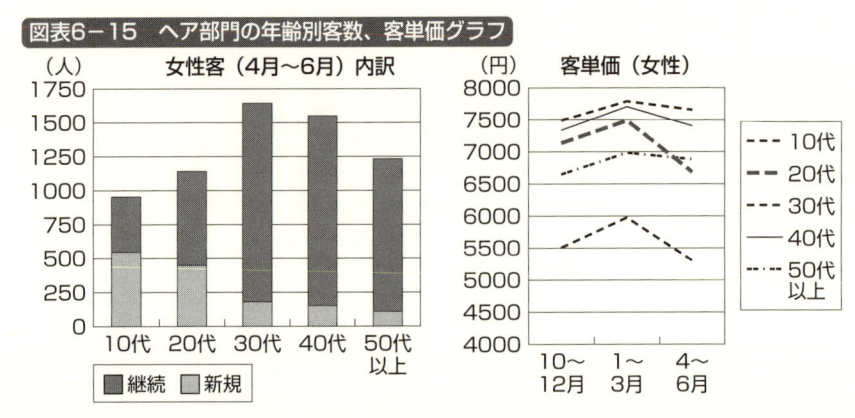

図表6-15　ヘア部門の年齢別客数、客単価グラフ

五島「なるほど、最近若いお客様が増えているのはなんとなく感じていたし、10代には小中学生も入ってくるから、単価が低いのは言われてみればわかる。けれど、10代と20代が全顧客の4分の1近くを占めていたなんて驚きだな。この層は新規顧客比率が高いし、お母さんがもらった割引クーポンを使って、娘が一度だけ試しに来てみる、という図式なんだろうか？」

高梨「そうかもしれません。もともとのターゲット層の30～50代を見ると、それほど単価は変わっていません。客数の増加に役立っていた割引クーポンは、実は10代、20代中心に効果を発揮していたにすぎなかった可能性がありますね」

五島「この年代別顧客構成のデータは、どの店舗でも同じ傾向なのだろうか？」
高梨「ちょっと待ってください。確認してみます」
五島「どれどれ。1号店、2号店は圧倒的に30代以上が多いな。当初のコンセプトどおりに運営できていることということだ。それに対して、5号店と6号店で10～20代の比率が高いようだな。とくに5号店は、10代と20代が半数近くを占めている。新店舗ほど売上高を早期に軌道に乗せるために、販促キャンペーンを多く展開しているということなのかな」
高梨「そういうことは店長の裁量で行っていますから、5号店の店長に詳しく聞く必要がありますね」
五島「そうだな。それにしても、ターゲット顧客と実際の顧客層がずれているのは問題だ。このまま10代や20代の客が増えていくと、本来のターゲット層は来店しなくなるのではないかな。それに、いまのマダム向けのゴージャスなスタイルが、10代や20代のお客様にフィットするとは考えにくい。新規顧客の比率が高くても、そのまま固定客になる割合は少ないのではないか。早急に何か手を打つ必要がある」
高梨「そうですね。今後どうするかについては、2つの方向性が考えられると思います。第一の方向は、これを機に5号店や6号店は業態変更してどんどん10代、20代を集めていく。ただしその場合は、店舗やサービスのコンセプトの見直しはもちろんのこと、既存店と別ブランドで展開する必要があるでしょう。五島さんの言うとおり、本来のターゲットと区別して考えないと、二兎を追ってどちらも失うことになりかねませんから。第二の方向は、創設当初のコンセプトを維持し、あくまで30～50代のお客様にフォーカスしていくことです。その場合は、現在の販売策の内容を見直す必要があります。いまよりも客数が減り、売上げや利益が伸びなくなるリスクもありますが、長い目で見れば、原点回帰となる良い判断だったと言える日が来るかもしれません」
五島「そうだな。これは今後の店舗展開に大きく関わることなので、社長も交えて議論しないといけない重要な問題だ。いずれにせよ、クーポンの利用実態や10代や20代がマタンに来店する理由など詳細を調査してから、全体会議にかけてみることにしよう」
高梨「わかりました」

＊＊＊＊＊

　別の日、高梨と吉崎、エステティシャン兼人事・採用担当の小沢がミーティングを行っていた。

小沢「ここだけの話ですが、実はヘア部門のスタッフから『うちの部門はけっこう競争が厳しいのに、エステ部門は働かない奴でも楽だよな』なんていう不満が漏れ聞こえているんです。最近、エステ部門は客数が伸び悩んでいるせいもあって、下手すると1日に2、3人しかお客様が来ない日もあります。エステ部門のスタッフは、ヘア担当のスタッフと比べて指名の割合が少なく、個人ごとの売上げの差がつきにくく、もちろん給与にも差が出ません。そうしたことが、売上拡大へのインセンティブが働きにくい原因になっているのではないでしょうか」

吉崎「そうかな。実態としては、エステティシャンの中で技術力に差があるよ。お客様もわかっているから、よく見ると人気に差があると思うけど」

小沢「そこです。実態としてお客様からの評価に差があるなら、それによって処遇にも差をつけるべきではないでしょうか」

吉崎「なるほどね。競争原理を導入するというわけか。そうすれば、新規顧客の開拓や客単価の増加につながるかもしれないな。少なくとも固定費を抑える効果はあるだろうし」

高梨「待ってください。処遇をどうこうという話の前に、売上拡大のためにできることがほかにもあると思うんです。実は、エステ部門の店舗ごとの数字を出してみると、ヘア部門以上にばらつきが大きいことがわかりました。この表（図表6－16）を見てください。1号店と4号店は売上高で1位と2位の店で、3号店は売上高が最も低かった店です。3号店は売上目標をクリアできた月がないので、早急にてこ入れが必要だと思うんです。それから、面白いことに、1号店と4号店は売上高がほぼ同じなのに、客数や客単価がかなり違っています」

吉崎「……本当だ。1号店は商品紹介がうまくて、いくつかのサービスを組み合わせて利用するように誘導しているんだろうか。逆に、4号店は単価が低いけれど、集客力は抜群だ」

高梨「ええ。具体的にどんなことをやっているのかはわかりませんが、お互いの良い点を学び合えば、売上げはもっと伸びるかもしれませんよ」

小沢「そうか。これまで店舗同士で交流する機会はなかったから、店舗間で勉強会をしたり、情報交換をさせるといいのかもしれないですね。エステティシャンの指名率が低いのなら、定期的に店舗をローテーションする形にして、いろいろなやり方を学び合う機会を設けてもいいですね」

吉崎「逆に、これまであまり強調してこなかったけれど、店ごとにもっと競わせてはどうだろう。そうすれば、自分の店舗を改善しようという意識が高まって、新しい工夫やアイデアが出てくるかもしれない」

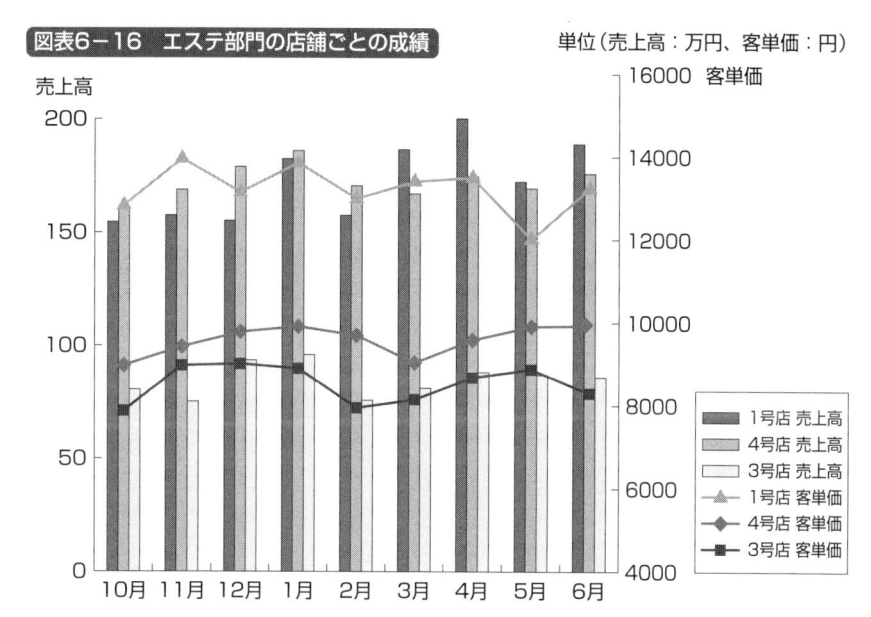

図表6-16 エステ部門の店舗ごとの成績　単位（売上高：万円、客単価：円）

（グラフ：10月～6月の1号店・4号店・3号店の売上高と客単価の推移）

小沢「それも一案ですが、これまでもあまり交流がなかったところに、いきなり競争を強調したら、店舗間の対抗意識ばかりが高まるんじゃないでしょうか。雰囲気が悪くなったり、強引なサービスをしてしまったり、悪影響が出ることが心配です」

高梨「売上げや客数、客単価だけでなく、指名率や顧客のリピート率、顧客満足度評価など複数の評価軸で全店舗のデータを示すというのはどうでしょう。自分の店舗の強みや弱みがはっきりすれば、どのような方向で改善すべきかというヒントも得やすくなるはずです。評価の高い店舗にやり方を教わることもできます。それから、数値化することにより、努力した結果がどれくらい数値の向上につながったかを確認できますから、全体の底上げにつながると思うんです」

吉崎「それはいいかもしれないな」

小沢「なるほど。これまで施術後に行っていたアンケートの内容を少し手直しすれば、数値データとして使えそうですね。そうとなれば、さっそく項目を見直してみます」

6● さらなる成長に向けて

数カ月後、営業報告を持ってきた高梨に、阿部は声を掛けた。

阿部「君がデータの分析手法を整備してくれたおかげで、『マタン』の経営もだいぶシステマチックになってきたよ。エステ部門の担当者の間で活気が出てきたし、そのことがヘア部門にもいい刺激を与えているみたいだな」

高梨「そうなんです。小沢さんが交流会と称して全スタッフを集め、全店の月次成績を発表し、数値が改善した店舗を表彰したり、優秀店の店長が顧客に喜んでもらえた事例などを紹介する機会を設けたことが効いているみたいですね。店長だけでなく、スタッフも数字や他店のことに関心を持つようになりましたし、飲み食いしながら気軽に情報交換もしています」

阿部「売上げや利益だけでなく、顧客満足度などもＫＰＩに含めたのがよかったみたいだな」

高梨「ええ、心をこめて対応をすれば、それがきちんと数値評価に表れるというのが、非常に効果的なようです。お客様に喜んでもらったり感謝されたりすることは、スタッフにとって何よりも励みになりますから。そうやって前向きな雰囲気になると、不思議なもので、売上げも好調になるものですね。新しい制度を入れて半年もしないうちに、全社の売上げや利益が目に見えて伸びてきたのには、正直なところ、とても驚きました」

阿部「そうだな。5号店と6号店で割引クーポンの廃止を決めたときには、下手をすれば顧客が激減して、やる気をなくすスタッフが続出するんじゃないかと心配で、実は夜も眠れないほどだった。しかし、ふたを開けてみれば、売上げの下落は予想よりも少なく済んだし、本当にほっとしたよ」

高梨「ええ、どちらの店でもサービスを向上させるために相当努力したようです。お客様が減ってしまうリスクはあっても、ターゲットを絞り込むことって大切ですね。5号店のスタッフが言っていたんですが、注力すべきお客様がはっきりしていると、どんなサービスが喜ばれるかがイメージしやすくなって、いろいろとアイデアが浮かんでくるんだそうです。その結果、以前よりもくつろいだ気分になれると言って、来店頻度が高くなったお客様もいるそうです」

阿部「そうか。それにしても、5号店では顧客数の減少分を客単価の上昇でほぼ埋め合わせできているというのは、たいしたものだ。6号店はまだ苦しんでいるようだが、店内の雰囲気は明るいし、きっと大丈夫だろう」

高梨「そうですね。6号店のスタッフは自発的に5号店のやり方を聞きにいったりして、積極的に取り組んでいるという話を聞いています。5号店の成功にずいぶん刺激されているんでしょう」

阿部「なるほど。店舗間で交流し、刺激しあうようにするという、ちょっとした工夫が

功を奏しているということか。これでもう一段階、店舗網や社員を拡大しても、ハンドリングできる気がしてきたよ。そうなれば、出店エリアをさらに広げていくことも夢ではないし、今回は見合わせた若い女性をターゲットにした新業態のアイデアも、近い将来試せるかもしれないな」

高梨「今回のことは、私にとってもスクールで習った管理会計を実際に活用してみるよい機会になりました。机上ではなんとなくわかったつもりでも、いざビジネスの現場で使うのは難しいものですね。阿部さんが言う、『まず仮説を立てて、それをデータで検証しろ』という意味がよくわかりました」

阿部「実は、あれは先輩からの受け売りなんだ。僕もビジネスを立ち上げるときに、前の会社の山口さんから仮説検証のプロセスと、その裏づけとなる定量分析の大切さを教わったんだ。会社が大きくなっても、この姿勢は忘れずにいたいものだな」

●あとがき

●

　本書は、2002年7月に出版された『MBA人材マネジメント』に続く、MBAシリーズ第11弾である。MBAシリーズは、MBAカリキュラムで教えられる企業経営の各分野について、実践的で役に立つ情報を教科書形式で提供しようとするものだ。1995年の第1弾上梓以来、延べ80万人以上に愛読されてきた。「定量分析」をテーマとして取り上げた本書は、グロービスが事業展開する中で蓄積してきた「数字を用いた合理的なものの見方」に関する知見と、執筆陣のビジネスの現場での経験とを融合させて作成したものである。

　グロービスは教育事業を通じて、人の育成や組織開発を手がけている。社会人を対象としたビジネススクール「グロービス・マネジメント・スクール」では経営に関する各種の講座を開講し、年間数千人の受講生が学んでいる。2003年には独自の「社会認知型経営大学院」をスタートさせ、東京、大阪に次ぎ名古屋でのオペレーションも開始した。また、「グロービス・オーガニゼーション・ラーニング」では、企業の組織能力強化を支援するための実践的なトレーニング・プログラムを350社以上に提供している。そして「グロービス・マネジメント・インスティテュート」では、MBAシリーズなどの書籍執筆・編集に加え、2002年12月には経営季刊誌「グロービス・マネジメント・レビュー」を創刊し、実践的な経営知の発信を行っている。

　さらに、「グロービス・マネジメント・バンク」では人材紹介事業を展開し、「グロービス・キャピタル」ではハンズオン型のベンチャー・キャピタル事業を行い、次世代を担う企業育成をサポートしている。創業から数年で株式公開に至った投資先もある。

　本書がビジネスパーソンの定量分析に対する意識を高め（あるいは苦手意識を払拭し）、優れた意思決定やコミュニケーション実現に貢献し、さらにはそれによる競争力の強化に少しでも貢献できれば幸いである。

グロービス・マネジメント・インスティテュート

● 参考文献

■第1章、第2章
ダレル・ハフ著『統計でウソをつく法』高木秀玄訳、講談社、1968年
谷岡一郎著『「社会調査」のウソ リサーチ・リテラシーのすすめ』文藝春秋、2000年
後正武著『意思決定のための「分析の技術」』ダイヤモンド社、1998年
岩井浩／藤岡光夫／良永康平編著『統計学へのアプローチ 情報化時代の統計利用』ミネルヴァ書房、1999年
郡山彬／和泉澤正隆著『統計・確率のしくみ 入門ビジュアルサイエンス』日本実業出版社、1997年
大村平著『統計のはなし 基礎・応用・娯楽』日科技連出版社、2002年
長谷川勝也著『確率・統計入門』技術評論社、2000年
石村貞夫著『すぐわかる統計解析』東京図書、1993年
籠屋邦夫著『意思決定の理論と技法』ダイヤモンド社、1997年
グロービス・マネジメント・インスティテュート編『MBAゲーム理論』ダイヤモンド社、1999年
グロービス著『MBAアカウンティング』ダイヤモンド社、1996年
グロービス・マネジメント・インスティテュート著『MBAファイナンス』ダイヤモンド社、1999年

■第3章、第4章、第5章
日本銀行経済統計研究会編『経済指標の見方・使い方』東洋経済新報社、1993年
嶋口充輝著『顧客満足型マーケティングの構図』有斐閣、1994年
黒岩健一郎著『資生堂お客様センター 顧客ロイヤルティの創造』慶應ビジネススクール登録ケース、2003年
ダイヤモンド・ハーバード・ビジネス・レビュー『特集 サプライチェーン戦略、バリューチェーン再構築』1998年10月/11月、ダイヤモンド社
グロービス・マネジメント・インスティテュート編『MBAオペレーション戦略』ダイヤモンド社、2001年
ロバート・スレーター著『ウェルチ—GEを最強企業に変えた伝説のCEO』宮元喜一訳、日経BP社、1999年
佐藤裕一著『ビジュアル 経営分析の基本』日本経済新聞社、1999年
スターンスチュワート社著『EVAによる価値創造経営 その理論と実際』ダイヤモンド社、2001年
G. ベネット・スチュワートIII著『EVA（経済付加価値）創造の経営』河田剛、須藤亜里、長掛良介、日興リサーチセンター訳、東洋経済新報社、1998年
グロービス・マネジメント・インスティテュート著『新版MBAマネジメントブック』ダイヤモンド社、2002年

■第6章
林原安徳著『実践 売上予測と立地判定 実地調査と出店のポイント』商業界、1998年
菊森淳文著『理容・美容サロンが変わる』日刊工業新聞社、1999年
菊森淳文著『21世紀のサロン経営―理容・美容サロンが変わる (2)』日刊工業新聞社、2000年
安田龍平編集『小売・サービス業 勝ち残る店はここが違う〈3〉クリーニング業・理美容店・不動産仲介業・旅行代理店』経林書房、1997年

●索引

■あ
インストアシェア ……………………108
インターネット普及率 ………………177
インタレスト・カバレッジ・レシオ ……193
オピニオン・リーダー ………………107
オフィス空室率 ………………………183
オフィス・店舗賃貸料 ………………183
粗利益率 ………………………………116
安全在庫 ………………………………124
安全余裕度 ……………………………155
売上高営業利益率 ……………………190
売上高経常利益率 ……………………190
売上高研究開発費率 …………………132
売上高広告費比率 ……………………111
売上高成長率 …………………………195
売上高総利益率 ………………………190
売上高当期利益率 …………………190, 196
駅の乗降者数 …………………………178
欧州中央銀行（ECB） ………………159
卸売物価指数 …………………………165

■か
カニバリゼーション …………………114
カフェテリア方式 ……………………138
クリック率 ……………………………113
ゲーム理論 ……………………………86
コール市場 ……………………………159
コメルツ指数 …………………………163
コンカレント・エンジニアリング ……134
コンバージョン率 ……………………113
為替レート …………………………171, 172
価格弾力性 ……………………………117
加工データ ……………………………11
加算法 …………………………………202
加重平均 ……………………………46, 48
加重平均資本コスト（WACC） ……148, 200
可処分所得 ……………………………182

回帰直線 ………………………………76
回帰分析 ………………………………63
回収期間法 ……………………………153
回答者の虚偽 …………………………34
開発期間 ………………………………134
階級 ……………………………………44
外部データ ……………………………11
格付け ………………………………186, 193
活動基準原価計算（ABC） ………131, 139
株価収益率（PER） …………………198
株価純資産倍率（PBR） …………198, 200
株式時価総額 …………………………200
株主資本コスト ………………………151
株主資本比率 …………………………192
株主資本利益率（ROE） ……………196
感度分析 ………………………………90
関税 ……………………………………174
関連販売（クロス・セリング） ……118
幾何平均 ………………………………47
機会費用 ………………………………12
季節バイアス …………………………33
期待値 …………………………………80
近日効果 ………………………………33
経済付加価値（EVA） ………………148
経常利益 ………………………………196
限界利益 ……………………………74, 155
限界利益率 ……………………………74
交差比率 ………………………………116
公定歩合 ………………………………159
好感度 …………………………………110
控除法 …………………………………202
購買率 …………………………………121
購買力平価（PPP） ………………172, 173
顧客維持率 ……………………………106
顧客単価 ………………………………118
顧客内シェア …………………………107
顧客満足度 ……………………………106

索引　　231

国内総生産（GDP） ……………160, 170
国民1人当たりのGDP ……………170
国民所得（NI） ……………161
国民総生産（GNP） ……………161
固定費 ……………74

■さ
サイクルタイム ……………128
サイコグラフィック属性 ……………115
サプライチェーン・マネジメント ……………125
シックスシグマ ……………41
スタージェスの公式 ……………44
スタンダード&プアーズ（S&P） ……………187
スパイダーチャート ……………92
スプレッド（利ざや） ……………159
スループット ……………130
セールスフォース・オートメーション（SFA）
　……………120
再認率 ……………110
再生率 ……………110
最頻値（モード） ……………51
在庫日数 ……………124
財務レバレッジ ……………196
散布図 ……………63, 65
市場シェア ……………104
資本コスト ……………150
自己資本比率 ……………192
自己申告データ ……………11, 12
識字率 ……………176
失業率 ……………164
実質成長率 ……………161
就学率 ……………176
住宅着工戸数 ……………168
従業員1人当たり人材開発費 ……………138
従業員1人当たり売上高 ……………136
従業員の平均給与 ……………143
従業員の平均年齢 ……………137

重回帰分析 ……………68, 70
商店数 ……………181
商品ロス率 ……………123
商品回転率 ……………116, 122
消費支出 ……………182
消費者物価指数 ……………165
情報リテラシー ……………147
正味現在価値（NPV） ……………152
新車販売台数 ……………168
新製品比率 ……………135
進学率 ……………176
数字の一人歩き ……………14
世帯数 ……………179
制約理論（TOC） ……………130, 131
正規分布 ……………54
正社員比率 ……………144
税制 ……………174
設備稼働率 ……………126
設備投資動向 ……………167
相関 ……………61
相関係数 ……………62
総資産回転率 ……………194, 196
総資産利益率（ROA） ……………196
測定データ ……………11, 12
損益分岐点 ……………73
損益分岐点売上高 ……………155

■た
ダウ工業株30種平均 ……………163
ダブル・バーレル質問 ……………35
データマイニング ……………10
ディシジョン・ツリー ……………80
デモグラフィック属性 ……………115
トルネードチャート ……………92
ドラマチック効果 ……………33
多次元データ ……………43
大数の法則 ……………58

単純平均 …………………………46, 49
単年度の税引後利益（NOPAT）…………148
中央値（メジアン）………………………51
昼夜間人口比 ……………………………180
坪当たり売上高 …………………………119
定性データ ………………………………11
定量データ ………………………………11
電話応答率 ………………………………109
東証株価指数（TOPIX）……………50, 162
当期利益 …………………………………196
当座資産 …………………………………191
当座比率 …………………………………191
特許出願数 ………………………………133
特許登録数 ………………………………133
度数 ………………………………………44
度数分布表 …………………………44, 97

■な
ナスダック総合指数 ……………………163
内部データ ………………………………11
内部収益率（IRR）………………………152
生データ …………………………………11
日経平均株価 ……………………………162
日本銀行 …………………………………159
認知率 ……………………………………110
抜き取り調査 ……………………………57
延べ視聴率（GRP）………………………112

■は
ハンセン指数 ……………………………163
バランスト・スコアカード ……………27
パレート分析 ……………………………98
ヒストグラム ……………………………45
ビッグマック指数 ………………………173
フォーカス・グループ …………………34
フリー・キャッシュフロー ……188, 189, 200
ブランドスイッチ率 ……………………114
ページビュー ……………………………113
ペイバック法 ……………………………153
ボトルネック ……………………………130
ボリューム・ディスカウント …………118
配当性向 …………………………………154
販売員1人当たり売上高 ………………120
百貨店・スーパーの売上高 ……………169
標準誤差 …………………………………58
標準偏差 …………………………………52
標本 ………………………………………43

不良品率 …………………………………127
付加価値（Value Added）………………202
付加価値額 ………………………………202
付加価値率 ………………………………202
負債コスト ………………………………151
分散 ………………………………………52
平均株価 …………………………………162
平均在職期間 ……………………………141
平均労働時間 ……………………………142
偏差値 ……………………………………56
変動費 ……………………………………74
法人税 ……………………………………174

■ま
マーケットリスク・プレミアム ………151
マネーサプライ …………………………158
ムーディーズ ……………………………187
メジアン（中央値）………………………51
モード（最頻値）…………………………51
モンテカルロ・シミュレーション ……97
埋没費用 …………………………………26
無関連原価 ………………………………26
無担保コール翌日物金利 ………………159
名目成長率 ………………………………161
目標管理（MBO）………………………136

■や
役職数 ……………………………………145
輸出入額 …………………………………166

■ら
ライセンス収入 …………………………133
リードタイム ………………………127, 128
リアル・オプション ……………………85
リスク ……………………………………87
リスクフリーレート ……………………151
レーダーチャート ………………………29
利益成長率 ………………………………195
離職率 ……………………………………140
流動比率 …………………………………191
連邦準備制度理事会（FRB）……………159

■わ
ワークシェアリング ……………………142
枠付け効果 ………………………………38

索引

■アルファベットなど
ABC（活動基準原価計算）…………131, 139
CAD（Computer Aided Design）………134
CAGR（年平均成長率）………………48
DAX指数……………………………………163
DCF法（割引キャッシュフロー法）………152
EBIT……………………………………………189
EBIT倍率………………………………………189
EBITDA………………………………………189
EBITDA倍率…………………………………189
ECB（欧州中央銀行）………………159
EPS（1株当たり利益）………………199
EVA（経済付加価値）………………148
FAZ指数………………………………………163
FRB（連邦準備制度理事会）………159
FT100指数……………………………………163
GDP（国内総生産）……………160, 170
GNP（国民総生産）……………………161
GRP（延べ視聴率）……………………112
Garbage in, Garbage out………………32
IRR（内部収益率）……………………152
KPI……………………………………27, 102
MBO（目標管理）………………………136
MVA（Market Value Added）………149
NI（国民所得）……………………………161
NOPAT（単年度の税引後利益）………148
NPV（正味現在価値）………………152
PBR（株価純資産倍率）………198, 200
PER（株価収益率）……………………198
PPP（購買力平価）……………172, 173
ROA（総資産利益率）………………196
ROE（株主資本利益率）……………196
S&P500種……………………………………163
SFA（セールスフォース・オートメーション）
………………………………………………120
Span of Control……………………………146
TOC（制約理論）………………130, 131
TOPIX（東証株価指数）………50, 162
t分布…………………………………………61
WACC（加重平均資本コスト）………148, 200
Z-Score………………………………………55
β（ベータ）…………………………………151

■数字
20－80のルール………………………9, 99
1株当たり利益（EPS）………………199
1次データ……………………………………11
1次元データ…………………………………43
1人当たりのパソコン台数………………147
1物1価の法則…………………………173
2次データ……………………………………11

執筆者紹介

【執筆】

上野雄介（うえの　ゆうすけ）

東京大学教養学部（国際関係論）卒。慶應義塾大学経営学修士（MBA）。富士銀行、外務省、岡田克也衆議院議員（現民主党幹事長）政策スタッフを経て、2002年上野アソシエイツを設立し代表に就任、現在に至る。産業能率大学講師を兼任。地方自治体の行政評価導入、長期計画の策定等の支援をはじめ、パブリック・セクターや非営利組織の戦略コンサルティングなどを数多く経験

大島一樹（おおしま　かずき）

グロービス・マネジメント・スクール　マネージャー。東京大学法学部卒業。株式会社日本長期信用銀行（現新生銀行）にて中堅・中小企業向け営業、保有株式の管理等の業務に従事した後、グロービスに入社。同社では、クリティカル・シンキング、定量分析等の科目の教材開発、講師に対するサポート及びスクール部門の企画・運営に携わる傍ら、クリティカル・シンキングの講師を務める

黒岩健一郎（くろいわ　けんいちろう）

武蔵大学経済学部専任講師、慶應義塾大学経営管理研究科・青山学院大学国際マネジメント研究科講師。1990年、早稲田大学理工学部を卒業し、住友商事に入社。2000年、慶應義塾大学経営管理研究科修士課程（MBA）を修了、2003年に同博士課程を単位取得退学。研究分野は、顧客ロイヤルティのマーケティング。訳書に『マネジメントの世紀』（東洋経済新報社）がある

近藤眞知子（こんどう　まちこ）

東京大学文学部卒業。信託銀行勤務を経て、グロービスに入社。コンテンツ開発、調査、執筆、翻訳の企画・構成（ロバート・C・ヒギンズ著『ファイナンシャル・マネジメント』ダイヤモンド社）に携わる。現在は、通信教育とe-Leaningのコンテンツ開発、サービス開発をサポート。共著書に『MBAビジネスプラン』（ダイヤモンド社）がある

高見茂雄（たかみ　しげお）

富山大学経済学部教授。前職、三井住友銀行での証券・国際業務経験、グロービスでのケーススタディー教育経験を生かし、実務に即したコーポレート・ファイナンス（財務管理論）を教えている。研究フィールドは定量的企業評価手法の開発と実証で、特にシミュレーションによる投資意思決定手法に興味がある

田中裕樹（たなか　ひろき）

東京大学工学部卒。テキサス大学オースティン校経営学修士（MBA）。大手食品系メーカーにて生産管理、海外投資、企業買収などに携わった後、グロービスにて事業設計、研究開発管理に関わる。現在eラーニング制作会社ライトワークス取締役（COO）として、事業全般を統括。企業内研修での講師経験多数（専門領域：オペレーション・マネジメント、ファイナンス）

竹森征之（たけもり　まさゆき）

1993年中央大学商学部商業貿易学科卒、ライオンに入社。2000年慶應義塾大学大学院修士過程（MBA）を修了。ライオンに復職後、マーケットリサーチ部門を経て、現在、同社家庭品事業統括部マーケティングプランニング室にてブランドマネジメントに取り組んでいる

【企画・構成・執筆】

嶋田毅（しまだ　つよし）

東京大学理学部修士課程修了。コンサルティングファーム、外資系メーカーを経てグロービスに参画、現在同社ディレクター。経営季刊誌「グロービス・マネジメント・レビュー」（GMR）の編集長を兼ね、経営知の拡大再生産のインフラ作りを目指している。スクールや企業内研修で「経営戦略」「管理会計とコントロール」などの講師も務める

渡部典子（わたなべ　のりこ）

お茶の水女子大学人文科学研究科修了。在学中に国際交流基金の派遣により米国の高等学校で教職を経験。日本技術貿易を経て、慶應義塾大学大学院経営管理研究科（MBA）を修了後、グロービスに入社。経営季刊誌「グロービス・マネジメント・レビュー」（GMR）の編集を担当。スクールや企業内研修で経営戦略やマーケティングなどの講師も務める

編著者紹介

グロービス経営大学院（旧 グロービス・マネジメント・インスティテュート）
社会に創造と変革をもたらすビジネスリーダーを育成するとともに、グロービスの各活動を通じて蓄積した知見に基づいた、実践的な経営ノウハウの研究・開発・発信を行っている。
- ●日本語（東京、大阪、名古屋、福岡、オンライン）
- ●英語（東京、オンライン）

グロービスには以下の事業がある。(https://www.globis.co.jp)
- ●グロービス・エグゼクティブ・スクール
- ●グロービス・マネジメント・スクール
- ●企業内研修／法人向け人材育成サービス
  （日本、中国、シンガポール、タイ、米国、欧州）
- ●GLOBIS 学び放題／GLOBIS Unlimited（定額制動画学習サービス）
- ●出版／電子出版
- ●GLOBIS 学び放題×知見録／GLOBIS Insights（オウンドメディア）
- ●グロービス・キャピタル・パートナーズ（ベンチャーキャピタル事業）

その他の事業：
- ●一般社団法人G1
- ●一般財団法人KIBOW
- ●株式会社茨城ロボッツ・スポーツエンターテインメント
- ●株式会社LuckyFM茨城放送

MBA 定量分析と意思決定

2003年9月4日　第1刷発行
2025年4月15日　第15刷発行

編著者
グロービス・マネジメント・インスティテュート

©2003　Graduate School of Management, GLOBIS University

発行所　ダイヤモンド社	郵便番号　150-8409
	東京都渋谷区神宮前　6-12-17
	編　集　03 (5778) 7228
https://www.dhbr.net	販　売　03 (5778) 7240

編集担当／DIAMONDハーバード・ビジネス・レビュー編集部
製作・進行／ダイヤモンド・グラフィック社
印刷／堀内印刷所（本文）・加藤文明社（カバー）
製本／ブックアート

本書の複写・転載・転訳など著作権に関わる行為は、事前の許諾なき場合、これを禁じます。乱丁・落丁本についてはお取り替えいたします。

ISBN4-478-41032-1　Printed in Japan

大好評！グロービスMBAシリーズ

グロービス◯問題解決や意思決定のためのビジネス・バイブル
MBAマネジメント・ブック 改訂3版
グロービス経営大学院 編著

グロービス◯新たに注目される6分野
MBAマネジメント・ブックⅡ
グロービス経営大学院 編著

グロービス◯財務会計と管理会計の基礎知識が身につく
MBAアカウンティング 改訂4版
グロービス経営大学院 編著

グロービス◯意思決定に関わるビジネスリーダー必読
MBAファイナンス 新版
グロービス経営大学院 編著

グロービス◯勝ち残るために「論理的思考力」を鍛える！
MBAクリティカル・シンキング 改訂3版
グロービス経営大学院 著

グロービス◯論理思考をコミュニケーションで実践する！
MBAクリティカル・シンキング コミュニケーション編
グロービス経営大学院 著

グロービス◯リーダーシップ研究の基本を網羅した決定版
MBAリーダーシップ 新版
グロービス経営大学院 編著

グロービス◯すべては「ビジネスプラン」から始まった
MBAビジネスプラン 新版
グロービス経営大学院 著

グロービス◯部下を持ったら、読むべき1冊
MBAミドルマネジメント
嶋田 毅 監修　グロービス経営大学院 編著

ダイヤモンド社

グロービス◯読み継がれてきた"定評の書"を大改訂
MBAマーケティング 改訂4版
グロービス経営大学院 編著

グロービス◯文章で人とビジネスを動かす
MBAビジネス・ライティング
嶋田 毅 監修　グロービス経営大学院 著

グロービス◯グランド・デザイン構築の鍵
MBA経営戦略 新版
グロービス経営大学院 編著

グロービス◯代表的な戦略理論を網羅
MBA事業戦略
相葉 宏二　グロービス経営大学院 編

グロービス◯ビジネスを創造する力
MBA事業開発マネジメント
堀 義人 監修　グロービス経営大学院 編著

グロービス◯プロフェッショナル化の時代に対応する
MBA組織と人材マネジメント
佐藤 剛 監修　グロービス経営大学院 著

◯意思決定の質とスピードを高める！
MBA定量分析と意思決定
嶋田 毅 監修　グロービス・マネジメント・インスティテュート 編著

◯業務連鎖の視点で生産性を向上させる！
MBAオペレーション戦略
遠藤 功 監修　グロービス・マネジメント・インスティテュート 編

◯戦略的思考を鍛え、行動に活かせ！
MBAゲーム理論
鈴木 一功 監修　グロービス・マネジメント・インスティテュート 編

ダイヤモンド社

Harvard Business Review
DIAMOND ハーバード・ビジネス・レビュー

[世界50カ国以上の
ビジネス・リーダーが
読んでいる]

世界最高峰のビジネススクール、ハーバード・ビジネス・スクールが発行する『Harvard Business Review』と全面提携。「最新の経営戦略」や「実践的なケーススタディ」などグローバル時代の知識と知恵を提供する総合マネジメント誌です。

Harvard Business Review
特集 持続可能なハードワーク
健全な働き方を実現しながらパフォーマンスを高め続ける
江川昌史
アクセンチュア・ジャパン 代表取締役社長兼CEO
中竹竜二 ほか
チームボックス 代表取締役CEO
[新連載] 世界標準の経営理論
入山章栄
早稲田大学ビジネススクール 教授
2025年4月号（特別定価）

持続可能な
ハードワーク

ワークスタイルの改革と事業の成長を両立させるために、経営者は何をすべきか
マネジャーが健全なハードワークを続けるための心得
ワーカホリックから脱却し自分の時間を取り戻す6つの方法
働きすぎを助長する組織文化をいかに断ち切るか

毎月10日発売

本誌ならではの豪華執筆陣
最新論考がいち早く読める

◎マネジャー必読の大家
"競争戦略"から"CSV"へ
マイケル E. ポーター
"イノベーションのジレンマ"の
クレイトン M. クリステンセン
"ブルー・オーシャン戦略"の
W. チャン・キム＋レネ・モボルニュ
"リーダーシップ論"の
ジョン P. コッター
"コア・コンピタンス経営"の
ゲイリー・ハメル
"戦略的マーケティング"の
フィリップ・コトラー
"マーケティングの父"
セオドア・レビット
"プロフェッショナル・マネジャー"の行動原理
ピーター F. ドラッカー
"リバース・イノベーション"の
ビジャイ・ゴビンダラジャン
"ライフ・シフト"の
リンダ・グラットン

日本独自のコンテンツも注目！

バックナンバー・予約購読等の詳しい情報は
https://dhbr.diamond.jp